名师工作坊研修精选案例

拥抱阅读

小学英语"整本书阅读"教学实践

雷　旭◎编著

东北师范大学出版社

长　春

图书在版编目（CIP）数据

拥抱阅读：小学英语"整本书阅读"教学实践 / 雷旭编著. — 长春：东北师范大学出版社，2021.9
ISBN 978-7-5681-7590-6

Ⅰ.①拥… Ⅱ.①雷… Ⅲ.①英语课—教学研究—小学 Ⅳ.①G623.312

中国版本图书馆CIP数据核字（2021）第195823号

□责任编辑：石　斌　　　　　□封面设计：言之凿
□责任校对：刘彦妮　张小娅　□责任印制：许　冰

东北师范大学出版社出版发行
长春净月经济开发区金宝街 118 号（邮政编码：130117）
电话：0431-84568023
网址：http://www.nenup.com
北京言之凿文化发展有限公司设计部制版
北京政采印刷服务有限公司印装
北京市中关村科技园区通州园金桥科技产业基地环科中路 17 号（邮编：101102）
2022年4月第1版　　2022年4月第1次印刷
幅面尺寸：170mm×240mm　印张：22.5　字数：364千

定价：45.00元

编 委 会

序 言

　　阅读是学习的基础，是个人把握未来生活的基本能力。北京师范大学外国语言文学学院教授、博士生导师、外语教育与教师教育研究所所长王蔷在所著的《小学英语分级阅读教学：意义、内涵与途径》一书中说道："对于英语学习者而言，阅读所能带来的快乐和收获也是其他学习方式所不可比拟的。英语阅读不但能够提升学习者的语言能力，还有助于其思维品质、文化品格、学习能力的提升，促进其全面、健康发展。"

　　根据义务教育阶段英语课程以培养学生的综合语言运用能力为目标的教育理念，为深入落实"全民阅读"及"广州市中小学智慧阅读项目"的工作要求，广州市黄埔区小学英语教学团队自2013年以来，组织区域学校教师累计开展了七年的英语绘本故事阅读教学研究，先后开展了如"字母发音绘本故事""字母组合发音绘本故事""分级阅读绘本故事"等教学实践活动。绘本故事阅读教学拓展了教材内容，丰富了课程资源，深受师生欢迎，为深入开展国家课程教学提供了有益的补充。

　　依据"整本书阅读"和"注意篇章整体阅读"的教学策略，自2019年以来，广州市中小学英语名教师工作室主持人、黄埔区工作坊研修团队主要成员主持研究广东省教育科研"十三五"规划项目"基于语用能力提升的小学英语'整本书阅读'教学研究"（课题批准号2020YQJK008），在区域小学英语教学中开展"读整本书"阅读教学研究与实践。"广州市中小学智慧阅读项目"倡导的全科阅读理念为课题研究提供了理论指引，其中的"把整本书作为主体"的教学理念为研究工作提供了方法指导，区域师生对阅读工作的价值认同为研究项目顺利开展奠定了扎实的基础。

　　黄埔区工作坊研修团队根据《中国中小学生英语分级阅读标准（实验稿）》，结合教育科学出版社义务教育教科书小学英语教材单元主题，拓展"整本书阅

读"，积极探索"整本书阅读"指导策略、活动设计组织和阅读指导方法，形成了小学英语"整本书阅读"优秀案例成果（包括绘本故事篇、童话寓言篇、经典名著篇三部分）。研修团队通过深入阅读活动的推进，为教师教学提供了辅助资源，引导教师深入开展校本研修及教法实践，推进聚焦教学策略的应用研究。同时，我们也希望本书能引导学生真读、多读和适读，拓宽学生的阅读视野，提升学生的阅读素养，提高学生积极有效学习的能力和健康向上的人文情怀，为推进小学英语深度阅读，落实立德树人的根本任务奠定坚实的基础。

编　者

2020年9月

目 录

第五章
主题研究——童话寓言篇

第六章
主题研究——经典名著篇

第 一 章

小学英语"整本书阅读"的
概念及内涵

　　"整本书阅读"指"读整本书",要"把整本书作为主体""注意篇章整体阅读",是近年来备受关注的一种中小学阅读教学方法。

　　根据义务教育阶段英语课程以培养学生的综合语言运用能力为目标的教育理念,为深入落实"全民阅读"及"广州市中小学智慧阅读项目"工作要求,依据"整本书阅读"和"注意篇章整体阅读"的教育策略,广州市中小学英语名教师工作室主持人、黄埔区工作坊研修团队主要成员主持研究的广东省教育科研"十三五"规划项目《基于语用能力提升的小学英语"整本书阅读"教学研究》(课题批准号2020YQJK008),在区域小学英语教学中开展"读整本书"阅读教学研究与实践。

第一节　研究背景和教育价值

阅读是学习的基础，能促进个人综合能力的发展，是个人把握未来生活的基本能力。在英语教学中，学生通过阅读可以获得语言能力、想象能力、思维能力、审美能力和信息获取能力等的锻炼和提升。总之，阅读对于儿童成长具有重要的价值。

一、小学英语"整本书阅读"的研究背景

（一）"全民阅读"理念背景

2016年12月，国家新闻出版广电总局发布了《全民阅读"十三五"时期发展规划》（以下简称《规划》），指出"少儿阅读是全民阅读的基础。必须将保障和促进少年儿童阅读作为全民阅读工作的重点，从小培育阅读兴趣、阅读习惯、阅读能力"。《规划》把推进少年儿童阅读工程作为重点项目之一，倡导推动"书香校园"建设工作，整合丰富的阅读资源，开展丰富多彩的读书活动，推进全民阅读工作常态化、规范化，为实现"两个一百年"奋斗目标和中华民族伟大复兴的中国梦提供强大的精神动力和文化支撑。

随着全民阅读工作的推进，阅读的价值和意义得到全社会的重视和认同。2019年1月，广州市教育研究院启动了"广州市中小学智慧阅读项目"。该项目是广州智慧教育示范区的重要工程，被写入了2019年广州市政府工作报告。项目以"立德树人"为指导思想，以提升中小学生的阅读素养为总体目标，在全市中小学中深入推进阅读工作，倡导全科阅读教学理念，组织开展基于阅读的课堂教学变革。国家、省、市关于推进阅读工作的理念为本项目研究提供了理论支撑。

（二）课程标准理念背景

《义务教育英语课程标准（2011年版）》指出，英语课程具有工具性和人

文性相统一的特点：一方面，英语课程要培养学生形成基本的英语语用能力；另一方面，英语课程要帮助学生提升综合素养，开阔视野，形成良好的品格和正确的人生观和价值观。

英语课程的基本理念强调语言学习的实践性，主张学生在语境中学习和运用语言，提出要"丰富课程资源，拓展英语学习渠道"，指出教师应根据教与学的需求，提供丰富的教学资源，要"培养学生进行广泛的阅读，为学生提供更多的语言输入"，拓展学生语言学习和巩固应用的渠道，使学生通过阅读学到更多的课外知识，获取大量的信息，从中获得成就感，增强学习英语的信心。

《普通高中英语课程标准（2017年版）》也指出，听、读、看是理解性技能，说和写是表达性技能，学生应通过大量的专项和综合性语言实践活动，发展语言技能，为真实语言交际奠定基础。

英语课程标准中对学生"读"的语言技能有明确的要求，如二级目标要求为：学生能借助图片读懂简单的故事或小短文，并养成按意群阅读的习惯；三级目标要求为：学生的课外阅读量应累计达到4万词以上；四级目标要求为：学生的课外阅读量应累计达到10万词以上；等等。英语课程标准中关于开展读写教学、丰富语用资源及培养语用能力的理念为本项目研究指明了方向。

二、小学英语"整本书阅读"的教育价值

（一）应用价值

阅读是基本的学习能力，学生的阅读能力与综合能力的发展有着密切的关系。在英语教学中，学生可以通过阅读培养学习兴趣，拓宽知识面，增强语言能力，锻炼独立思考的能力，建构基于自我理解的语言知识架构，提升阅读理解能力。

"整本书阅读"指"把整本书作为阅读的主体"，践行"注意篇章整体阅读"的教育策略，是近年来备受关注的一种中小学阅读教学方法。现代著名教育家叶圣陶在其《论中学国文课程的改订》（1941年）中就曾对"读整本的书"做过论述。

在目前使用的小学英语教材中，课程资源多是基于话题的对话及语篇材料，学生对篇章整体阅读及内容背景缺乏了解，各学校由于师资基础不同、教育资源条件存在差异等，推进阅读教学工程的力度及阅读素养养成教育的落实

不均衡，致使学生语言能力发展存在分化现象。

本项目研究以"读整本书"为基本方式，选取绘本故事、童话寓言、经典名著等阅读素材，组织开展"整本书阅读"的课例研究，围绕小学英语各年段分级教学目标，拓展"整本书阅读"，积极探索"整本书阅读"教学的策略与方法，形成小学英语"整本书阅读"优秀案例成果，为区域学校英语教学提供教育资源，为教师阅读教学提供指导策略和方法的启示与借鉴。

（二）学术价值

本项目研究以"把整本书作为主体"为选材策略，遴选适合小学英语各年段教学的绘本故事、童话寓言、经典名著等阅读素材，设置分层阅读书目，组织开展"整体阅读""主题阅读""比较阅读"等阅读课研究；通过在教学中进行"文本解读、学情分析、目标解析、教学实施、学法总结、拓展延伸、案例评析"七大教学环节的研究实践，教会学生默读、浏览、跳读、猜读、比较阅读等方法，推进阅读教学方法和策略的研究，为教师教学提供语用资源，引导教师开展校本研修及教法实践，推进聚焦教学策略的应用研究。

本项目研究丰富了学习资源，使学生的信息提取能力、思维能力、想象能力等都得到了有效训练，而融入文本解析和学情分析的情感教育等活动也为落实立德树人的根本任务创设了平台。研究工作对于推进小学英语深度阅读，探索阅读教学方法和策略，拓宽学生阅读视野，提升学生阅读技能，培养学生语言综合运用能力具有重要的学术价值。

第二节 研究内容和研究框架

自2013年以来，广州市中小学英语名教师工作室主持人、黄埔区工作坊研修团队主要成员组织区域学校教师累计开展了七年的英语绘本故事阅读教学研究，先后实施了如"字母发音自然拼读故事""英语分级阅读绘本故事"等教学实践活动,使用《攀登英语阅读系列》《丽声妙想英文绘本》《柯林斯大猫系列》等绘本故事教材作为教学资源。绘本故事教学奠定了广泛的教学基础,积累了扎实的研究经验,为深入开展国家课程教学及本项目研究提供了有益的补充。

一、小学英语"整本书阅读"的研究内容

基础教育阶段英语课程的总体目标是培养学生的综合语言运用能力,在英语课程标准理念的指引下,为深入落实"全民阅读"及"广州市中小学智慧阅读项目"工作要求,依据"整本书阅读"教学理念,项目团队立足教育科研,积极推进《基于语用能力提升的小学英语"整本书阅读"教学研究》科研项目,带领区域学校教师开展教学研究与实践。

围绕"把整本书作为主体"的选材策略,项目团队遴选适合小学英语各年段教学目标的绘本故事、童话寓言、经典名著等阅读素材,构建整本书阅读分层书目资源库,组织开展"文本解读、学情分析、目标解析、教学实施、学法总结、拓展延伸、案例评析"七大环节的教学实践;通过图片环游、拼图阅读、持续默读、阅读圈、读者剧场、思维导图工具应用等教法实践,教会学生默读、跳读、猜读、比较阅读等学习方法,引导学生理解和感悟整本书,并通过交流讨论获取信息,培养学生积极有效学习的能力,提高学生阅读素养,促进学生语言综合运用能力的发展。

项目团队教师结合小学英语教材单元主题,拓展阅读资源,在教学中进行"整本书阅读"研究,教会学生应用基本的阅读策略开展阅读,形成了小学英语"整本书阅读"教学优秀案例;通过深入推进阅读活动,构建了区域教师在整本书阅读教学方面的实践成果,建立了系统而持续渐进的阅读体系,提炼了整本书阅读的教学方法和策略,为深化小学英语深度阅读工作,促进学生综合语用能力的提升奠定了基础。

二、小学英语"整本书阅读"的研究框架

项目团队在"把整本书作为主体"的选材策略的基础上,遴选适合小学英语各年段教学目标的阅读书目,按照绘本故事、童话寓言、经典名著三类题材开展阅读教学研究;通过教学策略学习、经典书目遴选、阅读课例研讨、教研

活动示范、实验学校引领、成果应用实践等方式开展课题研究。其具体研究框架如图1-1所示。

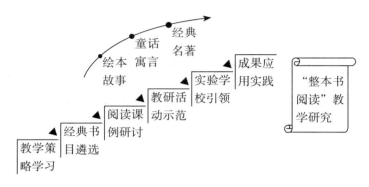

图1-1

（一）第一阶段：建立"整本书阅读"分层书目资源库

根据教育科学出版社义务教育教科书小学英语教材各年段教学目标，项目团队认真研读《中国中小学生英语分级阅读标准（实验稿）》中的读物特征，确定以绘本故事、童话寓言、经典名著三类题材为书目范围，遴选适合小学英语各年段教学目标的经典阅读书目，按照语音意识、拼读能力、阅读流畅性三个层级设定阅读目标体系，构建了适合区域不同年段学生的"整本书阅读"书目体系，建立了"整本书阅读"分层书目资源库，科学选择学生能驾驭的读物，为研究工作提供课例资源。第一阶段研究任务图谱如图1-2所示。

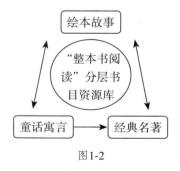

图1-2

（二）第二阶段：实施"整本书阅读"七大环节教学实践

自2019年起，广州市小学英语名教师工作室主持人、黄埔区工作坊研修团队主要成员在区域小学英语教学中组织开展了"整本书阅读"教学主题研修活动，聚焦阅读教学策略与学法指导，进行图片环游、拼图阅读、持续默读、阅读圈、读者剧场、思维导图工具应用等阅读教法的应用研究，在教学中开展"文本解读、学情分析、目标解析、教学实施、学法总结、拓展延伸、案例评析"七大环节的教学实践，构建了"整本书阅读"主题教学基本框架，为教师组织开展课堂教学活动提供了模式引领。第二阶段研究任务图谱如图1-3所示。

图1-3

（三）第三阶段：构建"整本书阅读"教学资源库，推广应用研究成果

项目团队深入推进"整本书阅读"主题研修教学实践，通过教研活动示范、实验学校引领、成果应用实践等方式开展项目研究，提炼小学英语阅读教学方法和策略，形成了小学英语"整本书阅读"优秀课例成果，积累了课例资源及教学设计资源，构建了区域教师在"整本书阅读"教学方面的实践成果资源库，为小学英语深度阅读活动的推广，区域学校整体阅读教学指导能力的提升提供了帮助。第三阶段研究任务图谱如图1-4所示。

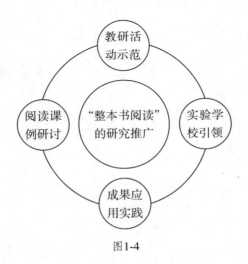

图1-4

（四）小学英语"整本书阅读"区域研究目标图谱

在小学英语教学中开展"整本书阅读"教学的研究与实践，是落实国家及省、市教育工作精神，践行新课标教学理念，聚焦阅读教法研究，提升学生语用能力，深化小学英语深度阅读研究的有效途径，具有学术研究意义和应用推广价值。课题研究目标图谱如图1-5所示。

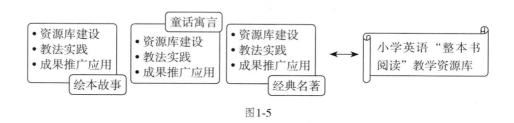

图1-5

从本项目的研究内容和意义上来说，相对于以往的阅读教学，"整本书阅读"是一种更加完整、更加系统和具有挑战性的阅读活动。小学英语"整本书阅读"教学的探索与实践，使阅读教学不再像以往那样局限于对片段或篇章的教学，而是通过设计培养学生高阶思维的阅读能力，开展深度阅读，更加有利于培养学生良好的阅读习惯，提升学生的阅读素养，促进学生更高层次的思维品质的形成。

（执笔人：雷 旭）

第二章

小学英语"整本书阅读"的研究现状

2001年，教育部颁发的《全日制义务教育英语课程标准（实验稿）》，第一次明确提出在英语教学中要进行阅读教学，2011年修订的课程标准进一步明确了对阅读的要求。自此，越来越多的一线学者和教师聚焦英语阅读教学研究，提出了许多有借鉴意义的阅读教学主张、策略和模式。学者们认为，英语阅读教学不仅应该关注语篇教学，更要注重引导学生掌握阅读技巧，使学生学会进行"整本书阅读"。

本章重点阐述小学英语阅读教学及小学英语"整本书阅读"的教学现状，在文献综述的基础上总结国内外学者在小学英语"整本书阅读"教学方面提出的见解、主张及成果，分析存在的问题，为有效地进行"整本书阅读"教学提供借鉴。

第一节　小学英语阅读教学研究现状分析

英语阅读能够拓宽学生的视野，加大语言的输入，帮助学生获取更多的信息，发展学生的听说读写能力。自20世纪以来，阅读教学一直备受国内外学者的重视。在英、美等发达国家，阅读教学已有许多研究成果，非常完善和成熟；在我国，阅读教学也越来越受重视，许多一线教师和学者都针对阅读教学展开了研究，主要聚焦阅读教学模式和策略的研究。

一、核心概念的界定

（一）关于阅读

关于阅读，不同的学者有着不同的阐述。国外学者 Downing 认为，"阅读是对符号的一种解释，是一种解码的过程，强调阅读过程的语义获取"。古德曼指出，"阅读是对形符的、句法的和语义的信息进行处理的一种形式"。《中国大百科全书·教育》对阅读的定义为"阅读是一种从印的或写的书面语言符号中获得意义的心理过程，是一种基本的智力技能"。胡继武也在《现代阅读学》一书中提出，"阅读是一种理解、领悟、吸收、鉴赏、评价和探究文章的思维过程"。

综合不同学者的论述可以得出，阅读是从视觉材料（文字和图片）中获取信息、认识世界、发展思维，并获得审美体验的活动，它是阅读者的一种主动习得的过程。

（二）关于阅读教学

在美国，阅读教学的基础和核心是语言基础知识的教学和训练，美国小学语文课称为"Reading"；语文阅读教学就是普通阅读教学，其目的是培养学生的阅读能力，使学生打下良好的阅读基础，将学生培养为终身的阅读者。在苏联，阅读教学是指通过阅读活动，教给学生基本的阅读技能、方法，引导学生正确表达对读物的思考、观点，发展思维能力和语言能力。

我国教育史上第一次出现"阅读教学"一词是20世纪50年代，其名称经历了"阅读教学—讲读教学—阅读训练"的更替，最终采用"阅读教学"一词。张传宗认为，"阅读是基础教育的重要组成部分，以阅读为基础组成的教学形式，就是阅读教学"。何更生认为，"阅读教学强调对文本的把握，注重学生在文本阅读过程中的独特感受、体验和理解，尊重学生的个性化阅读行为，关注阅读策略教学"。陈振兴从大语文角度提出，"阅读教学是最基本的教学内容之一，不仅关注课内阅读，还应拓展课外阅读"。

综上所述，阅读教学就是通过设计不同的阅读活动，引导学生理解和鉴赏文本，教给学生阅读技巧、方法和策略，培养学生的阅读能力，为学生的终身阅读打下基础。而小学英语阅读教学就是指通过英语课堂上的阅读教学活动，设计不同的阅读任务，教会学生英语阅读的基本技能与策略，培养学生的英语阅读兴趣，从而提升学生英语的综合运用能力。

二、国外研究现状

国外早在20世纪30年代就开始进行英语阅读教学研究了，发展至今已有八十多年的时间了。在欧洲和北美等的发达国家，尤其是以英语为母语的国家，阅读教学已经非常完善和成熟。

从课程要求来看，美国的小学不统一阅读材料，由学生根据自己的兴趣和能力自主选择书籍进行阅读。不同年级的学生采用不同的阅读教学策略：对于一、二年级的学生，以听、读故事为主；对于三、四年级的学生，则以短篇小说、名著等材料训练学生的自主阅读能力；对于五、六年级的学生，教师运用研究性教学策略，让学生根据实际情况选择性地阅读。在加拿大，学生每天有两节英语阅读课，包括独立阅读、导入阅读和分享阅读三种形式；教师对学生的鼓励贯穿阅读始终，同时教会学生一些有用的阅读策略。在英国，阅读主要着力于四个特色方面的建设：一是丰富的阅读资源，二是自主的阅读课程，三是综合的阅读方式，四是开放的阅读评价。在苏联，普通学校的阅读教学通常经过三个阶段：一至三年级以讲读为主，要求在阅读过程中教给学生基本的阅读技能；四至七年级进行文学阅读，要求学生养成读文学作品的习惯，培养稳定的阅读兴趣；八至十年级要求培养有美感、有修养的学生，在阅读教学过程中培养学生的评述技能。可见，苏联的阅读教学具有直线或螺旋式上升的特点。

从教学模式来看，1967年，学者古德曼提出了著名的"Top-down"自上而下阅读模式，也称"心理语言模式"，即读者利用已有的知识去建构篇章意义的过程；20世纪60年代，课堂教学出现了"Pattern-model Reading"，这是读写教学结合，用读写引导阅读的英语阅读教学模式；到了70年代，学者 Gough 提出了"解码阅读模式"，认为阅读是一种被动的、自下而上对文本进行解码的过程；80年代，学者 Rumelhart 提出了"交互作用阅读模式"，认为阅读的实质是各种信息间相互作用、相互影响的积极过程。在日本，学者石山修平提出了"三读法"阅读教学模式，即"通读—精读—味读"；在美国，学者史密斯提出四级阅读的教学模式，即"认识性阅读—理解性阅读—评价性阅读—创造性阅读"。

国外学者非常重视阅读策略的研究。学者 Anderson 在多年理论研究教学实践的基础上，提出了八种拓展阅读教学的策略，即激活知识背景、培养词汇知识、传授阅读技巧、提高阅读速度、验证阅读策略、评估学习效果、提高阅读动机和选择合适材料，指出阅读的过程是积极寻找信息并分析信息的过程，而非被动接受的过程。

从以上研究现状来看，国外关于阅读教学研究的理论和模式可以为我们所借鉴与学习。

三、国内研究现状

从20世纪70年代开始，随着时代的发展与进步，我国许多学者开始致力于研究外语阅读理论的应用与实践。教育部颁发的《全日制义务教育英语课程标准（实验稿）》，第一次明确提出英语教学要进行阅读教学，2011年修订的课程标准进一步明确了对阅读的要求："到小学毕业，学生能借助图片的帮助听懂、读懂及讲述简单的故事，并养成按意群阅读的习惯。到了初一年级，学生课外阅读量累计达到4万词以上。"自此，越来越多的一线学者和教师聚焦英语阅读教学研究，提出了许多有借鉴意义的阅读教学主张、策略和模式。

在教学主张方面，万晓艳提出了"真实阅读"的观点。"真实"需要体现自主、完整和真情三个特点，"阅读"需要反映阅读语境、阅读内容、阅读活动、阅读目的等。吴杏梅提倡在"以学习者为中心"的学习理念的指导下进行小学英语阅读教学，提出基于建构主义理论的小学英语阅读教学的思路与方法，非常具有实用价值。

在教学策略方面，左鹏、谭艳两位教师提出，"小学阅读教学可以采用以下新的教学策略：图表支架导读提升书面描述能力，整体语篇阅读提升书面叙述能力，思维导图导读提升书面说明能力，情境体验阅读提升书面指示能力，能力导向阅读提升书面互动能力"。魏瑞雯提出视听与自主探究相结合的阅读教学策略。王建凤提出运用图表进行语篇整体教学的策略。吴淑瑜提出通过设置关键性问题进行猜想的阅读教学策略。

在教学模式方面，我国的英语阅读教学模式经历了多次发展与变化：从之前传统的阅读教学模式发展到后来的图式整体阅读教学模式，再到现阶段的语篇阅读教学模式。传统的英语阅读教学模式强调语法教学，关注字词，与文章的结构、内容和背景相脱节，学生阅读速度慢；图式整体阅读教学模式以文章开头的关键词为重点，从关键词预测文章内容，学生阅读只是为了获取信息，具有片面性；语篇阅读教学模式从语篇整体出发，对文章的结构和句子关系进行理解、分析，不仅关注语言形式，更重视语言功能。

语篇阅读教学模式通常有三种：一是（Pre-reading，While-reading，Post-reading）教学模式，它是小学英语阅读教学课堂中使用最多的一种教学模式。它将阅读教学分为阅读前、阅读中、阅读后三个环节，分别设计不同的阅读活动。研究者认为，设置阅读前环节的目的应以激起学生的阅读兴趣为主；而阅读中环节是最重要的环节，泛读、精读、跳读、猜词、推测等能力的培养都通过阅读中环节来实现；阅读后环节的设计要促进读写结合，以读促写，发展学生的其他语言技能。二是支架式阅读教学模式。张素老师认为，支架式阅读教学模式在小学英语阅读教学中分两步走：第一步是搭建支架，激活学生已有的知识储备，建立新旧知识之间的链接；第二步是情境导入，创设真实的语境，挖掘教材与生活的契合点。曹国文老师主张支架式阅读教学模式分三步走：第一步是仔细分析文本，确定"语言支架"；第二步是透视语篇意识，搭建"语言支架"；第三步是撤离"语言支架"，实现真实输出。三是任务型阅读教学模式，强调"在做中学"和"用语言完成任务"。任务型阅读教学模式下的小学英语阅读教学大多也分为阅读前、阅读中、阅读后三个阶段，使学生在教师的指导下完成不同的阅读任务。

综上所述，我国在小学英语阅读教学方面的研究已经有了一定的突破，取得了一定的成果。但是，从目前小学英语阅读教学的现状来看，学者们也提出了有待改进之处：一是教学模式创新不够，如在语篇教学方面一直沿用PWP教学模式，有效性和创新性不强；二是阅读的功利性较强，不是为了让学生学会阅读而阅读，而是为了提高阅读题的分数；三是阅读材料比较单一，小学英语教材中的阅读材料通常以对话或语篇的形式呈现，而故事类、名著类阅读材料基本没有，阅读碎片化，很难拓宽学生的视野和养成学生良好的阅读习惯。

第二节 "整本书阅读"研究现状分析

"整本书阅读"是相对于语篇片段阅读而言的，强调引导学生阅读整册整本图书。从小引导学生进行"整本书阅读"可以培养学生的人文素养，发展学生的阅读能力，养成学生良好的阅读习惯，为学生终身阅读打好基础。国内外学者都重视和推崇"整本书阅读"，认为从小培养学生"整本书阅读"意识是非常必要的，他们在多个领域开展了研究，取得了丰富的研究成果，值得我们参考和借鉴。

一、核心概念的界定

（一）关于整本书

联合国教科文组织对图书的定义为："凡由出版社（商）出版的不包括封面和封底在内49页以上的印刷品，具有特定的书名和著者名，编有国际标准书号，有定价并取得版权保护的出版物称为图书。"本研究中的"整本书"是相对于现行教育科学出版社义务教育教科书小学英语教材中的对话或语篇而言的，是指符合图书出版要求的，以文字为主体记录的装订成册的英文图书，是符合小学生年龄特点，适合小学生阅读的英语绘本故事、童话寓言及经典名著。"整本书"无论是形式还是内容都是完整连续的，不是节选的，包含了作者独特的思想、完整的内容和严谨的结构。

（二）关于"整本书阅读"

阅读是指从视觉材料中获取信息，从而认识世界、发展思维，并获得审美体验的活动。"整本书阅读"是指学生读装订成册的图书，在书籍里主动搜集、处理信息，获得意义的过程。在这个过程中，学生主动运用不同的阅读方法和策略，从而提高阅读能力，发展阅读兴趣。

（三）关于"整本书阅读"教学

本研究中的小学英语"整本书阅读"是指学生在教师的指导下，运用不同的策略阅读完整的英语绘本故事、童话寓言或经典名著，从而理解和感悟整本书，并通过交流讨论发展思维、语言能力的活动。"整本书阅读"不同于课外阅读，也不是学生自己随意阅读，而是围绕整本英文书而展开的阅读，从而对脉络的整体进行把握，是与作者、文本的对话过程。

二、国外研究现状

"整本书阅读"具有重要的社会意义和人生价值，在国外一直备受关注和推崇，尤其是在发达国家，人们非常重视对整本文学经典名著的阅读。他们从小学阶段就开始引导学生阅读原著，旨在从小培养学生的人文素养、语言素养和阅读能力。

在"整本书阅读"的推广上，美国教育部曾提出"挑战美国阅读""卓越阅读"等方案。在美国的母语标准中，有明确的学生"必读"的"文学著作"的规定，小学生除了要完成学校推荐的阅读书目之外，还要完成每学年规定的阅读量，而中学生则要求至少完成包括《哈姆雷特》在内的30部经典作品阅读的任务。美国著名的阅读研究和推广专家吉姆·崔利斯在《朗读手册》一书中向教师和家长阐述了阅读的重要性，并按年龄特点精心挑选了97部世界经典儿童文学选篇，每篇故事都附有背景资料、延伸阅读建议。美国南加州大学斯蒂芬·克拉生教授在《阅读的力量》一书中提出自由阅读是提高语言能力最有效的手段，例证了许多提高阅读兴趣的方法。美国著名教育家莫提默·J. 艾德勒早在1946年就帮助策划了"名著计划"，他在《如何阅读一本书》中将阅读分为四个层次，即基础阅读、检视阅读、分析阅读、主题阅读，并对不同读物提出了不同的阅读建议和指导，为"整本书阅读"提供了极大的帮助。

在英国，学校非常重视学生母语能力的培养和人文底蕴的积累，在其课程标准中明确提出了对阅读的要求，规定了具体的作家和体裁，内容同样重在突出经典名著，规定戏剧、小说、诗歌的阅读数量，但不规定具体的书目，而是给予学生一定的范围。例如，要求阅读莎士比亚的两部戏剧作品，学生可自由选择，又如要求阅读1990年以前出版的主要作家的作品，可以从著名作家中选择，而不规定具体作家和作品，给予学生较大的选择空间。

在法国，《高中语文教学大纲》列出了法国各个时期主要作家的作品，供学生自由选择，要求学生"学习一部有文学价值的完整的作品，应该让所有的学生都能读完"。从学生选择的自主性来说，法国与英国类似。

2001年日本颁布了《儿童阅读活动推进法》，从法律上体现了儿童读书活动的重要性，强调从儿童开始就要阅读整本文学作品。作家奥野宣之在《如何有效阅读一本书》中提供了一套科学的阅读方法，涵盖选书、购书、读书、记录、检索、重读六个步骤。日本明治大学教授斋藤孝在《深阅读》一书中提出了转换阅读、据点阅读、快速阅读等阅读方法，让知识在学生的精神中扎根，提高学生读书的效率和逻辑思考能力。

苏联著名教育家、思想家苏霍姆林斯基为学生列举出一张多达119本书目的清单，一边给学生提阅读要求，一边给学生提供必要的阅读指导，从而将读整本书的活动落到实处，并取得了巨大的成功。

综上所述，国外对推进"整本书阅读"的研究具有成熟的机制，涉及教育学、心理学、社会学等各个领域，为我国进行"整本书阅读"研究和教学实践提供了宝贵的经验。

三、国内研究现状

中国具有五千多年的历史文化，"读整本书"的思想自古有之。古时"四书""五经"是文人必读的整本书，后来，更有不少教育家提出了读书的主张，如宋代朱熹强调"熟读精思"，清代唐彪则强调"读书要广博"。但古人的读书思想大多停留在阅读方法的指导方面，并没有形成独立、系统的阅读教学理念。

1923年，我国著名教育家叶圣陶先生重新提出了"读整本书"的主张，认为读书不仅要读单篇短章，更要读完整的文学名著，略读和精读同样重要，强调读整本书可以培养学生的阅读习惯和提高学生的文学鉴赏能力。除叶圣陶先生外，近现代研究"读整本书"的学者还有顾黄初、夏丏尊和朱自清等人，他们也从阅读书目和阅读指导方面提出了自己的观点和主张。

到了当代，阅读已成了世界话题，越来越多的人重视阅读。在教育部颁发的《全日制义务教育语文课程标准（实验稿）》以及2011年修订后的课程标准中重申"要重视培养学生广泛的阅读兴趣，扩大阅读面，增加阅读量，提高阅读品位，多读书，读好书，读整本的书"。2016年12月，国家新闻出版广电总局发布了《全民阅读"十三五"时期发展规划》，指出：要加强优质阅读内容供给，大力促进少年儿童阅读；要加强中小学书香校园文化建设，开展多种形式的校园阅读活动；要借鉴国外阅读能力测试、分级阅读等科学方法，探索建立中国儿童阶梯阅读体系，加快提高我国少年儿童的整体阅读水平。

全民阅读对"整本书阅读"提出了更高的要求。在阅读越来越受重视的大背景下，研究"整本书阅读"的学者越来越多，其主要研究成果体现在三个方面：

一是在"整本书阅读"教学理论方面，清华附小特级教师李怀源在《叶圣陶"读整本书"的思想研究》一文中梳理了"读整本书"的思想体系和内涵，指出了叶圣陶"读整本书"思想对当下教育的影响。东北师范大学文学院副教授徐鹏在《整本书阅读：内涵、价值与挑战》中指出，"整本书阅读"是学生在学习的过程中运用个性化的学习方法，围绕整部经典作品展开的，是与作者、文本、教师、同伴的对话过程。以上教学主张都为"整本书阅读"教学提供了理论支撑。

二是在"整本书阅读"教学设计方面，一线教师的研究居多。宁夏大学李静在《小学整本书阅读教学设计与应用》一文中详细阐述了如何进行"整本书阅读"的教学设计，有一定的实用价值。上海师范大学王沛在《小学语文整本书阅读教学设计研究》中界定了"整本书阅读"教学设计的概念，论述了"整本书阅读"教学设计的基本原则和过程。以上教学设计研究虽然只是关于语文学科方面的研究，但对于小学英语整本书阅读教学同样有借鉴意义。

三是在"整本书阅读"教学策略方面，研究者们以叶圣陶"读整本书"

阅读思想为理论支撑，从实践层面探究"教"和"读"的策略问题。赵彩玲在《高中整本书阅读的教学模式研究》一文中分别对整体型、选集型、著述型三类书目开展教学模式研究。朱瑞华在《例谈整本书阅读指导的着力点》一文中从读前、读中、读后三个环节来谈"整本书阅读"的指导策略。余长河在《整本书阅读：文本的价值审定及切入策略》一文中，从具体案例入手，分析切入策略，同时提出要将思辨读写融入阅读过程。

我们通过对国内外"整本书阅读"教学研究现状的梳理分析发现，国外重视"整本书阅读"，国家和学校都对学生提出了明确的阅读整本原著的要求；国内也越来越重视"整本书阅读"，尤其是新课程标准，明确提出开展"整本书阅读"教学的要求，"整本书阅读"教学研究日趋成熟，尤其是语文学科，在"整本书阅读"方面取得了许多研究成果，为英语教学提供了借鉴。

（执笔人：王 艳）

第 三 章

小学英语"整本书阅读"的
实施策略

　　阅读是学习的基础，是个人未来从事各项工作的基本条件。小学英语阅读教学就是指通过英语课堂上的阅读教学活动，设计不同的阅读任务，教会学生英语阅读的基本技能与策略，培养学生的阅读兴趣，从而提升学生综合运用英语的能力。小学英语"整本书阅读"就是学生在教师的指导下，运用不同的策略阅读完整的英语绘本故事、童话寓言或经典名著，从而理解和感悟整本书。

第一节 小学英语"整本书阅读"
探索之困境与思考

在这个信息碎片化的时代，许多人已经很久没有静心阅读过一本书了。读书能够开拓灵魂世界的广度和深度，构建精神世界，丰富生命内涵，对人与社会的重要性非同一般。而语言学习与阅读密不可分，它们互相促进，相辅相成。当前小学英语教材内容多为对话或短语篇，绝大多数都没有与之配套的英语阅读书籍，学生缺少阅读英语书籍的机会。因此，近年来许多小学英语教师都投身于英语阅读教学的探索和实践中。

一、小学英语"整本书阅读"面临的困境

"整本书阅读"，即"读整本的书""把整本书作为主体"。"整本书阅读"在语文教学领域已不是一个陌生概念。早在1941年，叶圣陶先生就在《论中学国文课程的改订》中论述了读整本书的重要性和读单篇短文的局限性。近年来"整本书阅读"的教学与实践受到了越来越多的重视，但探索与研究主要集中在语文教学领域，只有少数初中、高中英语教师开展了一定的研究。在小学英语教学中尝试实践"整本书阅读"的理念，遇到了一些困境。

（一）小学生实际英语阅读能力与"整本书阅读"的能力要求存在差距

"整本书阅读"，顾名思义，要把书作为一个整体进行阅读。"整本书阅读"在语文教学领域进展顺利，取得了许多研究成果。因为中文是学生的母语，学生从出生开始就一直生活在中文环境中，口语已非常流利，所以在阅读整本中文书时，学生只需具备一定的识字能力，即使有生字词，也可以利用已有的中文基础，联系前后文猜测大意。有一些儿童中文读物配有拼音，当学生

在阅读过程中遇到困难时，借助拼音朗读出来，便能理解文字意思了。

同理，在以英语为母语的国家，学生从幼儿阶段就会接触自然拼读，建立了单词形与音之间的联系。在阅读英语整本书的初始阶段，学生虽然书面词汇量并不大，但根据单词的拼写，尝试拼读出单词大概的读音，再联系已有的口语词汇，自行匹配单词的音和义，也能较容易地理解书中词句的大意。

但是，由于中国小学生在生活中使用英语口头交际的经历过少，没有母语环境提供语言基础，英语词汇量小，即使学会拼读，也无法理解意思，致使他们的实际英语阅读能力受到限制。在这样的情况下，在小学英语课堂进行"整本书阅读"，首先面临的困难是学生英语阅读能力不一定能支撑学生在阅读整本书时达到理解内容的目标，甚至可能无法大致理解。这样的实际困难会制约"整本书阅读"材料的广度和深度，材料可能会局限于与教材内容相似的少量简单书籍。

（二）班级内小学生的实际英语阅读能力存在参差不齐的情况

不仅非母语导致小学生实际英语阅读能力有限，而且在同一个班级内，不同学生的实际英语阅读能力也有相当大的差异，存在参差不齐的情况。区别于平常的小学英语阅读，"整本书阅读"由于要读整本的书，把书本当作一个整体来阅读，其篇幅会比以往的阅读材料更长。在阅读整本书的过程中，教师的帮助和引导相对较少，学生具有更多的自主性，阅读的内容也更加丰富。对于能力较高的学生来说，这样的特点给予了他们更多的空间，使他们能更加畅快地享受自主阅读、连续阅读的愉悦。但对于少数能力偏弱的学生来说，"整本书阅读"可能有一定困难，反而打击了他们的阅读积极性，达不到"整本书阅读"的目标，实现不了"整本书阅读"的意义和价值。

（三）"整本书阅读"的内容和时间安排存在现实困难

"整本书阅读"材料的选择有很多需要考虑的因素：

（1）学生的年龄特点和兴趣爱好。

（2）学生当下的词汇量、识词能力、拼读能力、阅读流畅度等与阅读相关的能力水平。

（3）班级里不同学生的能力水平差异。

（4）阅读材料的主题。

（5）阅读内容的长度与难度。

（6）阅读材料是否适合进行"整本书阅读"。

不仅选择阅读材料需要考虑的因素众多，时间安排也很有限。当前许多小学的英语课程周课时都不超过4课时，这部分课时通常仅够完成教材教学任务，"整本书阅读"的实践需要教师和学生花费更多的时间和精力。

二、对小学英语"整本书阅读"困境的几点思考与建议

纵使面临再多困难，小学英语"整本书阅读"仍然具有重大的研究价值与意义。学生推开英语"整本书阅读"之门，意味着其综合阅读能力将得到提升，能独立、自主地享受阅读英语书籍的快乐。教师如何积极推进与引导，帮助学生迎接"整本书阅读"的新挑战，逐渐解决上述困难？笔者通过研究与思考，对推进"整本书阅读"的实践，有以下想法和建议。

（一）发展阅读能力，合理规划与安排"整本书阅读"

小学生要进行英语"整本书阅读"，首先面临的困难就是英语阅读能力水平有限，因此需要教师的积极帮助。在不断提高学生英语阅读能力水平的同时，教师要合理规划阅读内容、阅读方式和阅读进度等，逐渐达到"整本书阅读"的目标。

1. 合理安排阅读进度和活动，循序渐进培养学生"整本书阅读"的能力

能力的养成不可能一蹴而就，英语的阅读能力包含很多方面，如解码能力、语言知识、理解能力、文化意识等。因此，阅读能力培养应该是一个潜移默化、循序渐进的过程。

低年段是英语阅读预备阶段，可以看作"整本书阅读"的预备期。此阶段不适合过早放手让学生自己阅读整本书，教师应开始培养学生的文本概念、拼读能力、音素意识等阅读能力，并帮助学生积累大量的口语词汇、常见词等。由于此阶段的英语阅读需要教师的引导、帮助和讲解，"整本书阅读"的内容应简短、简单，学生通常在教师讲解后再尝试"整本书阅读"。

中年段是英语阅读初始阶段，此阶段学生掌握了一定的词汇、语法、语篇知识，阅读流畅度提高，教师可以加强阅读策略方面的指导，如信息提取、联系上下文猜测大意、预测情节发展等，在适当的时机引导学生自主尝试"整本书阅读"。此阶段的"整本书阅读"不适合设置过多检测活动，如习题、口头或书面练习等，避免部分学生对"整本书阅读"产生抵触或畏难

情绪。

高年段是英语阅读发展阶段，学生经过几年的阅读能力培养，已经具备了一定的系统化阅读能力。此阶段可以增加"整本书阅读"的次数，丰富阅读材料的类型，如不同类型的绘本、童话、科普书、短篇小说等。另外，在此阶段，"整本书阅读"前、中、后均可以增加与思维训练相关的阅读活动，鼓励学生在理解之外进行比较、批判性思考、鉴赏等，提升阅读的广度和深度。

2. 选择适当的阅读材料，适应并发展学生的英语阅读能力

如上文所述，选择"整本书阅读"的阅读材料时，需要考虑众多因素。学生学习阅读其实是一个模仿的过程，正如维果茨基的"最近发展区"理论所说，初学阅读的学生的实际阅读能力水平与潜在阅读能力水平之间存在差异，这个差异便是学生的发展空间与潜力。因此，"整本书阅读"的材料选择、阅读活动设计等都应着眼于学生的"最近发展区"，为学生提供有适当难度的内容。这样既能调动学生的积极性，让学生觉得有挑战、感兴趣，又不会产生畏难情绪。

（二）激发阅读兴趣，让学生热爱"整本书阅读"

兴趣是最好的老师，如果具有足够的兴趣，学生便愿意主动迎接挑战，主动克服困难，逐渐爱上"整本书阅读"。

1. 打造良好的阅读环境

环境对人的影响是巨大的，浸润在书香氛围中的学生自然而然会更加热爱阅读。教师通过安排班级阅读活动、布置课室等可以营造积极阅读的氛围，学生互相激励、互相影响，也可以提升阅读兴趣。

班级阅读活动的意义在于共同培养阅读习惯，使阅读成为有仪式感的体验和习惯性的行为。例如，教师在高年级班级组织开展课上持续默读，每课时抽出一定时间，组织全班学生阅读，一周阅读一整本较长的英语绘本、故事书等书籍；或者在班级内部开展英语书籍"漂流"活动，鼓励学生携带自己的英语书籍，在班内轮流阅读整本书；也可以利用网络软件等，开展班级"整本书阅读"打卡活动，并对积极参与的学生给予适当的奖励。

课室是学生一天中停留时间最长的场所，这里可以被打造为一个充满读书氛围的地方。课室的角落可以成为英语读书角，学生随手可以拿到英语绘本、英语故事书，这里是学生主动尝试"整本书阅读"的开始。比起全班同学一起读一本书，这样的方式可以提供更丰富的书籍资源。教师还可以开展适当的阅读活动，给予学生创作的机会，如制作读书笔记、书签、海报等可视的阅读成果或阅读作品，粘贴在课室四周，亦是直观的与阅读相关的装饰。

2. 建立良好的阅读心境

良好的阅读心境包括兴趣、信心、耐心等。艾登·钱伯斯在《打造儿童阅读环境》中指出："如果我们是充满期待，自发性地想去阅读，那么我们将很容易进入状态并乐在其中；但如果我们是百般不愿地被迫拿起书本，那么阅读将沦为一项无聊透顶的作业。"这说明心境会深深地影响阅读，尤其"整本书阅读"通常会持续更长的时间，更需要持续、稳定、积极的阅读状态。因此，教师在挑选材料、设计阅读活动、评价阅读活动和教学环节等过程中，需要充分考虑学生的情绪及心态，尽量使其保持轻松、积极、愉悦的状态。

艾登·钱伯斯在《打造儿童阅读环境》一书中提到，聆听故事是一种很好的阅读学习活动，聆听的过程是没有压力而放松的，而且通过口语中的语气、音调等也可以更充分地展现书中的情感态度，聆听者可以用心体验，等到自己阅读时，有了先前的体验和经验，阅读会更加容易。所以，教师可以在"整本书阅读"的间隙，组织类似的聆听活动，由教师或学生朗读一整本绘本、一本书的片段等，营造一个像在家中听妈妈讲故事的亲切氛围，提升学生在校阅读的体验感。

阅读不仅是一种输入活动，也是一种输出活动。"整本书阅读"后，往往不同的学生会有不同的感受、不同的困惑、不同的评价，他们会从各自不同的角度解读同一本书。因此，班级内开展多种形式的阅读交流分享活动，有助于激发学生的开放性思维和批判性思维，也有助于建立班内阅读交流、互助阅读的良好氛围，提升学生阅读的信心和兴趣，从而使他们渴望继续阅读。

英语阅读能力与品格的发展是一个循序渐进的过程，小学英语"整本书阅读"是一个尝试，是一个挑战，也是一个机会。教师和学生共同探索，虽然会遇到困难，但是坚持并不断调整，一定能取得令人满意的成果。

（执笔人：佘欣然）

第二节　小学英语"整本书阅读"教学策略例举

阅读是基本的学习能力，是个人未来从事各项工作的基本条件。小学英语"整本书阅读"教学是指在英语阅读教学活动中，围绕绘本故事、童话寓言、经典名著等阅读资源设计整本书阅读任务，组织开展基于教法与学法研究的阅读教学工作。教师可根据阅读材料的文本特征选择适切的阅读教学策略，通过阅读活动，教给学生基本的阅读技能与方法，进行聚焦阅读教法的研究和提升学生语用能力的教学实践。

一、情境体验教学法

情境体验教学法是指教师积极创设教学情境，引导学生在学习活动的真实情境中感知学习内容，体验教学环境和动态，在自然和真实的情境下理解、记忆并自主建构新知识。在开展小学英语绘本故事、童话寓言、经典名著的阅读教学活动中，教师充分挖掘视觉材料（文本和图片）的信息，运用多媒体和教学资源创设教学情境，在真实的情境下引导学生围绕主题进行思考和探究。

案例1：*My Father's Secret* 绘本故事教学案例

在玉树小学刘凤珍老师执教的六年级 *My Father's Secret* 绘本故事教学案例中，教师首先请学生观看 *Father's Love* 的英文诗歌配乐朗诵和有关父爱的图片，围绕问题（如 What do you know about father's love？）的讨论交流引入故事的背景知识，激发学生阅读的兴趣和动机，为阅读学习扫清障碍。接着引入人物分析活动，请学生思考"What time does your father usually go to work？"等问题，让学生谈论自己的父亲，帮助学生整理对父亲的印象，进一步激活学生的认知。教师充分利用了英语绘本趣味性、故事性和思想性的特点，围绕故事主题创设教学情境，引导学生感知故事；学生在图片和教师所提问题的引导下，进一步理解故事和体验人物的心理活动、言语和行为等，做好更充分的知识准备和阅读铺垫。

案例2：_A Big，Big Day_ 绘本故事教学案例

在长岭居小学李晓燕老师执教的四年级 _A Big，Big Day_ 绘本故事教学案例中，教师组织学生开展四人小组讨论，创设生日情境，引导学生讲述自己的生日故事，让学生在情境中充分学习和使用语言，并通过创编故事（替换单词或场景）培养学生的想象力和创造力，激发学生的思维。在课后拓展活动中，教师请没有机会把自己的生日故事在课堂上讲述出来的学生用思维导图的形式画出自己的生日故事，并请学生阅读更多与生日聚会相关的绘本故事，尝试用思维导图展示新的故事。教师时刻注意围绕教学主题创设情境，设计逐层递进的教学活动，激发学生的阅读兴趣，调动学生的情感，引导学生广泛阅读，提升学生的阅读能力，让学生体验阅读的快乐。

二、图片环游教学法

绘本故事具有精练的文字、优美的图案和丰富的意境，非常适合小学生阅读。在绘本故事阅读的教学过程中，教师可以较多采用图片环游的教学方法，以开放性的问题引导学生观察故事图片上的相关信息，积极引导学生进行预测、猜测、思考、讨论及交流活动，培养学生获取关键信息的能力，同时进行猜词和推理的阅读技能训练。图片环游教学活动是教师和学生共同建构知识、发现问题和解决问题的过程。

案例1：_Sam，the Big，Bad Cat_ 绘本故事教学案例

在香雪小学汪珠敏老师执教的三年级 _Sam，the Big，Bad Cat_ 绘本故事教学案例中，教师展示绘本封面，提出问题，如 What's the name of the story? Who's the writer? Who draws the pictures? How does the cat feel now? Can you guess why the writer says Sam is a big bad cat? 等，请学生观察封面信息并回答问题；接着引导学生阅读第2～3页，了解故事的起因；接下来呈现绘本第4～11页的插图，以问题为引导，请学生了解故事发展情节；然后呈现绘本第12页，引导学生以小组为单位猜想、讨论故事的发展结局。教师遵循"整本书阅读"的

"读前导读—读中深化—读后交流"的教学程序，以学生为主体，引导学生在读中观察，在读中思考，在读中感悟，让学生在自主、合作和探究的学习过程中获得知识的感知与情感的体验。

案例2：*The Old Woman Who Lived in a Vinegar Bottle* 绘本故事教学案例

在香雪小学梅慧老师执教的四年级 *The Old Woman Who Lived in a Vinegar Bottle* 绘本故事教学案例中，教师借用小仙女的角色引导学生阅读封面，关注故事题目、作者、插画师、译者、出版社等信息，并通过让学生观察、描述封面图片和提问，设置悬念，引发思考，引导学生带着问题进行阅读；接着以图片环游的形式，引导学生阅读故事第2~7页和第15~16页，通过开放式问题的提问和追问，引导学生关注故事内容，对故事进行预测，同时设置悬念，为分组自主阅读做铺垫。在教学过程中，教师运用图片环游的方式引导学生阅读绘本，教会学生在文本中结合图片猜测词义的方法，并通过不断设问，启发学生深入思考，进一步增强阅读体验，有效输出语言。

三、拼图式教学法

拼图式教学法（Jigsaw Reading）是合作学习的一种表现方式，即在阅读教学活动中，教师对阅读材料进行分配，按照学生的不同学习能力和特质划分学习小组，每个小组成员领取或选取不同的阅读任务，在个人进行自主学习后，组织开展小组内同任务成员交流反馈、不同任务成员集中交流分享等活动。教师和学生可对小组竞赛、分享交流及个人表现等多维度进行活动评价。也有的教师在引导学生采用图片环游的方法建构知识的同时，选取阅读材料部分内容组织开展拼图式学习活动。

案例1：*Snow* 第二课时绘本故事教学案例

在东荟花园小学陈思颖老师执教的五年级 *Snow* 第二课时绘本故事教学案例中，教师把故事内容分成 Part A——Before Snowing、Part B——While Snowing 和 Part C——After Snowing 三个部分，运用图片环游教学法组织学生学习 Part A，然后采用拼图式教学法进行Part B内容的教学。教师把学生分成四人一组，介绍阅读规则，学生领取阅读材料，小组四人分别阅读四份不同人物的阅读材料，自主思考完成第一个阅读任务，这是拼图式教学法第一步"Home Group"的任务。接着，阅读同样材料的学生离开基础组，进入新组建的专家组，在专家组相互交流、讨论第二个阅读任务，为重返基础组分享做准备，这是拼图式教学法第二步"Expert Group"的任务。然后，学生带着核对好的任务单回到最初的基础组，分享各自的阅读内容，通过整合分享的信息，共同拼出完整的思维导图并汇报，这是拼图式教学法第三步"Go Back to Home Group"的任务。学生在参与拼图阅读活动的过程中，学会了通过小组合作学习讨论并获取信息。

案例2：*The Old Woman Who Lived in a Vinegar Bottle* 绘本故事教学案例

在香雪小学梅慧老师执教的四年级 *The Old Woman Who Lived in a Vinegar Bottle* 绘本故事教学案例中，教师采用图片环游教学法组织学生阅读第2~7页的内容后，采用拼图式教学法进行第8~14页内容的教学。教师首先把全班学生分成四个小组，对小组每名学生进行编号，每个小组领取一份任务单，完成阅读任务，通过分组、分段学习，培养学生自主阅读和提取信息的能力。接着教师重新分组，小组内学生分别讲述各自负责的片段内容，每个小组对四个片段内容进行整合排序并讲述故事。拼图式教学法创设了互动的学习任务，可以鼓励小组成员合作解决问题，使学生的自主学习能力、信息提取能力、思辨能力及归纳整理能力都得到锻炼和提高。

四、结构图式教学法

在信息化社会各种各样的信息传递方式中，结构图工具因其形象、直观、简洁、生动的特点，越来越多地被应用在教学领域。结构图式教学法是指以结构图的方式展示人大脑中思考的问题，通过图式列表、流程图、思维导图、结构图等方式拓展思维，使复杂的学习内容和问题简单化，激发创造力。对于教师来说，学会运用结构图工具进行教学，能有效提高教学效率。

思维导图案例：*Aesop's Fables* 寓言故事教学案例

思维导图是一种由主题、关键词、图形和颜色搭配组合而成的信息形式，信息之间由"分支"或"枝干"连接，即由中心概念向外发散及接收细节信息，利用发散式思维把关键图像和关键词连接在一起，学习者可以围绕思维中心产生越来越多的思维素材，达到激发创造性思维的目的。

例如，在东荟花园小学黄琼老师执教的六年级 *Aesop's Fables* 寓言故事教学案例中，教师首先以听力方式输入四个经典中外故事（《白雪公主》《花木兰》《哪吒闹海》和《守株待兔》），引导学生讨论故事，接着请学生回顾课文内容，给出关键信息，引导学生思考并推演出 Character，Problem，Solution，Moral 四个内容要素，帮助学生建构阅读寓言类故事的思维路径。在阅读教学过程中，教师从引入的课外拓展绘本《伊索寓言》中抽出 The Peacock 这则寓言故事，作为寓言故事思维导图推演与建构的范例，通过问题探究、信息对比、文本梳理等活动提取寓言故事的四要素，构建思维导图，指导学生运用思维导图支架进行文本复述，完成新知导学任务。思维导图样例如图3-1所示。

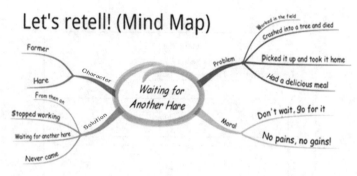

图3-1

接下来，教师提出创作和运用思维导图的具体要求，组织学生分小组抽签选择《伊索寓言》中的其他绘本故事，开展小组合作学习，完成思维导图。教师提供多种多样的思维导图模板供学生参考，指导学生体验思维导图的推演、建构和创作三个步骤，运用所创作的思维导图进行写作等语言输出活动。如图3-2所示。

Let's taste and draw!
Work together! *Taste the story again and draw your own mind map.*

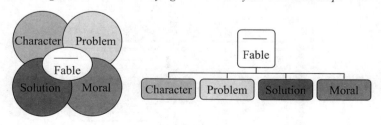

图3-2

思维导图工具在帮助学生阅读文本的同时帮助学生梳理文章脉络，帮助学生提取并整理信息，从而将成篇的文字符号转化为可视化的输出框架，以帮助学生更高效地内化学习内容并进行语言输出。

图表教学案例：*My Father's Secret* 绘本故事教学案例

在玉树小学刘凤珍老师执教的六年级 *My Father's Secret* 绘本故事教学案例中，教师运用了故事图（Story Map）的教学方法，根据故事的发展顺序，把阅读材料分成故事开端（Beginning）、故事中间（Middle）及故事结尾（Ending）三部分，如图3-3所示，各个学习小组成员共同完成故事图，并分工合作进行汇报。故事图帮助学生进一步厘清了故事脉络，为学生的语言输出搭建了支架。

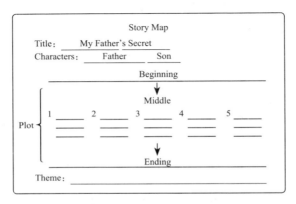

图3-3

在课后的拓展学习环节，教师用图表形式设计了读书推荐卡，请学生在家阅读有关亲情的绘本 *The Giving Tree* 和 *A Chair for My Mother*，完成读书推荐卡，写出故事的人物、主题和推荐的理由，在班级进行分享。读书推荐卡如图3-4所示。

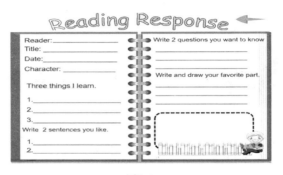

图3-4

教师通过结构图式教学法推进阅读学习，能使学生在不同层次问题和信息组织图的帮助下，独立思考、合作学习，完成阅读任务，学生的自主探究和合作交流贯穿"整本书阅读"的整个过程，猜词、预测、查读、推断、总结和联想等阅读技能也得到了训练。

五、比较阅读教学法

比较阅读教学法是指教师在引导学生开展阅读活动的教学过程中，按照教学主题寻找同一类型的阅读材料或不同类型的阅读材料，用以拓展教学内容、丰富课程资源或延伸开展教学活动的方法。在小学英语阅读教学活动中，项目团队教师积极探索分年段阅读教学目标体系，丰富"整本书阅读"的资源供给，通过开展比较阅读活动，引导学生进行文本内比较和文本外比较，帮助学生进一步理解、比较、归纳、提炼和整理教学信息，使学生的整体阅读水平得到了有效提升。

例如，在萝峰小学陈柳芳老师执教的五年级 *Three Rocks* 民间故事绘本教学案例中，教师选用的故事来自《丽声经典故事屋·第四级》。在教学过程中，教师设计了统一故事主题的文本内比较阅读活动：首先出示故事图片，请学生观察镇上居民的动作和表情，用形容词来描述图中人们的心情；其次，展示其他两个版本"石头汤"故事的封面和关于分享石头汤的页面，让学生观察图片中人物的动作和表情，提出开放性的问题"What made the people really happy？What's the name of this soup？"引导学生进行比较阅读和交流分享。在课外阅读拓展环节，教师推荐课外阅读故事版本，让学生阅读其他两个版本的"石头汤"故事，比较不同版本故事的异同，完成阅读表格（表3-1）。

表3-1

项目	《丽声经典故事屋·第四级》	版本一	版本二
Author	Monica Hughes		
Publisher	外语教学与研究出版社		
Tittle	*Three Rocks*		
Setting	in a town		
Characters	a man，people in the town		
Problem	The people in the town had no food for the man，and told him to get out of the town		

续 表

项目	《丽声经典故事屋·第四级》	版本一	版本二
Solution	The man cooked a good dinner for the people in the town		
In the soup	three rocks，brown stock，leeks，turnips，roast chicken		

在课后的反思环节，教师对比较阅读活动进行学法总结，指出将不同版本的"石头汤"故事结尾进行对照阅读，既可以开阔学生眼界，活跃学生思想，使学生对故事寓意的认识更加充分、深刻，又可以使学生看到不同版本之间的图文差别，提高鉴赏力。

六、持续默读教学法

持续默读是一种自主阅读活动，教师担任活动的组织者和协调者。在持续默读活动中，学生既是书籍的管理者和选择者，又是阅读活动的主人翁，可以拥有良好的自我阅读体验，积累阅读技能，增强学习的主动性，不断培养英语阅读习惯和能力。

项目组团队教师在课堂教学中积极开展"整本书阅读"教学实践，并尝试将持续默读教学法应用于教学，如东区小学在各年级英语教学中坚持开展课前5分钟的持续默读活动。学校及科组教师为学生准备的阅读材料有攀登英语绘本系列、丽声系列、X计划系列、大猫分级阅读系列、迪士尼渐进系列、小书虫系列、饼干狗系列、剑桥少儿英语系列等。科组教师参照分级阅读体系目标，对每一本图书的级别进行划分，并对书籍进行编号整理，培养学生的语音意识，帮助学生提高拼读能力，最终使学生实现流畅阅读的分级目标设定的阅读体系的目标。在这个过程中，教师要为每个年级学生选定与目标体系相匹配的阅读书目。

在5分钟的持续默读活动中，学生自主选择故事，安静阅读，不受提问、评估或写读书报告的干扰，教师不讲解故事，与学生一起默读故事，起到教学示范的作用，师生合力创造集体阅读环境，营造阅读氛围。在持续默读实践中，东区小学的英语教师根据学生的学情和发展需求，及时调整阅读策略，丰富阅读体验。例如，在学生逐渐形成阅读习惯以后，教师让学生在默读记录册上做好简单的记录，如最喜欢的句子，是否喜欢这本书等，并在课后拓展活动中定期开展读书分享活动，扩大学生的阅读面，增加学生的阅读量，促进学生阅读能力和阅读素养的提升。

七、阅读圈教学法

阅读圈是在教师的科学组织下，以学生为主体，在英语教学中开展深度阅读的一种合作学习活动。在开展阅读圈活动时，教师需要根据学生的年龄特点和学习基础，选择合适的阅读材料，做好学生阅读角色的分工和任务设计，指导学生熟悉活动规则，鼓励学生大胆交流，乐于分享，给予学生与文本互动的机会。在以小组合作学习为主要形式的阅读圈活动中，小组内的学习成员合作分工，每个成员选择并承担其中一个角色的阅读任务，有目的地开展阅读学习并在组内及不同小组之间分享与交流。

项目组团队教师在小学中、高年段开展英语经典名著"整本书阅读"教学实践。由于英语名著原版阅读对于小学生来说具有一定的挑战性，教师在对文本和学情进行准确分析的基础上，采用阅读圈教学法，引导学生通过自主学习和合作学习，初步解决词汇、语法、语用、认知与文化背景等相关问题，为进一步开展深度阅读奠定基础。学生在参与阅读圈活动的过程中不断深化对阅读文本的理解与感悟，其思辨能力、语言交流能力及合作学习能力也得到了锻炼和提高。

例如，在科峻小学周瑞丹老师执教的六年级经典名著《小王子》导读课的教学案例中，教师截取故事第一章的内容进行导读课教学设计，将第一章的故事文本分成三个小段落，分别在读前、读中和读后活动中布置学生"阅读圈"的分工和任务，引导学生采用小组合作学习——阅读圈的方式开展阅读学习。每个阅读小组的学生角色分工如图3-5所示。

图3-5

在读前的阅读圈活动中，学生需要找出文章中的 key words and sentences，然后进行分工合作，通过自主学习、讨论交流、资料查找等方式进行文本学习、分析与解读，并形成海报或PPT的成果。在课堂教学中，教师根据《小王子》第一章的文本内容，逐步推进三个小段落的阅读圈活动，由"阅读圈"小组集体在课堂上做学习汇报展示，讲解并介绍每个段落的学习成果。教师辅助开展文本解析活动，设计小组讨论环节让学生谈感受，在分享—学习—交流—启发—思考的循环过程中引导学生实现知识的内化与阅读理解层次的提升。

在深入推进"整本书阅读"主题教学实践的过程中，教师选取学生喜爱的图书，进行优秀课例教学研究，通过教学实践，总结出一套行之有效的教学策略和模式，在区域内推广。学生在教师的指导下，学习运用不同的策略阅读完整的英语绘本故事、童话寓言和经典名著，促进对阅读材料的感知和体验，在交流和讨论活动中深化理解，提升学习能力和阅读素养，促进更高层次思维品质的形成。

（执笔人：雷　旭）

第四章

主题研究——绘本故事篇

　　绘本故事是图画和文字相辅相成的故事图画书。绘本故事具有生动有趣的情节、唯美精致的插图、丰富活泼的语言，蕴含着无尽想象的空间，是一种儿童喜闻乐见的图书形式。绘本故事的前后环衬、扉页、人物的服装及背景等要素都富有图画语言的特征，具有冲击性的视觉输入魅力，学生可以在欣赏图画的过程中体验情节，认识文字，理解故事，升华情感。

　　本章节遴选了小学英语教学中开展"整本书阅读"实践的15个绘本故事教学案例，涵盖小学低、中、高年段，每个案例后面均附有专家点评。让我们一起在故事图画书中体验"整本书阅读"的快乐吧！

What's going on? 教学设计

设计教师：科峻小学　　周瑞丹

授课年级：一年级

作　　者：北京师范大学"认知神经科学与学习"国家重点实验室攀登英语项目组

出版单位：北京师范大学出版集团、北京师范大学出版社

一、文本解读

英语绘本 *What's going on?* 选自《攀登英语阅读系列·有趣的字母》。该系列英语绘本由北京师范大学"认知神经科学与学习"国家重点实验室攀登英语项目组专门研发，是促进我国5～12岁儿童英语阅读能力发展的基础性绘本。英语绘本阅读能促进儿童听、说、读、写、演等各项技能发展，并渗透情感教育和人文关怀，从而全面促进学生英语素养的提升。

该绘本是一个独立完整的故事类绘本，配图意境优美，代入感强，让小读者有身临其境之感；绘本图片颜色丰富，层次感强，给人的视觉冲击力较强；故事中的角色特点鲜明，使人印象深刻；绘本句式简单有趣，容易理解和朗读；绘本讲述了一个"爱与合作"的故事，使人读来意犹未尽，心生温暖。

这个绘本故事封面和内容配图的设计非常有趣巧妙：在简单明了的封面上，一群形态各异的小伙伴齐齐看向一个鸟窝，配上设置悬念的标题 What's going on? 立刻就能吸引小读者。走进绘本，作者在扉页中就创设了一个优美静谧的夜晚情境，让读者能够开始静心阅读。在漆黑的夜晚，繁星点缀，一棵老树上有一个鹅黄色的鸟窝。这是扉页中的亮点，图片中没有角色，没有文字，却能引发读者思考。随着绘本阅读故事的开启，各种角色陆续登场。坚强的小

闹钟上站着小毛驴，小狗站在了小毛驴的头上，小狗的头上来了一只努力保持平衡的小狐狸，飞来一只孔雀充满歉意地站在小狐狸的头上，看来大家都在努力地克服困难。你看，小玩偶也爬到了孔雀的头上，它的目光坚定，它们是在玩"叠罗汉"的游戏吗？这时，小青蛙又蹦上了玩偶的头顶。"shhhh！"小青蛙示意大家安静，它轻手轻脚地把一只熟睡中的小鸟安全送回了鸟窝。小鸟在宁静的夜晚酣睡入梦。"Good night！"原来"叠罗汉"的小伙伴不是在玩游戏，而是齐心协力把刚出生的小鸟送回家。绘本的尾声再次回到了扉页中创设的情境——宁静的夜晚，小伙伴排着队轻声地与酣睡的小鸟道别。

在这个绘本中，学生不但收获了一个充满爱的故事，还了解、学习了很多含有字母o的单词，如 on，clock，dog，fox，sorry，doll，peacock 等。通过对这些单词的学习，学生逐渐掌握了字母o在闭音节中的发音。故事全篇运用 A is on the B 的简单句型，有利于学生理解和朗读绘本，非常适合启蒙阶段的小读者。

绘本解读有利于教师教学目标的设定、教学策略的选择和教学过程的精准实施。同时，以学生为中心的文本解读，有利于促进学生理解和思考，进行故事文本的构建和创新。

二、学情分析

这个绘本故事适合二年级学生开展英语拓展学习，在他们一年级已学了26个字母的基础上，二年级开始系统学习自然拼读。我校在常规《英语口语》和"攀登英语口语"的词汇教学中坚持渗透自然拼读的教学，并一直采用《攀登英语阅读系列·有趣的字母》系列绘本辅助学生自然拼读的学习。二年级学生已基本养成了每日诵读英语的好习惯，对英语学习有浓厚的兴趣，并掌握了一些基础词汇和短句。这个年级的学生好奇心强，愿意积极参与、大胆尝试，对绘本中的故事情节乐于模仿，也能大胆想象和创新，这个阶段是英语基础积累和绘本学习的黄金时期。但这个年龄段的学生由于自身的英语水平有限，大都缺乏绘本阅读技能的训练，因此对英语绘本阅读情境的依赖性还比较大。教师应根据学生的年龄和认知特点，吸引学生融入绘本创设的情境。

三、目标解析

（1）通过游戏活动和绘本阅读提升自然拼读技能。

（2）能在教师引导下理解绘本故事，体会绘本所传达的情感。

（3）能观察绘本图标，理解和分析角色在故事中的感受。

（4）能根据图片提示猜词、拼读和流畅地朗读绘本。

（5）能享受绘本阅读的乐趣，增强阅读的信心和兴趣。

四、教学重难点

（一）教学重点

（1）通过游戏复习自然拼读辅音字母 b，c，d，g，f，h，p，t 和元音字母o闭音节的发音，训练（consonant-vowel-consonant，辅音+元音+辅音）单词拼读。

（2）深入理解绘本故事内容，并流利地朗读绘本故事。

（3）体会绘本故事中所传达的情感，并联系生活实际，学会在生活中向身边的人传达温暖与爱。

（二）教学难点

（1）新单词的拼读训练。

（2）正确理解和表达绘本中所传达的情感。

五、教学用具

自制自然拼读卡、纸质绘本故事、电子版绘本故事、绘本故事音频、表演头饰、教学课件等。

六、教学实施

（一）读前活动（Pre-reading）

（1）Enjoy some letter songs.（演唱欣赏字母歌。）

Let pupils enjoy and dance with the letter song.

【设计意图】复习字母歌曲，唤醒学生的学习热情，让学生唱一唱，动一动，以最好的状态进入课堂。

（2）Teacher makes a letter chant first.（教师先用一个字母编成简单押韵的童谣，为学生做示范。）

T：Look，the letter c .

c is for cat，a cat.

c is for cat，a lovely cat.

c is for cat，a lovely cat. It's a cat.

can you choose a letter and make your chant? Teacher shows some letter cards on the blackboard.

S1：... is for ...，a ....

S2：... is for ...，a ....

S3：... is for ...，a ....

It's/She's/He's a.

【设计意图】通过字母童谣，引导学生根据字母说单词、说词组，或者说句子，引导学生模仿。

（3）Sing a song：*Donkey*，*Donkey*.（演唱已学过的歌曲：*Donkey*，*Donkey*。）

T：I can say my chant too. d，d，d，d is for donkey，a hungry donkey. It's a hungry donkey.

Review and sing the song. Let's go.

【设计意图】通过复习一年级的攀登歌曲导入，引出 donkey 这个角色，同时为绘本故事输入做准备。

（4）Listen to the rhyme.（听押韵小诗。）

Donkey is a donkey.

Floppy is a dog.

Bobby is a boy.

Bobby likes Donkey and Floppy.

Let pupils listen and say the short rhyme and try to find the special sound.

让学生听教师读诗歌，并配上图片理解，从而使学生感受单词中含有的相同音素。

【设计意图】教师自编诗歌，通过完整的语料让学生听并跟读，输入相关短元音o的语篇情境，让学生在听读的过程中发现这个音素。

（5）Present the short o sound.（展示短元音字母o的发音。）

Show the shape of the mouth then make the voice—the short o sound.

【设计意图】通过教师示范，从口形到发音，规范元音o闭音节的发音。

（6）Read and spell.（朗读和拼读。）

① o-on-don-donkey.

S1：o.

S2：on.

S3：don.

S4：donkey.

② o-ock-cock-peacock-clock.

T：ea-pea-peacock.

③ o-oll-doll.

④ o-ox-box-fox.

⑤ o-og-dog-frog-hog.

Read the words one by one，then practice in groups.

教师通过课件引导学生拼读字母o的闭音节发音单词，把练习的单词贴在黑板上，同时配上相应的图片，然后小组进行拼读练习。

【设计意图】在音节拼读和词汇拼读中练习短元音o的发音，从教师"扶着"练习到学生独立拼读，内化其发音规律。

（7）Now let's choose the words to read and look at the pictures. Then match the words and pictures.（朗读单词，并与黑板上的图片配对。）

T：Can you read this word? Can you match the picture?

Read the words and understand the meaning.

【设计意图】学生通过朗读词汇，观察PPT呈现的相应的图片，完成配对游戏，建立音形义的关系。

（二）读中活动（While-reading）

（1）Read the cover.（阅读封面。）

T：What can you see on the cover?

S1：I can see a donkey.

S2：I can see a dog.

S3：I can see a fox.

S4：I can see a doll.

S5：I can see a letter o.

Then read the title of the story. Teacher explains the title's meaning.

教师提问，引导学生观察封面，除了让学生看到生动的图片和文字以外，还要引导学生关注绘本的系列、编者和出版社等信息。

【设计意图】通过观察封面，引导学生猜测可能发生的故事情节，引导学生关注绘本封面所提供的信息，提高学生的阅读素养。

（2）Listen to the story.（看绘本，听故事。）

T：Who are in the story?

Ss：The donkey, the dog, the fox...

Teacher shows the pictures on the blackboard.

【设计意图】通过听第一遍故事，重点选出故事中的主要角色，在黑板上呈现图片，再一次帮助学生建立音形义的关系，同时自然过渡到绘本故事。

（3）Read the story page by page.（一页一页地阅读故事。）

Look at the first page. It's dark in the midnight. There is a small yellow bird's nest in the big tree. Let's think about the following questions. 引导学生阅读扉页：在漆黑的夜晚，一棵大树上有一个黄色的小鸟窝。请学生观察并思考以下问题：

What time is it now?

Where is it?

What can you see?

① Teacher shows the next page of the story.（教师引导继续阅读。）

T：It's dark. They are all here under the tree. What's going on?

Let's listen again.

T：（Repeat the first sentence.）Who can help me find them?

【设计意图】通过听第二遍故事，重点理解故事大意，教师提出问题，帮助学生在理解绘本的基础上融入故事，同时进一步巩固单词音形义的关系。

② Teacher puts the big tree on the blackboard.（根据绘本故事中的大树，在课堂上还原绘本情境。）Pupils listen to the story sentence by sentence, then read the story page by page.

【设计意图】逐句听故事，然后逐页朗读，为故事的流利朗读和复述做准备。

（4）Answer questions.（回答问题。）

T：What's going on?

S：Put on the big tree.

T：What's going on?

S：Put the bird in the big tree.

T：What's going on?

...

【设计意图】通过背景图片的增加逐步创设故事情境，学生根据句子内容摆好图片。教师引导学生根据图片回忆故事的发展，以帮助学生更好地理解故事的内容。

.（5）Watch and think about the story.（观看PPT，思考故事中的问题。）

According to the pictures on the blackboard, let's find their characteristics in the stroy. And tell teacher what they are talking or thinking about. Read the story page by page.

S1：The donkey says "ouch".

S2：The peacock says "sorry".

S3：The frog says "Shhhh".

T：What are they thinking about?

Yes. They want to be silent. Because the baby bird is sleeping. They want to help the baby bird back home.

【设计意图】引导学生认真观察绘本故事中的插图，让学生留心每个角色的性格特点，从而更好地理解故事的内涵，传达绘本故事中的情感。

（6）Read the story together and read the story with your partners.（集体朗读故事，并与小伙伴合作朗读。）

【设计意图】让学生整体阅读故事，在学生理解之后进行小组故事朗读，通过看PPT整体跟录音读、看绘本内容跟教师读、小组合作读等方式加强朗读与故事的内化。

（7）Try to think and answer.（思考故事中表达的情感并尝试传达出来。）

① Try to retell the story and act out it in your group. 小组复述或表演故事。

② What are your feelings about the story? 组内讨论阅读故事的感受。

S1：I can feel love.

S2：They can help the young.

...

【设计意图】通过感受和讨论故事中的角色传达的情感，让学生感受到爱与温暖，激发学生展开想象，促进学生朗读、表演。

（三）读后活动（Post-reading）

（1）Try to adapt the story.（尝试改编故事。）

T：Here comes the ox，dog，hog，cock，can you adapt the story?

Read the new words（short vowel letter o sound）. Then work in groups and make a new story.

【设计意图】让学生尝试改编故事，在改编故事的过程中中进一步运用所学拼读新词，并在绘本故事中运用新词，巩固发音，拓展学生想象，促进学生思维的发展。

（2）Review the short vowel letter o sound. Write down the new words in the story on your book.（复习故事中短元音字母o的发音，并在本子上写下这个故事中的新单词。）

【设计意图】复习总结这个故事中短元音字母o的发音及单词。

七、学法总结

绘本故事的学习是学生英语学习和积累的重要形式之一。教师在引导学生对绘本故事内容进行感知、理解和内化的过程中，需要精心设计，运用情境创设法让学生有种置身于故事中的感受，从而更好地参与到绘本故事的学习中来。在扫除新单词障碍的过程中，教师需要提前让学生做好相关训练，降低学生理解和朗读的难度，这样更有利于学生完整地阅读整本绘本故事。在绘本故事学习的过程中，教师通过在黑板上展示情境，帮助学生还原和构建故事，有利于学生内化理解和尝试输出；学生根据黑板上展示的情境进行小组操练和改编，降低了学习难度，提高了参与的积极性。

八、拓展延伸

学习了这本关于"温暖与爱"的故事后，请你根据自己的理解画出这个绘本故事，并分享给自己的家人，和他们分享你帮助他人或者得到他人帮助的经历；完成绘本故事阅读卡、自然拼读单词卡收集等小任务；感兴趣的同学可以在"一起学英语"APP中完成口语交际"丢失的宝贝"和趣配音"谢谢你救了我"。拓展英语绘本课程教学，持续开展英语绘本故事阅读，保证阅读的持续性与广度，如每天朗读一本以前学习过的绘本等。

九、案例分析

本课围绕《攀登英语阅读系列·有趣的字母》中的故事 *What's going on?* 展开设计，属于小学英语低年段的绘本故事教学案例。教师所在学校在教授一、二年级英语常规教材《英语口语》的同时，坚持采用《攀登英语阅读系列·有趣的字母》绘本辅助学生进行自然拼读的学习。

该绘本讲述了一个"温暖与爱"的故事。通过本课的学习，学生能了解、学习含有字母o的单词，逐渐掌握字母o在闭音节中的发音，还能收获对"爱"的感悟和理解。故事全篇反复应用 A is on the B 的简单句型，有利于学生理解和朗读绘本。

针对低年段学生的年龄特点，教师运用情境创设法，积极营造故事学习的情境氛围，引导学生理解和分析角色在故事中的感受；组织开展以学生为中心的文本解读活动，帮助学生内化理解和尝试输出；结合游戏活动和绘本阅读活动复习自然拼读辅音字母和元音字母o在闭音节中的发音，训练CVC单词拼读等，进一步帮助学生提升自然拼读技能，是一节优秀的培养儿童英语阅读能力的基础性绘本教学课例。

在读前活动中，教师组织学生演唱字母歌曲来激发学生学习的热情，引导学生诵读字母童谣，根据字母练习说单词、词组及句子，通过模仿、应用语言来复习旧知；接着通过演唱攀登歌曲，创设情境，引出 donkey 这个角色，为本节课的绘本故事学习做铺垫。教师还自编诗歌，输入相关短元音o的语篇情境，设计语料任务让学生听并跟读，引导学生拼读练习短元音o，内化其发音规律，建立音形义的关系。

在读中活动中，教师引导学生关注绘本封面所提供的信息，培养学生良好的阅读习惯，同时引导学生猜测可能发生的故事情节。接着组织开展有不同学习任务的听读活动，推进故事教学，如通过听第一遍故事引导学生选出故事中的主要角色，通过听第二遍故事重点理解故事大意。同时，教师以问题为引导，通过背景图片的增加逐步创设故事情境，帮助学生在理解绘本的基础上融入故事情境。在教学过程中，教师重视开展听读活动，通过看PPT整体跟录音读、看绘本内容跟教师读、小组合作读等方式加强朗读与故事的内化，为故事的流利朗读和复述做准备。

在读后活动中，教师引导学生尝试改编故事，进一步运用所学巩固单词拼读，强化发音练习，同时拓展学生想象，培养学生的思维能力。在整节课的教学中，教师重视通过讨论、有感情地朗读等活动帮助学生增强对故事角色的情感体验，使学生感受到温暖与爱，并懂得联系生活实际，向身边的人传达温暖与爱。

本节课的拓展延伸活动也很有亮点：教师将英语"整本书阅读"活动的学习阵地从课堂教学延续到了课后，让学生画出绘本故事，并分享给自己的家人；指导学生制作绘本故事阅读卡、收集自然拼读单词卡等；让学生在"一起学英语"APP中完成配音活动等；引导学生持续开展英语绘本故事阅读，如每天朗读一本以前学习过的绘本等。

这是一个很好的低年段绘本故事教学案例，是开展基于"整本书阅读"的英语教学的优秀范例，教师在教学中关注对学生听说读写演等各项技能的培养，并注重渗透情感教育和人文关怀，通过课内外教学的有效衔接帮助学生提升英语阅读素养。

（案例点评人：雷　旭）

The Animal Party 教学设计

设计教师：东荟花园小学　刘倚天
授课年级：二年级
作　　者：Michaela Morgan
出版单位：外语教学与研究出版社

一、文本解读

The Animal Party 绘本选自外语教学与研究出版社的《丽声妙想英文绘本·第二级》系列。该绘本围绕主题动物派对展开，定位为"整本书阅读"的新授阅读课。绘本文本组织形式为连续性文本，讲述了小女孩 Sally 与各种不同动物装扮者展开对话，从而呈现出不同动物叫声的现场派对的欢乐氛围。

教师用2个课时开展"整本书阅读"，指导学生学习整本绘本。第一课时先让学生感受派对的欢乐氛围以及了解动物声音歌曲等，解码本绘本中的所有生词，厘清整本书的人物出场顺序及关系，为第二课时顺利学习理解及表演绘本内容做准备；第二课时重点在于理解绘本并进行表演，创设情境，融入更多动物角色及故事的创编及拓展。通过阅读，学生在语言知识、情感和阅读能力上获得了进步。

二、学情分析

《丽声妙想英文绘本》系列插画自然、生动、有趣，文字简单、精练，其丰富的意境非常适合孩子阅读。本课的教学对象是小学二年级的学生，学生从一年级开始学习英语，到二年级已经有了一定的英语基础。我校是一所传统的公办小学，所用教材是广州出版社《英语口语》二年级下册教材，词汇量不大，但整本书中的生词问题仍有可能成为阻碍学生流畅阅读的最大障碍。学生独立阅读较长的"整本书"的文本能力、理解能力、查找处理信息能力和自主归纳学习能力仍需要教师进一步引导和培养，并进行一些阅读策略的相关指导。

三、目标解析

（一）语言能力

（1）学生能够理解并初步运用 Can you... like a/an...? 等句型来表述自己的疑问与要求，通过模仿动物声音 Woof / Quack / Too whit! Too whoo / Baa / Moo / Roar 实现交流。

（2）能流畅阅读并理解绘本内容。

（3）能通过模仿进行跟读。

（二）学习能力

（1）能运用图片环游进行阅读、理解。

（2）能在阅读后从绘本中寻找信息。

（3）能通过板书整理绘本的整体脉络。

（三）思维品质

（1）通过观察图片，培养学生在测试、判断、选择、寻求答案的过程中理解故事内容的思维品质。

（2）通过问题链的方式，激发学生的发散性思维。

（四）文化意识

通过阅读该绘本，学生能体会主人公与各种动物交流的过程，体验与小动物和谐相处的情感。

四、教学实施

（一）读前活动（Pre-reading）

（1）Let's sing a song about animal sounds. 学生演唱有关动物声音的歌曲并尝试模仿动物的叫声。

歌曲结束后用句子 Can you ... like a/an ...? 进行提问，初步对绘本中经典句型 Can you ...? 进行输入。

【设计意图】课前学唱 *The animal sounds song*，熟悉动物叫声在英语中的表达。

（2）Let's say.（sight words）

利用 Sharp Eyes 对绘本中出现的高频词进行复习和学习，如图4-1所示。

图4-1

【设计意图】通过 See and say 活动，让学生马上读出故事中出现的视觉词，并读出故事中含有这些视觉词的核心句型。

（3）Let's play.

学生结对玩"拍苍蝇"游戏，其中高频词 can，an，come，you，my 等均作为"苍蝇"出现，教师大声说出单词，学生用苍蝇拍争先拍下"苍蝇"单词。

【设计意图】利用游戏巩固高频词，同时通过 *Phonics Song* 的演唱输入 a，e，ck，d 的发音并进行故事中出现的生词的拼读训练。

（二）读中活动（While-reading）

Section 1（P1 ~ P7）

（1）Present the cover.

教师呈现封面，引导学生观察封面信息，利用封面图片让学生大胆猜测。

① What can you see from the cover？

② What will happen?

【设计意图】学生通过唱歌进行热身。歌曲唱完后教师初步提问"Can you... like a/an...？"引导学生观察封面图片，获取书名、作者等信息，同时通过学生对封面图片的观察、感知和预测，创设绘本情境。

（2）Picture Tour.

图片环游，让学生观察图片信息，挖掘学生的疑点，引导学生思考。

① Is it a duck？ Why？

② Is it an owl？ Why？

③ Is it a cow？ Why？

④ Can the boy come to the party？

⑤ How does he come to the party？

通过问题，学生发现装扮成各种小动物的男孩，并总结他们怎样才能参加动物派对。

【设计意图】引导学生逐页观察图片内容，指导学生利用观察到的图片信息，解码绘本中生词的意思；通过问题链设置引导学生理解绘本人物的行动意图及结果；通过预测对话来启迪学生的发散性思维，用"Can you...like a/an..."来重构上一页的文本内容。

（3）Can you read？

播放音频材料，引导学生有感情地再朗读一遍故事的第一部分。

【设计意图】通过第一遍朗读，让学生梳理故事脉络。

（4）Can you fill in the blanks?

引导学生在读完第一遍后，结合图片，初步对句子中缺失的内容进行补充。

Can you bark like a/an _____?

Yes，I can. _____! _____!

【设计意图】通过此环节指导学生回顾上页文本内容并初步通过表演对文本进行复述。

Section 2（P8～P13）

（5）First reading：Can you match?

此环节学生开始进行自主阅读，把前面教师指导的阅读策略运用到实际阅读中。

【设计意图】利用首轮自主阅读的方式，让学生把握后面三种动物及其叫声，读后完成作业纸任务1动物与声音的匹配。

任务1中动物图片分别是 dog、sheep、cow。声音分别是 woof、baa、moo。

（6）Let's read again. Can you circle the correct words?

教师指导学生继续阅读，并在阅读后完成圈记合适单词、完善故事的任务（图4-2）。

Sally：Can you _____（moo / baa / roar）like a cow / sheep / dinosaur?

The cow：_____! _____! _____!（Moo / Baa / Roar）

Sally：Come to my party today. / You can come too. /You can all come to my party.

Sally：Can you _____（moo / baa / roar）like a cow / sheep / dinosaur?

The sheep：_____! _____! _____!（Moo / Baa / Roar）

Sally：Come to my party today. / You can come too. / You can all come to my party.

图4-2

【设计意图】引导学生有感情地再朗读一遍故事的第二部分，指导学生圈记课文中的关键词，帮助学生厘清后半部分的文章脉络。

（7）Can you read and make lines?

学生再次朗读绘本后，完成绘本内容与图片的匹配。

【设计意图】教师利用多种形式让学生熟悉绘本内容，为接下来的绘本表演做好台词准备。

（8）Can you show?

教师指导学生梳理第二部分并选择片段和同桌合作表演。

（9）Let's watch.

学生绘本表演结束后，观看绘本视频，回顾整个故事，教师提出总结性问题：

① Can you talk to the animals?

② How do you talk to the animals?

这两个问题一石激起千层浪，学生纷纷表演各种小动物，教师抓住这个契机，进一步引导学生感知重难点词 like 的含义，并进行运用。

【设计意图】教师通过视频再次让学生整体感知绘本；邀请学生上台扮演小动物，让学生感知动物如何用自己的语言和人类交流。

Section 3（P14~P15）

（10）利用小组合作形式完成绘本表演，如图4-3所示。

dog-woof　　cow-moo

duck-quack　　sheep-baa

owl-too whit!　too whoo

dinosaur-roar

Can you _____ like a / an _____ ?

_____!　_____!

Good!　Come to the party.

图4-3

（三）读后活动（Post-reading）

（1）Let's talk.

在绘本内容的基础上，让学生发挥想象力，邀请更多的小动物来参加派对，如图4-4所示。

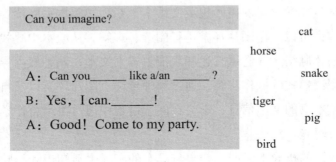

图4-4

【设计意图】布置小组讨论任务，根据其他小动物的声音创编新的对话。

（2）Sum up.（总结）

【设计意图】借助板书回顾故事。

（四）家庭作业（Homework）

（1）Act out the animal in the picture book.

（2）Draw one character of the story.

（3）Share the story with your friends.

板书设计（图4-5）

The Animal Party

Can you _____ like a / an _____?

Yes，I can._____! _____!

Good！Come to the party.

Quack　　Woof　　Too Whit　　Too Whoo

Moo　　Baa　　Roar

图4-5

五、学法总结

二年级学生在学习《丽声妙想英文绘本》系列"整本书阅读"后，能读懂整本绘本内容，可以运用图片环游进行阅读、理解，从绘本中寻找信息，把握绘本故事的整体脉络，并尝试复述和表演整本书文本；熟悉教师导读和自主阅读相结合的阅读模式的操作步骤，通过教师导读、图片环游以及自主阅读的学习方法获得整本书的文本信息；学会在阅读过程中通过小组合作学习讨论，加深对整本书的理解。

学生在教师的指导下，能结合自身已有的实际生活知识和经验，理解文本和其中的人物关系以及故事情节的发展，与文本互动；结合图片环游、自主阅读和教师导读等阅读策略，能从中习得"整本书阅读"的模式。教师通过"整本书阅读"的开展，激发学生阅读的兴趣，让学生重视阅读习惯的培养，最终促进学生英语综合素养的提高和思维能力的发展。

六、拓展延伸

通过学习系列绘本，二年级学生开始初步接触小学阶段英语的"整本书阅读"，习得其中的阅读策略并在教师的指导下尝试运用，激发了自身的发散性思维，为之后对英语读物的"整本书阅读"提供了阅读方法，也为今后的广泛阅读、提升语用能力奠定了基础。基于此，学生在学习完这本书后，可继续整本书阅读《丽声妙想英文绘本·第二级》另外五本书：①*Can You Get Our Ball*? ②*The Best Sandcastle.* ③*Tortoise*! *Tortoise*! ④*Don't Jump on the Bed*, *Fred*! ⑤*What Is It*? 本学期在阅读完这个系列的整本书后，教师应根据学生的学习水平，不断反思和总结，调整本学期"整本书阅读"计划中不适合学生当前水平的读物目录，并继续开展"整本书阅读"课堂和相关教学活动。

七、案例评析

本节课围绕外语教学与研究出版社的《丽声妙想英文绘本·第二级》中的故事 *The Animal Party* 展开，属于小学英语低年段的绘本故事教学。案例设计以小组创编表演活动为突破口，引导学生在"整本书阅读"活动中学习语言，表演故事；遵循"教师引导，学生自主探究"的教学理念，引导学生在图片环游、拼读阅读等活动中完成阅读任务，有效促进了学生自主学习能力、合作学习能力和探究学习能力的提高。

本节课教学设计目标清晰具体，以生活中学生最喜欢的动物及其叫声为切入点，贴近实际生活，符合教学标准和学生喜好。在课程设计方面，整堂课清晰有序，层层推进，环节设置科学合理，符合低年段学生的身心特点和认知发展规律，有效促进了各项学习目标的实现。

本节课在读前活动中，用一首 *The animal sounds song* 自然、生动地导入新课，以简驭繁。唱完歌曲后，教师运用 Can you... like a/an...? 句型提问，这既是对歌曲内容的提问，也是对本节绘本课中核心句型和核心单词的初步输入，有效促进了后续阅读活动的开展。"拍苍蝇"游戏快速地复习了绘本中出现的 sight words，为学生后续阅读初步扫清了障碍。

在读中活动中，教师先引导学生看封面，查找信息，通过观察图片大胆预测故事内容。在学生进行内容阅读时，教师先引导学生阅读第1～3页的故事，通过观察绘本图片、搜索归纳信息，让学生思考动物的真伪以及背后扮演动物的原因所在；接着让学生根据阅读任务，自主阅读第4～8页的故事，猜测结果，并相互分享信息。考虑到学生年级低，在自主阅读中，教师设置了多环节的活动来帮助学生理解绘本内容，引导学生逐页观察图片内容，指导学生通过观察图片信息解码绘本中生词的意思，培养学生在测试、判断、选择、寻求答案的过程中理解故事内容的思维；通过问题链设置引导学生理解绘本人物的行为意图及结果；通过预测对话来启迪学生的发散性思维。在绘本内容处理上，在自创歌曲环节，教师利用学生熟悉的歌曲旋律，创编与绘本内容高度关联的歌词，完美地概括了绘本的语言知识点。歌曲与绘本内容紧密衔接，找准了新、旧知识间的关联点和新的增长点，让学生整堂课徜徉在欢乐的派对氛围中。

在读后的巩固学习活动中，教师让学生根据板书以小组合作的形式进行绘本的表演。在课堂小组合作中，活动设计有任务，有目标，组织严密。学生表演结束后，教师引导学生再次观看绘本视频，回顾整个故事，利用读后问题 How do you talk to the animals? 一石激起千层浪，学生纷纷加入讨论。在绘本内容的基础上，教师引导学生发挥想象力，提出邀请更多的小动物来参加派对的设想，极大地调动了学生的学习热情，学生纷纷参与到小组创编绘本的活动中，积极分享自己的想法。创编绘本活动拓展了课内外教学活动，使学生语言总结和表达能力以及发散思维能力都得到了提升。小组表演活动既培养了学生的表演能力，又检查了学生对故事的理解程度。

本节课的教学设计非常优秀，整堂课环环相扣，通过游戏、歌曲、问答、对话、表演等多种形式，促使学生灵活运用所学的词汇和句子，有效地突破了语言难点，同时培养了学生的合作精神和竞争精神；丰富的课堂活动使学生乐于读绘本、表演绘本；学生根据实际情况思考并回答绘本中的相关问题，语言运用和交流能力得到了有效提高。整堂课对阅读策略的教授引导到位，使学生"会读""爱读""会学"，有效地促进了学生英语核心素养的提升。

（案例点评人：张 颖）

I Will Get You 教学设计

设计教师： 怡园小学　佘欣然

授课年级： 二年级

作　　者： Alex Lane

出版单位： 外语教学与研究出版社

一、文本解读

I Will Get You 是一个绘本故事，选自《丽声经典故事屋·第二级》。此绘本语言简单，但情节生动有趣，故事性强，很吸引人。

（一）词汇分析

（1）此绘本共有98个单词，但重复率极高，对于普通二年级的学生来说，包含常见词12个，可以借助自然拼读发音的词6个，其他词2个。二年级学生英语阅读经验不多，词汇量较少，因此教师还需要帮助、引导其朗读和寻义。

（2）重点词汇：主要情节对话中的单词包括 yum，I，will，get，you，do，not，me，him。

（二）句子分析

（1）此绘本共有38个句子，但都是短句，重复率高，其中大部分都是简单、重复的对话，理解的难度符合二年级学生的学习和理解水平。

（2）重点句子：包括 "I will get you" "Do not get me. Get him！"。

（三）情节分析

（1）故事梗概：一个怪兽在桥上埋伏着，想把路过的小羊抓走。小羊很害怕，但它灵机一动，向身后指，要怪兽抓后面那只；第二只小羊用同样的方法躲过了怪兽；第三只羊是一只凶猛的羊，怪兽不仅没能抓到它，反而被这只凶猛的羊追着到处跑。

（2）故事线索：此绘本情节虽简单，但其背后却蕴含着道理和情感：机智的小羊面对怪兽沉着地想出了好办法，怪兽因为贪心最后什么也没得到，而一旁的小鸭子一直热心地关心着小羊们的情况……这些都值得学生细细阅读、感受和探讨。

（四）图文分析

（1）文体：故事类。

（2）行文特征：故事中的语言主要由简单的旁白和对话构成，语言结构主要为短句，但其中蕴含了角色的情绪和感受。

（3）图片亮点：此绘本的绘画生动细腻，隐含的细节如画面背景、人物表情、动作等，展现了故事前后的逻辑关系、角色情感等，值得学生细细观察和品味，可以培养学生的观察能力、推测能力、思考能力。

二、学情分析

本堂课的授课对象为小学二年级学生。学生学习英语将近两年，英语课每周3个课时。在这一年多的时间里，学生除了完成广州市《英语口语》教材的主要学习内容以外，还学习了元音、辅音、辅元辅组合及少数双辅音的发音，能初步通过字母的发音规则拼读简短的单词。从上学期开始，教师还渗透了 sight words 的训练，学生完成了约150词的学习。

对于二年级的学生来说，英语阅读的经验几乎为零。本节课希望通过运用自然拼读法和认读常见词的策略，带领学生尝试整本书阅读，通过引导学生观察绘本图片、进行图片环游的方式，降低学生阅读的难度，帮助学生流畅阅读，引领学生走进英语阅读的大门，增强学生阅读的自信心，提升学生阅读的兴趣。

三、目标解析

根据"中国中小学生英语阅读素养发展目标理论框架"、《中国中小学生英语分级阅读标准（实验稿）》（起步段），结合此绘本的文本解读情况和上课班级的学生情况，制定此绘本阅读的教学目标。

（一）语言能力

（1）能运用 phonics（自然拼读法）发音规律正确、熟练地拼读以下单词：tip，tap，get，ran，yum，path，off，quack，along 等，能快速认读 I，will，you，he，do，not，me，him，yes，the，no 等常见词。

（2）能够识别故事的旁白和对话，能较流利地读出并理解绘本中的句子。

（二）学习能力

（1）能够从绘本的封面、文本、图片等获取信息，辅助清晰地理解故事情节。

（2）能够积极、主动地阅读、朗读绘本文本。

（3）能够在教师的引导下，分享、谈论自己的评价、观点和感受等。

（三）思维品质

能够根据图片、文本、个人经验等，对故事情节的发展和结局进行猜测和预判，发展想象及推理能力。

（四）文化意识

能够在阅读的过程中，充满好奇地关注故事的情节发展，耐心细致地观察绘本插图，主动感受故事中角色的情感、态度，并进行演绎，深化阅读中的情感体验，得到价值观方面的收获。

四、教学实施

（一）读前活动（Pre-reading）

（1）Review the chant of *yum* and *quack* in *Phonics Kids*.（观看 *yum*，*quack* 发音教学视频。）

【设计意图】阅读前，教师通过视频，一方面调动全班的阅读气氛，为阅读做准备；另一方面，巩固复习已学的与本故事相关的 phonics 知识，为流畅阅读做准备。

（2）Read the sight words and the phonics words.（常见词及自然拼读训练。）

部分训练如图4-6所示。

图4-6

【设计意图】调动学生已有的常见词及自然拼读知识积累，使学生见词能读，在拼读中操练，尤其加强操练拼读此绘本中出现的词；朗读不局限于单词，可拓展至词组，甚至是句子；提前熟读此绘本中的语句，为"整本书阅读"做准备；在正式阅读后，可以把注意力放在对故事的理解和朗读的流利性上。

（3）Decode and understand "along the path"。（理解难点 "along the path" 的意义。）

【设计意图】通过配图更有效地让学生自己理解较难新词的意思，为后续流畅朗读故事、理解故事做充分的准备。

（4）Listen and make sentences。（听句子选词游戏。）

教师朗读绘本中的句子（Yum-Yum！ I will get you！ No！ Do not get me。），学生需要从黑板上选出相应的词，组成一句话。

【设计意图】寓教于乐，让学生在游戏中把本课的重点句子提取出来，激发学生学习兴趣的同时，训练他们的听音选词能力，让他们将单词、句子的音和形联系起来，依然为后续的"整本书阅读"做充分的准备。

（二）读中活动（While-reading）

（1）Observe the cover and know the characters of the picture book.（观察封面。）

教师引导学生观察封面，获取题目、作者、故事中的人物等信息。教师介绍本故事中的主要角色，并引导学生观察人物体形，为理解故事做铺垫。

【设计意图】教师通过绘本封面的导读和主角的介绍，引导学生观察、思考和预测，使学生养成良好的阅读习惯；同时激活学生的背景知识，为进一步阅读扫清理解方面的障碍；在导读的过程中与学生对话，重复和完善学生的回答，以提高学生的听说能力。

（2）Listen to the story told by teacher with pictures.（听教师讲故事。）

教师一边引导学生观察图片，一边讲故事，同时向学生抛出以下问题，激发学生思维，让学生进行猜测并融入故事中。

① What's the monster's look? 怪兽什么表情？

② How does the mini-goat feel? 迷你羊的心情怎样？

③ What will the mini-goat say to the monster? 迷你羊有可能对怪兽说什么？

④ What will the little goat say to the monster? 小山羊有可能对怪兽说什么？

⑤ What does the duck look like? 小鸭子什么表情？

⑥ What will happen next? 接下来可能发生什么？

...

最后，教师设置悬念：Does the monster get the big goat? 怪兽抓到大山羊了吗？

【设计意图】在讲述故事的过程中，教师通过图片、动画、夸张的动作、语气、语调、适当的提问等帮助学生观察绘本图片、猜测故事情节、理解故事内容、体会人物情感，激发学生的阅读兴趣，带领学生慢慢进入阅读状态，迎接"整本书阅读"。

（3）Read the whole story.（自主阅读整本书。）

【设计意图】在教师的引导下，学生有了一定的铺垫和基础，带着悬念和好奇心，运用自然拼读知识和 sight words 知识，自己阅读整本绘本。

（4）Read with 3 questions and pay attention to the characters' emotion.（带着3个问题再次阅读，并关注人物表情和情绪。）

Question 1：What does the monster say when he meets the goats?

Question 2：What do the mini-goat and the little goat say and how do they get away？

Question 3：What's the little duck's job under the bridge？

【设计意图】通过思考教师提出的问题，学生关注此绘本的核心对话，在教师的引导下，充分感受角色的情感和情绪，开始带着情感朗读，为读后的演绎做准备。

（5）Read loudly together.（大声有感情地朗读绘本并模仿。）

【设计意图】在激发情感后，学生一起有感情地朗读绘本。

（三）读后活动（Post-reading）

（1）Listen to the tape and imitate.（跟录音读绘本并检测。）

【设计意图】鼓励学生听音模仿，学习地道的语音语调，增强阅读的流利性，为下一步的小组表演做好准备。

（2）Read one by one and check.（轮流读绘本。）

【设计意图】通过学生一个个朗读，检测朗读成果。如果有错误，教师及时正音。

（3）Act out the story with the teacher.（4名学生尝试和教师一起演绎故事。）

教师给出需要演绎的核心对话：

怪兽：Yum-yum！I will get you！

迷你羊&小山羊：No！Do not get me. Get him！

怪兽：Yum-yum！Yes，I will get him.

凶猛的大山羊：No！I will get you！

【设计意图】教师带领学生表演，让学生熟悉表演流程，为学生做示范。

（4）Act out the story in groups.（学生分组内部排练。）

【设计意图】小组合作、排练，由学生自由演绎。

（5）Guide the students to think what they have learned from this story.（大家分享阅读收获。）

【设计意图】教师在学生阅读绘本后进行提问，引导学生自主思考，让学生分享阅读故事后的收获，促进学生情感升华，深化情感体验。

五、学法总结

二年级是英语阅读的开始阶段，这个阶段重在激发学生的阅读兴趣，培养学生良好的阅读习惯。通过教师和学生共同看封面和部分页面，教师抛出问题，引导学生积极观察、预判、猜测、讨论、分享等；学生对故事的背景、角色、情节等有初步了解后，再怀着满满的好奇、期待和兴趣，拓展思维，进入绘本"整本书阅读"。

本节课全班共读与自主阅读相结合，学生尝试自主阅读、朗读，根据图片自主寻义，但对于绘本故事中的生词、难词、关键词，教师应加以引导和正确解码，并配以图片，帮助学生理解其真正的意义。教师还应借助教学活动、板书等，引导学生提取绘本故事的核心对话，帮助学生梳理绘本故事的情节和线索，这也是学生内化绘本语言的过程。

六、拓展延伸

二年级学生的英语知识水平虽然有限，但他们对丰富的英语世界、有趣的故事充满好奇和期待，而且已经积累了一定的自然拼读知识与技能，并能认读部分常见词，具备了最基本的英语阅读能力。因此，学生在阅读了这个有趣的绘本故事 *I Will Get You* 后，教师提供经典故事屋系列同级绘本 *Dick and His Cat* 和 *Rabbit on the Run*，供学生课后自主进行"整本书阅读"，体验阅读的乐趣。

七、案例评析

本节课的绘本故事 *I Will Get You* 选自《丽声经典故事屋·第二级》，共98个词，38个短句，属于小学英语低年级的绘本故事。故事情节生动有趣，绘画生动细腻，语言简单，单词及语句重复率高，故事的背后蕴含着道理和情感。

教师根据"中国中小学生英语阅读素养发展目标理论框架"、《中国中小学生英语分级阅读标准（实验稿）》（起步段）及学情等制定了本节课的教学目标，希望通过引导学生观察绘本图片，图片环游等策略降低学生阅读的难度，并运用自然拼读法和认读常见词的策略，带领学生尝试"整本书阅读"，进一步促进学生流畅阅读，培养学生阅读的自信心和兴趣。教师注重对学生阅读方法的指导，希望学生学会从绘本的封面、文本、图片等中提取信息，进一步理解故事，并对故事的情节发展进行猜测，在故事体验中获得情感认知，促进阅读理解和体验目标的有效达成。

二年级学生已完成了广州市小学《英语口语》教材的主要学习内容，学习了单音、CVC及少数双辅音的发音，能初步通过字母的发音规则拼读单词，具备了基本的英语阅读能力。在课前指导环节，教师组织学生开展了高频词及自然拼读训练，在拼读中操练单词，并将朗读练习拓展至词组和句子，帮助学生提前读熟绘本中的语句，为"整本书阅读"做准备。

在阅读教学过程中，为进一步帮助学生降低阅读难度，教师先组织学生开展"配图理解新词"及"听句子选词"活动，为后续故事学习做好准备；接着引导学生观察封面，获取题目、作者、故事中的人物等信息，通过封面的信息导读，引导学生学会观察、思考和预测。教师采取讲故事的方式来推进故事的学习，一边绘声绘色地讲故事，一边引导学生观察图片，并以问题为线索，设置思考任务，如 What will happen next? Does the monster get the big goat? 等，帮助学生观察绘本图片、猜测故事情节，理解故事内容，体会人物情感，激发阅读兴趣，开启"整本书阅读"。在做好阅读体验的前期铺垫的基础上，教师大胆组织学生开展自主阅读整本书活动，让学生整体感知故事内容；然后让学生带着问题再次阅读，关注绘本的核心对话，使学生在情节体验的过程中充分感受角色的情感和情绪。

在"整本书阅读"教学活动中，教师组织开展了全班共读、自主阅读、小组合作阅读、分享阅读感悟等活动，学生尝试根据图片自主寻义，根据观察预测情节，根据朗读体验情感等，内化了绘本语言的学习，初步培养了观察、推测及思考的能力。在课后的拓展延伸环节，教师提供了经典故事屋系列同级绘本 *Dick and His Cat* 和 *Rabbit on the Run*，供学生课后自主阅读。可以说，本节课的"整本书阅读"活动是教师和学生共同合作建构意义的过程。

二年级学生语言应用基础较差，教师积极运用自然拼读法和认读常见词的策略，引导学生正确解码，并组织开展了形式多样的阅读活动，引导学生理解故事、体验情感、启发思考、分享观点，帮助学生用自己掌握的语言进行表达与交流，进一步促进学生流畅地阅读。本节课体现了以学生为主体的教育理念，教师以讲故事、看图片、问题挑战、朗读等活动推进阅读学习，将语言与思维、知识和情感培育有效地融合在一起，适合低年段的学生，是一节在低年段开展英语"整本书阅读"教学的优秀案例。

（案例点评人：雷 旭）

Sam，the Big，Bad Cat 教学设计

设计教师：香雪小学　　汪珠敏

授课年级：三年级

作　　者：〔英〕Sheila Bird

出版单位：外语教学与研究出版社

一、文本解读

Sam，the Big，Bad Cat 是外语教学与研究出版社《大猫英语分级阅读·三级1》中的一个绘本故事。在西方的文化中，猫是一种神秘的动物，正如一句谚语所说：A cat has nine lives.（猫有九条命。）这种文化给猫增添了一抹魔幻的色彩。

该绘本讲述的是一只名叫萨姆的猫与它的主人汤姆之间发生的故事。萨姆又懒又肥。有一天，它好像生病了。正当汤姆要带它去找兽医看病的时候，一连串奇怪的事情发生了……最终萨姆有没有去看病呢？为什么作者给绘本起的名字是"捣蛋的大猫萨姆"呢？故事按照起因—发展—高潮—结局的顺序展开，结局出人意料。

二、学情分析

在广州，三年级的学生已学习了一系列介词的用法，在学习本绘本之前学生已学过用 in，on，under 这三个描述位置的单词，对位置的表达已有基础。该绘本故事文本短小精悍，句式简单，重点突出，且位置表达的句式重复出现，易于学生实现知识的正迁移。

除了知识技能，根据皮亚杰的道德发展阶段理论，三年级的学生（9～10

岁）正处在初步道德自律阶段，因此在促进学生知识的构建和迁移的同时，教师可以引导学生通过学习本篇故事，体会作者所传达的道理，即对于萨姆是否是一只捣蛋的猫，应该辩证地看待；初步培养学生对社会中出现的行为进行正确评价的能力，使学生形成正确的道德判断和价值观。

鉴于此，教师还可以结合皮亚杰经典道德判断的例子，启发学生从更深一层的角度出发讨论道德判断标准，如家明因偷吃东西打破了一只碗，小琳因帮助妈妈洗碗打破了五只碗，谁的行为更加不合理。由于本篇故事内容贴近学生的心理发展阶段，学生在阅读后可能会有不同的感悟。教师在教学中要引导学生广泛思考，鼓励学生大胆表达个人意见，并鼓励观点的多样性。

三、目标解析

（一）语言能力

（1）能通过图片和上下文猜测生词词义，正确理解故事内容。

（2）能深度理解绘本故事大意。

（3）能根据故事内容用简单的句子表达自己的观点。

（二）学习能力

在独立阅读的过程中，学生能使用自然拼读的方法拼读新单词。

（三）思维品质

学生能理解作者所传达的道理，将所读内容与实际生活相联系，思考与讨论道德判断的标准。

（四）文化品格

通过故事学生能感受中西方文化中"猫文化"的差别，关注并尊重中西方文化的差异。

四、教法实施

（一）读前活动（Pre-reading）

1. 热身

（1）Let's Chant.

教师播放英语歌曲 *In On Under*，学生做动作跟唱歌谣。

（2）Ask and Answer.

课件呈现《猫和老鼠》动画片中汤姆和杰瑞处于不同地点和位置的图片，教师就位置提问，学生回答问题。教师可在进行一组示范问答后，将问答形式由师生问答转变为生生问答。

提问建议：

● Where are Tom and Jerry?

【设计意图】

（1）教师通过双手摆放的不同位置，让学生体会物体与物体之间的位置关系。

（2）教师通过听说语言综合性策略的运用，帮助学生复习有关 in，on，under等表示位置关系的介词及相关短语，激活学生旧知，为后面的绘本阅读做准备。

2. 导入

Talk about the cultural difference.

（在上一环节结束后教师用醒目的圆圈圈住汤姆。）教师与学生交流、讨论"猫文化"在中西方文化中的差异，在此过程中，教师可适时呈现绘本书名以及书中符合自然拼读规则的重点生词。

提问建议：

❂ What animal do you like best?

● Do you like cats? What do you think about cats?

● Do you know that cat is a mysterious animal in western countries?

【设计意图】

（1）激活学生与猫相关的生活经验及背景知识。

（2）预授 vet，cupboard，hide 等与猫相关的词汇。

3. 讨论封面

Read the cover page.

教师展示绘本封面，就封面内容提问，学生回答问题。

提问建议：

● What's the name of the story?

● Who's the writer? Who draws the pictures?

● How does the cat feel now? Is it happy? Can you guess the name of the cat?

● Can you guess why the writer says Sam is a big, bad cat?

【设计意图】培养学生的观察力，激发学生的想象力，提高学生的口头表达能力。

（二）读中活动（While-reading）

（1）Know about the beginning.（了解故事的起因。）

① 教师引导学生阅读第2～3页，对故事的起因进行提问。

提问建议：

● Why did Tom want to take Sam to the vet?

● What did Sam do when it knew Tom wanted to take him to the vet?

② 预测故事。教师引导学生看第3页图片，关注萨姆逃跑的身影，预测故事。

提问建议：

● Why did Sam run away?

● Did Sam want to go to see the vet?

【设计意图】引导学生关注故事细节，理解重点单词 well，vet，为接下来的阅读做准备。

（2）Know about the development.（了解故事的发展。）

教师呈现绘本第4～11页的插图（只呈现插图，不出现故事句子），引导学生了解故事大意。

提问建议：

● Did Sam want to visit the vet?

● What did Sam do?

● Where is Sam now?

【设计意图】

① 引导学生关注故事细节，理解重点单词 found，hid，cupboard，shower，wet。

② 构造信息差，激发学生的想象力，培养学生看图说话的能力。

（3）Predict the ending.（预测结局。）

教师呈现绘本第12页，引导学生以小组为单位猜想、讨论可能的故事结局，鼓励学生分享自己猜想的故事结局。

提问建议：

● What happened to Tom?

● Did Tom still want to take Sam to the vet?

● What's the end of the story?

【设计意图】

① 引导学生联系实际生活，通过细节将整个故事内容串联起来。

② 激发学生的阅读兴趣，培养学生的想象力。

（4）Deepen understanding.（深化故事理解。）

① 学生快速浏览故事，掌握大意。

② 教师引导学生听故事，感受地道的语音语调。

③ 学生自由读故事，深化对故事的理解。

课堂用语建议：

● Read the story by yourself.

● Listen to the story，and pay more attention to the pronunciation，intonation and pause.

● Read the story out loudly，and pay attention to the pronunciation，intonation and pause.

【设计意图】深化故事理解，加强对学生语言生成性运用能力的培养，内化语言信息，培养学生的语音语调。

（三）读后活动（Post-reading）

（1）Think and Discuss.（讨论故事寓意。）

学生根据对故事的理解，交流自己的感受。

提问建议：

● What do you think of Sam?

● Do you think Sam is a big，bad cat?

（2）Further discuss about what the right thing is to do.（进一步讨论道德行为判断标准。）

教师启发学生思考与分享：同样是打破碗（家明因偷吃东西打破碗和小琳因帮妈妈洗碗打破碗），哪个孩子的行为更加不合理？教师引导学生思考生活中有没有类似的道德判断经验，鼓励学生表达不同的观点。（由于三年级的学生英语词汇量和句子积累有限，本环节可适当使用中文回答。）

【设计意图】鼓励学生挖掘故事寓意，表达个人意见和感受，培养学生的道德认知和道德判断力。

附：板书设计 Mind map of the story（图4-7）

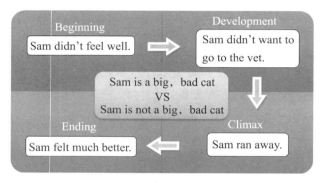

图4-7

五、拓展延伸

（1）Create your own mind map. 学生自行设计思维导图，回顾故事内容。

（2）Rewrite the ending. 学生改写故事结局，对故事进行二次创作。

【设计意图】培养学生使用思维导图进行知识总结的良好习惯，激发学生的发散性思维。

六、学法总结

绘本故事是非常适合孩子阅读的图书形式，它以精练、简短且风趣、幽默的文字描绘出一个跌宕起伏的故事，符合孩子的语言习惯。绘本中高质量的图与文对培养孩子的认知能力、观察能力、沟通能力、想象力、创造力等多元智能以及全面帮助孩子构建精神世界有着重要意义。

在进行绘本阅读教学的过程中，教师应注重巧妙地引导学生进入情境并激发学生的学习兴趣，注重在这一过程中有意识地培养学生"整本书阅读"的意识，教会学生如何"读整本的书"。

本节课遵循"整本书阅读"的"读前导读—读中深化—读后交流"模式，

立足于新课程改革的学生观和学习观，引导学生进行自主、合作和探究性学习。具体来说，本节课主要培养学生以下能力：一是观察力。引导学生学会解读绘本图片所蕴含的丰富的信息，同时激发学生的想象力。二是理论联系实际的能力。通过构造信息差，激活学生的旧知及已有的生活经验，从而在新、旧知识之间建立起有意义的联系。三是道德判断力。所谓"知为行之始，行为知之成"，学生通过故事的学习，深化正确的道德认知，形成良好的道德判断力，是本节课的升华。希望通过本节课的学习，学生更多地关注除了基础知识学习以外的道德意识的培养。四是使用思维导图总结的能力。运用思维导图对知识进行总结和回顾是一个科学的学习方法，有意识地在教学过程中培养学生运用思维导图总结的能力将会使学生受益终身。

七、案例评析

本节课围绕外语教学与研究出版社《大猫英语分级阅读·三级1》中的故事 *Sam，the Big，Bad cat*（《捣蛋的大猫萨姆》）展开设计，属于小学中年级英语绘本故事教学。故事主要讲述捣蛋的大猫萨姆和他的主人汤姆之间发生的有趣故事；内容生动活泼，情节丰富多彩，深受学生喜爱。本案例设计很好地呈现了采用图片环游的形式带领学生一起阅读绘本的过程，遵循"读前导读—读中深化—读后交流"的"整本书阅读"教学模式，巧妙利用图片创设情境，设计凸显开放性和启发性的问题，鼓励学生大胆预测，发散学生的思维，教会学生阅读的技巧和策略，为学生以后更好地进行"整本书阅读"打下了扎实的基础。

本案例教学面向三年级学生。根据著名心理学家皮亚杰的道德发展阶段理论，三年级的孩子正处于道德自律阶段。在促进学生语言能力和学习能力养成的同时，教师挖掘绘本故事背后蕴含的情感态度，引导学生学会辩证分析，帮助学生形成正确的道德观和价值观，很好地体现了英语学科的核心素养。

在读前活动中，故事学习从观看《猫和老鼠》的动画片开始，教师利用学生喜欢的卡通动物引起学生的注意，然后复习方位介词 in，on，under，唤醒学生的旧知；之后以问题为先导，让学生谈论喜爱的动物——猫，激活学生的生活经验和背景知识，引导学生关注和对比中西方文化中"猫文化"的差异，预授故事中的新词 vet，cupboard，hide 等，为新故事的引入做好铺垫。

在此基础之上，教师出示封面，引导学生认读故事的题目、作者、出版社等信息，培养学生的文本概念，为"整本书阅读"打好基础。随后，教师进一步启发学生观察封面图画，设计多个问题让学生进行开放性思考，预测故事情节，丰富学生的观察力、想象力，提升学生的口语表达能力。

　　在读中活动中，师生共同进行图片环游的故事学习。教师针对图片内容，设计了一系列启发性问题，让学生自主阅读，教给学生阅读策略，引导学生观察和分析图片，获取主要信息，发散学生的思维，激励学生展开想象，预测故事情节的发展，并不时地迁移到学生的实际生活中，激活学生的生活经验，启发学生与故事主人公对话，了解萨姆和汤姆的心理变化，让学生不仅关注故事内容，更关注故事背后蕴含的情感。

　　在读后活动中，教师设计评价性任务，让学生在组内进行交流，鼓励学生大胆表达，挖掘故事寓意，表达个人意见和感受；适时引导，培养学生正确的道德认知和判断力，引导学生树立正确的道德观和价值观。

　　因课堂教学时间有限，教师还设计了课后延伸任务：先让学生根据故事画出思维导图，小结和归纳故事，培养学生的逻辑推理能力，为故事的复述搭建支架；之后让学生改写故事结局，表达自己的情感，培养学生综合运用语言进行交际的能力。

　　本案例有一个优秀的教学设计，主要体现在以下四个方面：一是教师对文本和学情做了详细的分析，梳理了故事情节的发展主线。二是目标定位准确，不仅关注学生语言知识和技能的发展，更关注学生思维品质和文化品格的提升。三是教学过程充分体现了"整本书阅读"的教学理念。从封面到故事内容再到故事结局，学生在教师的引领下，不断进行观察、分析、思考、预测，既培养了学生的阅读技能，又发展了学生的思维品质。四是教师注重情感内涵的发展。故事的阅读不停留在表面，而是通过情感的交流，让学生产生共鸣，从而内化为正确的道德观。本节课很好地培养了学生的阅读素养，发展了学生在文本概念、语言知识、信息获取、文化感知、策略运用等方面的能力，特别是关注了学生的情感，有效地将学生的语言能力、学习能力、思维品质和文化品格的提升融为一体。

（案例点评人：王　艳）

Horton's Horns 教学设计

设计教师： 黄陂小学　甘美誉

授课年级： 三年级

作　　者： 北京师范大学"认知神经科学与学习"国家重点实验室攀登英语项目组

出版单位： 北京师范大学出版社

一、文本解读

本节课的主要内容为音素 or，以及绘本故事 *Horton's Horns*。本节课整合了《丽声瑞格叔叔自然拼读法3》or 音素的学习资源，以进一步训练学生对于有 or 字母组合的单词能做到"见词能读，听音能写"，同时拓展了《攀登英语阅读系列·神奇字母组合》*Horton's Horns* 绘本，渗透阅读技巧和能力训练，让学生体验阅读成就感的同时，启发学生要像绘本故事中的 Horton 一样客观看待事物，积极乐观地面对生活中的意外事件。

二、学情分析

三年级的学生已经掌握了26个字母音、5个元音的长短音和部分字母组合音，具备了一定的音素意识，绘本的句子也主要围绕or音素拓展词汇。该绘本故事有趣易懂，在教学中我设计了一些阅读的微技能训练，如猜词义、Drama表演等方式，以促进学生学习，希望学生在收获阅读乐趣、信心的同时发展一定的阅读技能和素养。

三、目标解析

（一）教学目标

1. 语言能力

（1）能根据 or 的发音，拼读、写出含有 or 的生词。

（2）能在图片的辅助下读懂故事，复述并表演故事。

2. 学习能力

（1）能巩固拼读技巧。

（2）能通过图片，预测故事并读懂配图故事，理解大意。

（3）能正确拼读绘本中的句子，复述并表演绘本故事。

3. 思维品质

能对故事表达不同的看法，培养爱思考、敢质疑的批判性思维习惯。

4. 文化意识

能客观看待事情，积极乐观地面对生活中发生的意外事件。

（二）教学重点

通过图片，预测故事并读懂配图故事，理解大意。

（三）教学难点

正确拼读绘本中的句子，复述并表演绘本故事。

四、教学实施

（一）读前活动（Pre-reading）

（1）Review sight words and practice.（复习高频词。）

① Bomb Game.（"炸弹"游戏。）

快速读出所出示的单词，若出示的是"炸弹"则不能读。

happy，sad，open，bad，the，bird，and，my，his，in，on，of，good，do，can，help，good.

② Make sentences with the sight words.（用所给的高频词造句。）

【设计意图】通过"炸弹"游戏活跃课堂气氛，同时让学生复习高频词，并引导学生用高频词造句，帮助学生积累词汇，为后面的绘本故事学习做好铺垫。

（2）Review phonics and practice.（复习音素。）

① Let's chant the sound of ar/ er/ ir / or/ ur / phoneme nursery rhymes.

教师用字母组合编成简单押韵的童谣，让学生朗读出来。

ar / a：/, ar / a：/ I like car;   er / ə：/, er / ə / I like tiger;

ir / ə：/, ir / ə：/ I like bird;   or / ɔ：/, or / ɔ：/ I like stork;

ur / ə：/, ur / ə：/ I like turtle.

② Game：Read flash word cards with "ar" "er" "ir".

ar   car   far   art   arm   farm

er   farmer under   sister rubber

ir   bird   girl   shirt   dirty

教师快速地一张张出示卡片，学生快速读出带有 ar，er，ir 的单词。

【设计意图】通过 chant、读闪卡的方式复习 ar，er，ir 的发音。

（二）读中活动（While-reading）

（1）Look at the front cover and talk about the cover.（精读封面，引发思考。）

T：What can you see from the cover?

① S1：I can see a title（题目）.

T：Can you read the title?

S1：Horton's Horns.（张贴题目卡片。）

② S2：I can see a boy.

当学生说出 I can see a boy 的时候，教师跟学生一起分析 boy 的情绪。

T：Is the boy happy?

S2：No.

T：What's his feeling?

S3：He's a little worried.

S4：He's a little sad.

S5：He's unhappy.

学生看着封面图片相继说出男孩的情绪。

③ S5：I can see two horns.

T：Is it a bad thing or good thing for Horton?

S5：Maybe it's so bad.

④ T：What else can you see？（教师分析自然拼读知识）

S6：I can see "or".

T：Yes，this book is about letters "or". We learn "ar，er，ir" today，and we are going to learn some new words about "or".（教师点出本节课的自然拼读知识学习点"or"。）

⑤ T：We can also know the writer（作者）and the publishing house（出版社）.

T：Now we know the cover well，next let's learn the story together.

【设计意图】首先引导学生关注封面信息，培养学生的文本概念；接着鼓励学生提出问题，激发学生阅读的兴趣，培养学生的阅读思维；最后教师根据学生提出的问题再确定是否需要补充。

（2）图片环游，学习文本。

① Horton 长角。

T：Listen！What's wrong with Horton？

PPT播放男孩的尖叫声——ah 的声音，让学生猜测发生了什么事情。

教师出示第二、三幅图，学习 "Horns？That's horrible！"；出示 Horton 长出了两只角的照片，并提问。

T：Is Horton happy？

S1：No，he is scared.

T：Can you act as Horton？（学生表演 Horton 长出角时的惊慌言行。）

② Horton 苦恼。

T：Horton has horns now. Does Horton like the horns？

S1：No，he doesn't.

T：So Horton doesn't like the horns. Can you guess：What does he do？

学生猜测 Horton 可能会做的事后，观察图片，教师引导学生体会：Horton gets rid of his horns in many ways. He pulls the horns. He bumps the horns. He hangs the horns on the light.

The family pull the horns. The family go to the hospital and see the doctors.

看完图片教师继续引导：Is he happy？学生回答：No，he isn't.

出示句子：Horton feels sad.

③ 角的用处：帮助小鸟。

Horton tries to get rid of the horns in many ways. But no way works. （霍尔顿尝试了很多方法想要除去自己头上的角，都不管用。）Suddenly，look，what happens？ （突然，看，发生了什么事？霍尔顿的角上是什么？）教师出示图片并提问。

T：What's on the horns?

S1：A bird.

T：What does the bird want to do?

S2：Maybe It's tired. It wants to have a rest.

S3：Maybe It's hungry. It wants to find some food.

教师出示句型：A bird stops on one of his horns.

教师继续引导学生。

T：If you were Horton，what would you say?

S4：Hello，bird.

S5：This is a lovely bird.

T：Is Horton happy now?

S6：Yes.

T：Horton's horns can help the bird. So Horton says， "Wow！ My horns are useful！ "

④ 角的用处：当作晾衣架。

Wow，Horton's horns are wonderful. 霍尔顿觉得自己的角还不错。接下来他的角还能干什么呢？

T：Look，what's on the horns?

S1：A dress.

S2：A shorts.

S3：A scarf.

T：The horns can be a hanger. The horns are very useful. 霍尔顿的角还能当晾衣架，这对角很有用。

⑤ 角的用处：帮助妈妈织毛衣。

学习 knit，练习 kn 的发音（knock）。

T：What can the horns do for your mom?

学习 My horns can help my mom knit.

学生以小组为单位上台表演该部分。

⑥角的用处：帮助爸爸开易拉罐。

学习 open cans。

T：What can the horns do for your dad?

学习 My horns can help my dad open cans.

学生以小组为单位上台表演该部分。

⑦角的用处：帮助朋友们做运动。

T：What else can the horns do?

学生自由回答。

看视频、填空：My horns can _____.

T：Is Horton happy now?

S1：Yes，he is so excited.

T：Why?

S2：The horns can help bird，mom，dad and friends.

T：Great，the horns are useful. They can do many things.

【设计意图】教师带领学生进行图片环游，让学生学会从图片细节中获取关键信息和故事大意；结合图片和故事大意，让学生猜测 Horton 的心情变化，并训练学生初步构建文本的能力。

（三）读后活动（Post-reading）

赏析评价，深入理解。

（1）Enjoy the story.（听故事音频，小组朗读故事。）

（2）Do you like the story?（学生讨论对故事的感受）。

【设计意图】学生整体阅读故事，在理解故事之后，进行小组故事朗读，利用整体跟录音读、跟教师读、小组合作读等方式加强朗读训练，促进故事的内化。

（四）Development

（1）Think and say：What can we learn from the story？（图4-8）

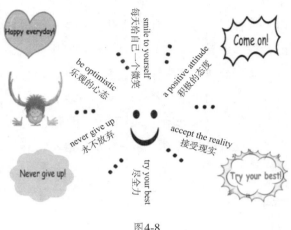

图4-8

S：Helping others makes us happy.

（2）If you had same horns as Horton's，what would you do?

学生发挥自己的想象，完成表达"My horns can …"

【设计意图】让学生讨论从故事里学到了什么。通过对问题的思考，进一步聚焦绘本情感提升，培养学生的阅读品格。

（3）Read more stories of letter"or"．

【设计意图】读更多关于有"or"字母组合的单词和英语绘本，拓展学生的英语阅读。

（五）家庭作业（Homework）

（1）Read the story to your family.

（2）Draw pictures：If you had horns，what would you do？

【设计意图】希望通过勾勒 story map，更加深入地挖掘故事的内涵，并激发学生对英语绘本的阅读兴趣，鼓励学生和家人一起分享。

五、学法总结

英语绘本故事阅读对于提高学生英语能力和兴趣有重要的作用，英语绘本故事也是学生的重要阅读资源，而"整本书阅读"教学对引导学生的英语绘本阅读具有重要意义。小学英语"整本书阅读"教学是学生在教师的指导与引导下，进行绘本故事、童话寓言或经典名著的阅读，并在交流与讨论中发展思维与语言能力。在本节绘本故事学习中，在"整本书阅读"教学理念的指导下，学生主要运用了以下三种学习方法：①观察法。在本节课热身复习结束后，进入绘本故事教学前，教师引导学生观看封面并从封面中获取一些故事的基本信息并预测绘本故事。②表演法。学生阅读绘本故事并选择自己喜欢的页面表演故事，加深学生对故事文本的理解，活跃了课堂气氛，进一步提升了学生的学习兴趣。③讨论法。在教学的 development 环节，教师提问：What can we learn from the story? 学生通过讨论并回答，进一步提炼绘本情感，培养与发展阅读品格。

六、拓展延伸

学完这个绘本故事，学生了解到 Horton 的 horns 还有很多其他用途。教师请学生课后思考：如果你有一对角，你会用你的角做什么？（If you had horns, what would you do?）画出来，照样子写出"My horns can..."并跟家人分享故事。教师还推荐阅读相应的绘本故事，让学生巩固 or 组合的发音。最后教师让学生上交作品，展示学生作品并给予鼓励。

七、案例评析

本节课故事 *Horton's Horns* 选自北京师范大学出版社出版的《攀登英语阅读系列·神奇字母组合》绘本故事。教学在基于音素 or 的绘本故事学习的基础上，进一步整合《丽声瑞格叔叔自然拼读法3》or 音素的学习资源，属于小学英语中、低年级的绘本故事教学。在"整本书阅读"教学活动中，教师指导学生运用观察法、表演法、讨论法等学习方法，并引导学生应用阅读策略及参与阅读的微技能训练，如猜词义、图片环游等活动，以促进学生学习，希望指导学生通过阅读学习形成一定的阅读技能和素养。

三年级的学生处于中低年段，积累的英语词汇量较少，学习的绘本故事文本较简单。为了保证故事教学的整体性，教师在准确分析学情的基础上，运用以图片环游为主的阅读策略，指导学生对故事图片进行深度解读，以此推进词汇及故事文本的学习。

教师首先请学生精读封面，讨论交流，引出如 What can you see from the cover? Is the boy happy? What's his feeling? What else can you see? 等问题，引导学生关注封面信息，鼓励学生提出问题，培养学生的文本概念及阅读思维。

在进入故事阅读环节后，教师按照故事情节发展的顺序，以问题为线索，让学生分步骤阅读故事，如让学生听 ah 的声音，让学生猜测发生的事情等；然后出示第二、三幅图，引出 "Horns? That's horrible!" 的学习；接着让学生观察图片，思考如 What's on the horns? What can the horns do? 等问题，引导学生逐层挖掘故事信息，体验故事情境，并结合图片和故事大意，感受 Horton 的心情变化，培养学生初步构建文本的能力。

在整体阅读理解故事之后，教师组织学生开展形式多样的朗读活动，如看 PPT整体跟录音读、看绘本内容跟教师读、小组合作读等，使学生对故事的内容进行深入内化及巩固理解。

三年级的学生已经掌握了26个字母音、5个元音的长短音和部分字母组合音，具备了一定的音素意识。教师结合绘本故事学习，设置了清晰的语音学习目标，希望学生通过单词的读音，解码出 or 的发音，并能根据 or 的发音，拼读并写出含有 or 的生词。在读前活动中，教师组织学生开展 "Bomb Game"（炸弹游戏）及 "用所给的高频词造句" 活动，巩固所学词汇；接着教师用字母组合编成简单押韵的音素童谣，指导学生通过 chant、读闪卡的方式复习 ar，er，ir 的发音，为后面的绘本故事 or 字母组合的学习做好铺垫。在读中环节，教师让学生阅读封面，发现含有 or 字母组合的故事信息，然后借助故事情节的推动，利用不同的情境和方式开展含有 or 字母组合的单词学习，如创设情境理解、借助图片理解、通过 Drama 表演理解等。在读后环节，教师让学生阅读更多含有 or 字母组合的英语绘本故事，帮助学生在故事中巩固学习，较好地达成了教学目标。

绘本故事教学符合学生的年龄特点，对于提高学生的英语能力和学习兴趣有着积极的作用。教师注重通过故事学习，深化对学生情感的教育，引导学生对故事表达出不同的看法，培养学生乐于思考、敢于质疑的思维品质。例如，在教学的 development 环节，教师让学生围绕问题 What can we learn from the story? 开展讨论交流，进一步提炼绘本情感。在课后的拓展延伸活动中，教师让学生思考 If you had horns, what would do? 请学生写出 "My horns can..." 并跟家人分享故事，引导学生在体验阅读成就感的同时，启发学生像绘本故事中的 Horton 一样客观地看待事情，培养积极乐观的人生态度。

在本节课的教学中，教师指导学生运用图片环游等策略阅读完整的英语绘本故事，使学生形成对故事的整体理解和感悟，并通过交流讨论发展学生的思辨能力及表达能力，较好地达成了提高学生语言能力、学习能力、思维品质及文化意识的教学目标，是一个优秀的中、低年段绘本故事教学案例。

（案例点评人：雷 旭）

Pip and the Little Monkey 教学设计

设计教师：华南师范大学附属外国语学校CEP小学部　高 莹
授课年级：三年级
作　　者：Roderick Hunt
出版单位：牛津大学出版社

一、文本解读

《牛津阅读树》（*Oxford Reading Tree*）是牛津大学出版社组织多位儿童阅读教育专家，经过20多年不断研究而出版的阅读教材。这是一套针对以英语为母语的学龄前及小学学生培养阅读兴趣的寓教于乐的儿童英语读物。它包括故事、诗歌、有声读物和互动游戏等各种对学生充满吸引力的内容，在英国是家喻户晓的英语母语学习材料，在全球亦有100多个国家把它作为外语学习教材。

本节绘本阅读课的故事 *Pip and the Little Monkey* 选自《牛津阅读树》系列的 Sparrow 级别，讲述了小女孩 Pip 和在动物园里工作的爸爸照顾一只生病的小猴子的故事。小女孩和小猴子的日常相处体现了人与动物之间和睦相处的一面。看着小猴子回归自己的家庭，Pip 由不舍、伤心，到由衷地替小猴子感到快乐。学生可以通过该绘本故事体会到如何去爱，以及什么是真正的快乐。

整个故事约80个词，用一般过去时来讲述。教师通过问题引导学生观察图片，利用多种方式读句子，从而达到帮助学生理解文本的目的。故事出现了大量的动词过去式，如 was，helped，looked，got，played，cried，wanted，went，ran，jumped 等，因此学生需要在理解文本的基础上，准确并熟练地朗读含有这些过去式的句子。

二、学情分析

本次课的授课对象为华南师范大学附属外国语学校CEP小学三年级的学生。他们从一年级开始一直使用牛津大学出版社的教材进行学习，同时保持着一周一次的《牛津阅读树》系列的绘本课，因此具备一定的拼读能力和词汇量，是可以理解这个级别的绘本故事的。同时，本次课所选取的班级是 iPad 教学实验班，这类班级的绘本阅读课经常运用 iPad，所以学生对 iPad 的基本操作是比较熟练的，也熟知课堂上电子设备的使用规则。由于本次绘本课需要用到耳机，因此教师需提前告知学生使用耳机的口令和规则。因为该绘本中的动词是以过去式为主的，学生还没有学习过，所以教师需要帮助学生扫清障碍，让学生在游戏中突破动词过去式的发音，并在语境中理解其意思。

三、目标解析

（一）教学目标

1. 语言能力

（1）能用拼读的方法准确读出以下单词及其词组：got，got better，went，went to the house，ran，ran to its mum。

（2）能准确理解以下单词在故事中的意思：was，helped，looked，played，cried，wanted，jumped。

（3）能在小组活动中运用 iPad 再次强化单词发音，并熟练朗读句子。

（4）能用 who，what，why，where，when 等疑问词对故事提出猜测性问题。

2. 学习能力

（1）培养学生整体阅读语篇的意识以及在阅读过程中获取关键信息的能力。

（2）能积极参与课堂活动，并能在小组活动中分任务完成绘本朗读。

3. 思维品质

（1）能通过绘本封面和绘本插图获取关键信息，理解句子意思。

（2）能通过观察图片和反复朗读，体会主人公 Pip 对小猴子的感情变化。

4. 文化意识

能体会绘本故事中的人与动物的和谐关系，理解爱和快乐的含义。

（二）教学重点

（1）根据问题获取图片或文本信息，理解文本。

（2）根据故事中人物的心情变化，体会人物感情，并有感情地朗读绘本。

（三）教学难点

（1）准确读出绘本故事中含有过去式的句子。

（2）启发学生体会绘本故事所蕴含的通和情感。

（四）教学用具

Seewo 教学课件、词卡、iPad、iPad 耳机等。

四、教学实施

（一）课前热身（Warming–up）

Watch a music video and try to follow.

跟唱英文歌 *Five Little Monkeys Jumping on the Bed*。

【设计意图】在进入故事阅读之前，播放与故事主人公相关的歌曲，吸引学生的注意力，为引入主题做好准备。

（二）读前活动（Pre-reading）

（1）Talk about how to read a picture book better.（引导学生讨论如何更好地理解绘本故事。）

T：Today we will read a picture book about monkey. How do we read a picture book well?

（2）Present the cover of the picture book and guide students to observe what they see on the cover.

【设计意图】通过提出问题，引导学生在绘本阅读时关注两大信息（图片与文字），并善于用自己的五官去体会图片与文字所隐含的情感。

（3）Introduce the cover of this picture book：Characters，source and level.
（解读封面信息。）

【设计意图】展示绘本封面，但将故事的题目和作者等信息都遮盖住，引导学生获取封面的基本信息。

（4）Present the vocabulary tasks.（展示单词解码任务。）

Create a scene to involve and motivate students.（创设情境，激发兴趣。）

Task 1：Read the new words：ran，went，got，ill，took，keeper，played，cried，wanted，jumped，looked.

【设计意图】创设赢得动物园门票的情境，呈现闯关任务。通过字母音—已知单词—新学单词的模式，引导学生用拼读的方式自己读出新单词，提升学生的自信心。

Task 2：Car running game. Read the past tense verbs.

【设计意图】通过小组比赛的方式，分"赛道"出现单词，让学生在情境游戏中反复朗读新学单词，提升学生的学习兴趣，活跃课堂气氛，让学生在游戏中巩固单词的发音。

Task 3：Read the words and phrases.

【设计意图】通过词—词组—句子的模式，训练学生更准确、更流利地读出含有过去式的句子，让学生在绘本朗读阶段能更快掌握过去式。

（三）读中活动（While-reading）

（1）Talk about the cover. 故事预测，鼓励学生用"5W"提问。

① Encourage students to ask questions about that cover by using "what" "who" "why" "where" "when" and "how".

② Write the questions raised by students on the blackboard.（板书学生问题。）

【设计意图】鼓励学生通过故事的封面用 what，who，why，where，when，how 等疑问词对故事进行猜测，并板书学生的问题，告诉学生学完故事后再回答自己提出的问题，激发学生的好奇心，引导学生对故事内容进行联想。其目的是在接下来的绘本细读时，除了使学生获取表层语言知识外，训练学生获取信息的阅读技能，并让学生在语境中体会人物的心情。

（2）Read and learn the story.（听绘本，初步了解故事。）

Pip was at the zoo.

Pip's dad was a zoo-keeper.

Pip helped her dad.

They looked at a little monkey.

The monkey was ill.

They took the monkey home.

Pip played with it. The monkey got better.

They took the monkey to the zoo.

Pip cried and cried. She wanted to keep the monkey.

They went to the monkey house.

The little monkey ran to its mum. The little monkey jumped and jumped. It was happy.

Pip was happy，too.

（3）Read and learn picture by picture，and raise questions as follows（初读文本，提出以下问题）：

① Picture 1：Where was Pip?

② Picture 2～3：What did Pip's dad do? What did Pip do at the zoo? Was she happy?

③ Picture 4：Where were Pip and her dad? Why did they go there?

④ Picture 5：Listen to the sentence and imitate it.

⑤ Picture 6～7：How did Pip take care of the monkey? （Guess）

⑥ Picture 8～9：Could Pip keep the monkey for a long time ?

⑦ Picture 10～11：How did Pip and the other monkey feel? How do you know?

⑧ Picture 12：Who was the big monkey? What did the little monkey do? （Read as if you were the little monkey.）

⑨ Picture 13：How was Pip now?

【设计意图】初读文本，通过问题、猜测、模仿等手段，引导学生关注图片信息，强化句子朗读的准确性，同时让学生体会故事主人公的心情变化，体会人物内心。

（4）Students read the story for the 2nd time on the iPad by themselves.（跟着iPad模仿朗读。）

【设计意图】原音输入、模仿。让学生带上iPad耳机，跟着绘本的原音一句句听读，让朗读更流畅，特别是对某个句子的掌握还不是很熟练的学生，可以更清晰、更准确地自主练习，针对性更强。

（5）Read the story for the 3rd time in groups：group members should help each other and each group leader should decide the way by which they read the story.（组内互读。）

【设计意图】组内互读，生生互助。同时，小组长要根据组员的能力，分配各人负责朗读的范围，为接下来的小组朗读做好准备。

（四）读后活动（Post-reading）

（1）Choose one group to read the story with iPad.

【设计意图】小组合作朗读整个故事，运用iPad的镜像功能把绘本投屏到移动白板上，让全班学生更关注，也让朗读者更有代入感。

（2）Illustrate the format of the cover. 讲解绘本封面结构，再结合小组朗读，为故事起一个新名字。

① Write down "Reciter：Group*" on the blackboard.

② Present the name of the author.

③ Group discussion：rename the book before presenting the title of the book.

【设计意图】结合现场，把朗读者"某某小组"板书，并提出"Who's the author of this book？"引起学生注意。教师不呈现书名，让学生小组讨论，给故事起一个名字，鼓励学生发挥自己的创造力和想象力。

（3）Help students to retell the story together. 根据关键词复述故事。

【设计意图】鼓励学生用自己的话把故事分享给更多的人。

（4）Let students share their understanding of the story.

T：Why was Pip happy in the end？

【设计意图】绘本的寓意往往隐藏在故事里，教师需要引导学生结合故事去发现和体会，让学生对爱与快乐的感知和理解从故事走向生活。

（5）Answer the questions that raised by the students.

【设计意图】有始有终，学生读完故事后回答自己提出的问题，或猜测可能的答案。

（五）家庭作业（Homework）

Share the story and your idea with your friends or family members.

【设计意图】鼓励学生把故事读给家人或分享给更多的人。

（六）板书设计（Blackboard Design）

Pip and the Little Monkey

Reciter：Group*（students' names）（图4-9）

Author：Roderick Hunt

Questions：Who / What / Where / When / Why / How...?

（写下学生提出的问题）

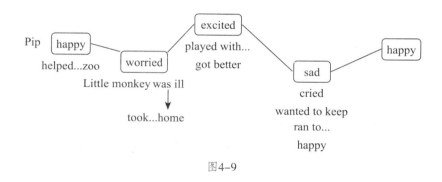

图4-9

五、学法总结

一是游戏练习法。本节课中教师通过创设情境，以"赢得出行交通工具、躲避高峰期、获得动物园门票"三项活动作为解码单词的任务，任务内容由浅入深，从字母发音、单词、词组到句子，帮助学生突破过去式单词的难点。二是试听讲结合法。结合绘本故事，教师引导学生学习和理解句子，同时借助 iPad 的 Book Creator 这个 APP，帮助学生模仿发音，体会故事中人物的心情变化。三是朗读活动采取了小组合作法。小组合作能使学生优势互补，形成良好的人际关系，培养合作精神，增强团队合作意识。本节课最后是学生呈现环节，教师让学生进行小组合作，由小组长牵头，带领组员完成"朗读者"的任务；学生自主选择朗读方式和分配朗读任务，充分发挥了每个组员的能力和创造力。

六、拓展延伸

绘本故事课适当地拓展延伸，能提高课堂教学效率，优化课堂教学结构，既可以让学有余力的学生"吃得饱"，使其思维处于兴奋状态，又能让基础一般的学生获得思维的锻炼。本节绘本课在进行封面信息解读时，教师鼓励学生提出问题，对绘本故事进行猜测和大胆提问，激发了学生的求知欲望，让他们带着一探究竟的好奇心去学习绘本。当整个绘本学习完后，教师再次回到问题上，并让学生自己回答，从而获得知识，进而发展智力，提高能力。

对绘本故事进行演绎就相当于把学生领进了绘本故事的世界，能培养学生的阅读兴趣。三年级的学生也有了爱表现的天性，因此在学生理解了绘本故事后，教师进行了故事的小组朗读。学生先听iPad的原音进行模仿，然后通过小组合作，以讲故事给小伙伴听的方式，把绘本故事生动地演绎出来。这一活动增强了学生的语言表达能力，也更加自由地发挥了学生个人的才能和创造力。

七、案例评析

本节课围绕《牛津阅读树》系列 Sparrow 级别绘本之一 *Pip and the Little Monkey* 展开设计，属于小学英语中年级的绘本故事教学。本案例设计别出心裁，在课堂中创设了合理的情境，分设三项任务解码单词，任务内容设置由浅入深，有效地突破了过去式单词的难点。在案例中，教师结合绘本故事、场景引导学生学习和理解句子，借助 iPad 中 Book Creator 这个APP，给学生提供帮助，让学生模仿发音，体会故事中人物的心情变化，有效地促进了学生自主合作和探究学习能力的提高。

本节课教学目标清晰具体，在进入故事阅读之前，教师播放学生耳熟能详的歌曲 *Five Little Monkeys Jumping on the Bed*，激发学生兴趣的同时为引入主题做好准备。然后，教师通过提问引导学生关注图片与文字两大信息，同时展示单词解码任务，为后续阅读初步扫清了生单词障碍。

在读中活动中，教师先引导学生通过观察绘本封面回答"5W"疑问，让学生在回答时对故事内容进行大胆猜测，大大激发了学生的好奇心。接下来，学生在绘本细读中获取信息，其阅读技能也得到了训练，并能在语境中体会人物的心情。接着教师让学生听绘本，强化句子朗读的准确性，让学生在听绘本的过程中了解故事；通过回答问题、猜测等手段，引导学生关注图片所包含的信息。学生回答问题后进行原音输入及模仿，跟随绘本的原音进行听读，更清晰准确地进行自主练习和组内互读。小组长根据组员的能力，分配给每个组员朗读的任务，针对性更强，为接下来的小组朗读展示做好了准备。

在读后的学习巩固活动中，教师借助 Book Creator 这个APP，帮助学生模仿原声发音，让学生体会绘本故事中人物心情的起伏变化：首先，小组合作朗读整个故事，教师运用 iPad 的镜像功能把绘本投屏到移动白板上，成功地使学生聚焦白板，也让朗读者更有代入感。整个活动设计有目标、有任务，组织严密有序。其次，教师结合朗读小组板书，提出"Who's the author of this book？"引起学生注意。之后教师隐藏书名，让学生就故事标题展开小组讨论，给故事取名，鼓励学生发挥创造力和想象力。最后，教师引导学生根据关键词和板书内容进行故事复述，学生的语言总结能力、表达能力以及发散思维能力都得到了有效提升。

本课的教学设计非常优秀，教师借助新的信息技术手段推动了课堂教学的开展。例如，教师借助 iPad 的 Book Creator 这个APP，帮助学生模仿发音，运用 iPad 的镜像功能将绘本投屏到移动白板上，新兴技术元素的加入更好地提高了课堂效率。小组合作教学方式使学生优势互补，形成了良好的人际关系，培养了学生的合作精神，增强了团队合作意识。整堂课教师对阅读策略的教授引导到位，在绘本阅读教学中了激发了学生的兴趣，激活了学生的思维，有效地促进了学生英语核心素养的提升。

（案例点评人：张　颖）

A Big，Big Day 教学设计（三年级）

设计教师： 新庄小学　　姚婉莉

授课年级： 三年级

作　　者： 北京师范大学"认知神经科学与学习"国家重点实验室攀登英语项目组

出版单位： 北京师范大学出版社

一、文本解读

英语绘本 *A Big，Big Day* 是北京师范大学出版社出版的《攀登英语阅读系列·有趣的字母》中有关字母i的绘本故事。《攀登英语阅读系列·有趣的字母》是"国家攀登计划"和教育部人文社科重大研究项目科研成果《攀登英语阅读系列》中的系列之一，是北京师范大学"认知神经科学与学习"国家重点实验室探索10余年，专门为促进我国5～12岁儿童英语阅读能力发展而研发的英语分级阅读图画书。《攀登英语阅读系列·有趣的字母》每一本都讲述了一个有趣的故事，其中巧妙地嵌入了大量包含同一字母的相关词汇，用于帮助儿童掌握26个英语字母的发音特点，并培养儿童将字形与其发音正确对应的能力。

英语绘本 *A Big，Big Day* 主要讲述了Tim的生日到了，好朋友 Bill，Rita，Jill，Tina 和 Lily 分别给 Tim 带来了不同的生日礼物的故事。Bill brings a big ship. Rita brings a big lollipop. Jill brings a big dish. Tina brings a big fish. Lily brings a big big kiss. 在结构化的简单句式中不断复现含有同一字母i的单词，帮助学生掌握字母i的字形及发音，最终达到"见词能读、见词能拼、举一反三"的目的，大大提了学生英语单词识别的速度和准确性，提高了学生阅读的效率。另外，此英语绘本的故事情节和句式相对简单，有利于学生改编和创编，可以发展学生的发散性思维。

二、学情分析

　　绘本故事是生动有趣的，它有着生动的画面、丰富的语言、无尽的想象空间，还蕴含着美好的意义，非常适合学生阅读。研究发现，学生对环境文字的辨识程度可以高达87%，而对非环境文字的辨识程度只有6%。绘本 *A Big, Big Day* 的前后环衬、扉页、人物的服装及背景上均加入了环境文字，同时，通过具有冲击性的视觉输入，如变色、加黑、斜体等多种方式，激发学生的兴趣，引起他们的关注。

　　三年级学生经过两年的英语学习，有一定的语言基础和学习能力，对字母音素也有了一定的感知。此绘本在结构化的句式中不断重复出现含有同一字母i的单词，这种结构良好的、有意义的重复让学生学得轻松、记得容易。此外，三年级的学生性格比较活泼，爱玩、爱演，喜欢彰显自己的个性，但缺乏团队意识，所以教师在教学活动中设计了一些游戏、表演和小组合作活动，既可以激发学生的学习兴趣，也可以增强他们的团队合作意识和能力。

三、目标解析

（一）教学目标

1. 语言能力

（1）能够认识字母i的音素发音并自主地进行拼读。

（2）能够读懂绘本，理解故事大意。

（3）能够通过思维导图，复述或表演故事内容。

2. 学习能力

（1）能够讲述封面故事，预测故事的发展等。

（2）能够通过小组合作学习，完成相应的任务。

3. 思维品质

能够积极思考问题，发展发散性思维能力和批判性思维能力。

4. 文化意识

能够对礼物价值的衡量有一个辩证的认识。

（二）教学重点

（1）认识字母i的音素发音并自主地进行拼读。

（2）朗读绘本，理解故事大意。

（三）教学难点

借助思维导图，复述或表演故事内容。

四、教学实施

（一）读前活动（Pre-reading）

（1）Let's sing.（齐唱字母音素歌曲。）

T：Hi，children. I'm so glad to see you. Do you like singing? Singing can make us happy. Let's sing the *Phonics Song*.

（2）Phonics time.（自然拼读训练。）

① Say the sounds of the letters.（快速说出字母的音素音。）

We know each letter has its own sound. Can you say the letter sound? Let's try!（PPT播放字母，学生快速读出该字母的音素发音。）

② Say the sound of the words.（单词自然拼读训练。）

For example：

i - i - big，i - i - pig，i - i - Bill；

i - i - Jill，i - i - fish，i - i - ship；

i - i - kiss，i - i - bring，i - i - gift.

【设计意图】在小学英语教学中，英语歌曲、童谣特别受学生的欢迎。它们既可以活跃课堂气氛，也可以发展学生的语言能力，保持学生的学习兴趣。此处选择的歌曲是字母音素歌曲 *Phonics Song*。通过字母音素歌曲，复习字母的音素认读，接着进行单词的自然拼读训练，层层递进。学生自主地进行单词拼读训练，可以提高自身的自然拼读能力。另外，此处也铺垫了绘本故事中的一些新单词，可降低后面英语绘本学习的难度，提升学生的学习自信心。

（3）Let's play.（高频词训练。）

T：Boys and girls，let's have a race. There are two runways，one is for girls and the other is for boys. When you see the words in your own way， stand up quickly and read the words as quickly as you can.

【设计意图】三年级学生爱玩、爱动，男、女生比赛的形式，可进一步激发学生的学习兴趣。学生在此处朗读的词汇是绘本故事里出现的高频词，通过复习高频词，为绘本的流畅朗读做好铺垫。

（二）读中活动（While-reading）

（1）Read the cover and guess why today is a big, big day.（解读故事封面，猜一猜为什么今天是个盛大的日子。）

T：Look at the cover of the story, what can you see?

S：I can see letter i, *A Big*, *Big Day*, balloons, gift, publisher…

【设计意图】通过观察、交流，训练学生的观察力，在语言表达上，使学生的词汇量得到扩展，语言表达能力得以提升。此外，教师引导学生认真读图，这是读绘本的方法之一。

（2）Guessing game.（听句子描述，寻找小朋友。）

T：Here comes five children. Do you know which one is Lily, Rita, Jill, Bill and Tina? Now, listen carefully and find out, OK?

① Bill is a boy with a pair of red glasses. He has black hair. He's wearing a black and white T-shirt.

② Lily is a lovely girl with red hair. She's wearing a blue dress.

③ Jill is a boy in green T-shirt. He has yellow hair.

④ Rita is a girl with a ponytail. She's wearing a red dress.

⑤ Tina has black hair. She's wearing a green dress.

【设计意图】通过认真聆听和仔细观察，学生找出 Lily, Rita, Jill, Bill, Tina。认识绘本中出现的人物，既可以训练听力能力和语言理解能力，也可以锻炼观察能力和读图能力。

（3）Learn the story P5～P13.（学习绘本故事第5至13页。）

① Look and guess.（看被遮挡的图片，猜一猜小朋友给Tim带来的礼物。）

T：Today is Tim's birthday. His friends bring some gifts to him. Look at the pictures and guess what they bring to Tim.

② Look, listen and read.（边呈现边板书，如图4-10所示。）

Bill-brings-a big ship.

Rita-brings-a big lollipop.

Jill-brings-a big dish.

Tina-brings-a big fish.

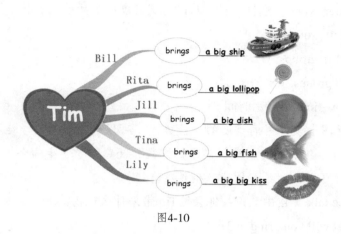

图4-10

（4）Guess（猜一猜，Lily带来了什么礼物？）：

T：What does Lily bring?

Maybe Lily brings a big book. Maybe Lily brings a big cake. Maybe Lily brings a song...

【设计意图】遮挡图片的某些部分让学生猜测，可以训练学生的口语表达能力，发展其发散性思维。板书的设计以思维导图的形式进行，有利于学生梳理学习内容，清晰地将绘本中的五个人物和他们给 Tim 带来的礼物展现出来，也可使学生的形象思维和抽象思维更好地结合起来，使他们需要记忆和理解的知识变得更直观、更清晰，让学生更容易接受和掌握绘本内容。

（5）Watch the video of the story and enjoy the whole story.（看完整的绘本故事视频。）

（6）Let's read.（开展多种形式的朗读。）

① Read after the tape.

② Read by yourself or with your partners.

【设计意图】多种形式的视、听、读可以激发学生的学习兴趣，培养学生的观察能力、朗读能力和小组合作能力。设计不同级别的小组合作可以关注不同层次的学生，做到因材施教。此外，在学生绘本阅读的环节中，教师要注意培养学生的赏图能力，引导学生欣赏绘本精美的图画及其所表达的意义，培养学生良好的阅读习惯和观察能力，提升学生的审美能力和鉴赏能力。

（三）读后活动（Post-reading）

（1）Group work.（选择一种喜欢的方式开展小组活动。）

① Read in groups.（☆）

② Retell in groups.（☆☆）

③ Act in groups.（☆☆☆）

（2）Show time.（展示时间。）

【设计意图】设计不同维度的评价方式，可以进一步激发学生的学习积极性。同时，让小组成员自由选择展示的方式，既尊重了学生的个性特点，因材施教，也避免了学生对绘本阅读产生畏难情绪。

（3）Free talk.（自由谈论：你会给Tim带来什么礼物？）

T：What will you bring to Tim?

（4）Discuss.（讨论：什么是最好的礼物？）

T：There are many festivals in a year. For example，Women's Day，Mother's Day，Father's Day，Teachers' Day...What gift will you bring？What is the best gift?

【设计意图】通过设计开放性问题，开发学生的批判性思维和发散性思维。通过小组交流和讨论，学生能够对礼物价值的衡量有一个辩证的认识。礼物的价值不在于价格的高低，而在于送礼物者的一颗真心，只要是用心送的礼物，哪怕是一个拥抱、一张折纸，也是一份祝福。通过此环节的交流与分享，提升学生的文化意识。

五、学法总结

此绘本是有关字母i的绘本故事。"授之以鱼，不如授之以渔"，在英语绘本阅读教学前的字母音素与单词拼读训练，均为后面绘本的流利朗读做了铺垫。自然拼读法是英语母语国家的儿童学英语伊始便普遍使用的一种方法，它让孩子通过辨识字母及字母组合的发音规律，在字母与发音之间建立直接联系，做到"见词能读、听音能写"。相关统计数据表明，英语作为一种拼音文字，80%以上的单词符合拼读规则。所以，让学生掌握自然拼读法，可以提高学生记忆单词的速度和准确度，更有利于提升学生的阅读流畅度，激发学生对

"整本书阅读"的学习兴趣。

教师在绘本阅读教学中运用思维导图，可以梳理故事的脉络，让学生对绘本故事内容一目了然，在脑海中形成网络，提升学习效率。在拓展延伸阶段，教师让学生利用思维导图整理有关字母i的单词，把各种零散的单词串成一条知识链，按照大脑思维的结构进行放射性的"网状思维"，极大地激发了学生的想象力和创造力，提升了学生创造性思维的能力，促进了教学效率的有效提升。

六、拓展延伸

（1）Draw a mind map.（画一幅思维导图，如图4-11所示。）
Find out the words with letter "i" in your English book.

Sum up the words with "i" in our English book

图4-11

【设计意图】用思维导图的形式，让学生小组合作总结广州市义务教育教科书三年级英语书中含有字母i发音为/i/的词汇，为后面小诗和故事的创编做好语言铺垫。此环节可以培养学生的查找能力和小组合作能力。

（2）Try to make a new story.（创编一个新故事，如图4-12所示。）

T：Can you make a new story about a big，big day？（Use the other words with letter "i" to make a new story with your partners.）

Let's make a new story

（用学过的含有字母 i 的单词，创编一个新故事。）

A Big, Big Day

Today is a big, big day.

_____ brings a big_____.

_____ brings a _____.

_____ brings _____.

_____.

_____ brings...

A_____

"Happy birthday, _____!"

图4-12

（3）Share the story with your family.（与父母分享绘本故事。）

【设计意图】开展小组活动，通过创编绘本故事，发展学生的学习能力和发散性思维。开展课后延伸活动，建议学生与家人分享绘本故事，分享快乐，把学习延伸到家庭，鼓励家长与孩子一起阅读和表演绘本故事。英语阅读教学有家长的参与，可以达到事半功倍的效果。

七、案例评析

本节课围绕北京师范大学出版社出版的《攀登英语阅读系列·有趣的字母》系列中有关字母i的绘本故事 *A Big, Big Day* 展开，是在小学中、低年段开展英语"整本书阅读"教学的优秀案例。基于学生对环境文字的辨识程度可以高达87%的特点，教师利用绘本故事来开展英语"整本书阅读"，充分利用绘本故事的前后环衬、扉页、画面、人物的服装及背景、趣味性和情境等丰富的环境素材，激发学生的兴趣，帮助学生在故事阅读中提升语言能力、思维能力和想象力等综合素养。教师结合学生的年龄特点来选择合适的故事素材，是本节课教学有效开展的第一要素。

在教学设计过程中，教师设置的教学目标适切：在读前环节，首先组织开展了自然拼读和高频词训练，通过音素的拼读训练，使学生认识字母i的音素发音并自主进行拼读学习，奠定了流畅朗读的基础。其次，以绘本故事为媒介，在故事结构化的简单句式中不断复现含有同一字母i的单词，帮助学生掌握字母i的字形及发音，提高学生英语单词识别的速度和准确性，通过持续的故事教学来培养学生整体的阅读素养。

在教学实施过程中，教师遵循学生的认知规律，注重从教学步骤和活动的逐层推进中指导学生深入学习。首先，教师引导学生解读故事封面，猜一猜是什么日子。接着让学生仔细观察封面，围绕问题 What can you see on the cover? 组织学生交流，训练学生的观察能力和语言表达能力。其次，教师通过开展"听句子描述，寻找小朋友"的活动，引导学生认真聆听和仔细观察，找出绘本中出现的人物 Lily，Rita，Jill，Bill，Tina，训练学生的信息提取能力和语言理解能力，引导学生认识故事的主人公，为故事学习做好铺垫。

在故事呈现环节，教师以图片环游的方式逐层推进故事学习，通过遮挡图片，鼓励学生大胆猜图的活动引入绘本故事第5至13页的学习，培养学生的发散性思维。教师请学生观看完整的故事视频，开展形式多样的朗读活动，增加学生的阅读体验，通过多种形式的视、听、读活动，帮助学生在故事学习的过程中巩固和习得语言知识，进一步培养学生的观察能力、朗读能力和小组合作能力。在教学过程中，教师以思维导图的形式呈现板书，将绘本中的五个人物和他们给 Tim 带来的礼物之间的关系清晰直观地展现出来，有利于学生理解故事条理，梳理学习内容。

在读后环节，教师组织学生围绕"什么是最好的礼物"的开放性问题开展讨论交流，引导学生理解礼物的价值，树立正确的价值观。教师通过对故事内涵的拓展性交流活动，加深学生对文本的理解，引发情感共鸣，帮助学生积累语言和背景知识，使学生形成良好的阅读品格。

在拓展学习环节，教师鼓励学生应用思维导图工具，通过小组合作学习总结广州市义务教育教科书三年级英语书中含有字母i发音为/i/的词汇，并对故事进行创编；引导学生与家人分享绘本故事，把"整本书阅读"的学习延伸到家庭。教师注重对学生进行学习方法和策略的指导，更好地培养了学生的自主学习能力，同时让学生在合作学习和分享交流活动中共同完成阅读任务。

在本节课的教学中，教师注重培养学生的音素意识和拼读能力，注意引导学生体验和理解故事情境，应用思维导图工具梳理故事条理，深化阅读理解，并通过多种形式的听读活动提高学生的阅读流畅度，促进学生阅读品格的养成。本案例是一个在小学英语"整本书阅读"教学实践中深化阅读素养培育的优秀案例。

（案例点评人：雷　旭）

A Big，Big Day 教学设计（四年级）

设计教师：长岭居小学　李晓燕

授课年级：四年级

作　　者：北京师范大学"认知神经科学与学习"国家重点实验室攀登英语项目组

出版单位：北京师范大学出版社

一、文本解读

（一）《攀登英语阅读系列》简介

《攀登英语阅读系列》包括"关键阅读技能训练"和"分级阅读"两个部分。"关键阅读技能训练"部分包括"有趣的字母"和"神奇字母组合"两辑，主要训练儿童将英语字母或字母组合的形和音准确对应的拼读能力。不管儿童是刚刚开始英语学习，还是已经有了一定的英语基础，进行关键阅读技能的训练，都可以帮助儿童达到事半功倍的学习效果。攀登英语项目组通过编写26本生动有趣的图画书，帮助儿童根据拼读规律对单词进行分解记忆，大大提高了儿童单词拼读的准确性，对拓展儿童的词汇量，提升儿童英语阅读的流畅度有很大的帮助。*A Big，Big Day* 选自《攀登英语阅读系列·有趣的字母》。

（二）绘本故事内容分析

绘本故事 *A Big，Big Day* 讲述了今天是一个盛大的日子，Tim收到很多大大的礼物：Biu 带来了一只大船，Rita 带来了一个大大的棒棒糖，Jiu 带来了一个大盘子……故事的最后才告诉大家，原来朋友们是来参加 Tim 的生日聚会。绘本故事贴近生活，每一页都给学生以惊喜，整个故事洋溢着快乐的气氛，给予学生爱的滋养。该绘本不仅对学生进行关键阅读技能训练，帮助学生在阅读上达到事半功倍的学习效果，而且在阅读的过程中向学生展示了友谊的魅力，让他们感受美、发现爱。学生读完该绘本故事之后，教师继续进行与该绘本内容相关的绘本 *Birthday Party* 的阅读教学。

二、学情分析

四年级的学生已经掌握了一定的拼读单词的能力，具有较强的自主探究能力，在思维能力、语言表达能力等方面都有了较大的提高，理解有关字母i的故事难度不大。四年级的学生在思维上很大程度还是依靠直观的、具体的内容，记忆本领不够强，因此在教学时，教师需要尽可能多地使用直观的教学方式，教学方式越丰富，学习效果越好。四年级的学生有着强烈的好奇心，他们学习英语的心理特点比较明显：感性学习明显大于理性学习，情感需求胜过严格要求。因此，激励性评价的适时使用会收到事半功倍的教学效果。阅读不仅是解码和理解的过程，更应该是"悦读"的过程。此绘本内容以生日聚会为主题，故事从头到尾洋溢着快乐的气氛，让学生在感性认知的滋养中学习，这也是学生学习爱的路径。

三、目标解析

（一）语言能力

（1）能够朗读含字母i的闭音节的词汇。

（2）具有把字母i的形和音准确对应的拼读能力，能运用简单的拼读方法。

（3）能够流利朗读有关字母i的故事。

（4）能够根据图片或故事情节猜测词义，正确理解绘本内容。

（5）能够根据图片或在教师的引导下理解绘本故事。

（二）学习能力

（1）在独立阅读的过程中能关注关键词汇，具有把字母i的形和音准确对应的拼读能力。

（2）在独立阅读的过程中能根据图片和情节猜测词义，以帮助理解。

（3）在小组合作的过程中能共同讨论，相互补充已知信息，创编新的故事。

（三）思维品质

教师通过思维导图，使学生在猜测和验证的过程中培养发散性思维；让学生提出问题、复述故事、展开想象、创编故事，以培养学生的推断思维能力，提高学生的表达能力。

（四）文化品格

通过小组合作，学生学会尊重他人，沟通交流，乐于合作与分享快乐。此绘本每一页的图画都洋溢着快乐的气氛，给予学生爱的滋养；故事内容向学生展示了友谊的魅力，让他们感受美、发现爱。

四、教学重难点分析

（1）学生能运用简单的拼读方法，学会新单词"lollipop"，流利地朗读故事。

（2）学生能根据录音和故事内容充满感情地朗读故事。

（3）随着故事的推进，教师启发质疑，巧妙激趣，通过思维导图帮助学生梳理故事主线，营造轻松快乐的学习氛围，为后面故事的复述搭好支架，让学生学会主动思考和提出质疑，进而无障碍地表述自己的故事。

五、教学材料和资源

A Big，Big Day 绘本、多媒体课件、教育科学出版社义务教育教科书小学英语教材（单词表）、*Birthday Party* 绘本等。

六、教学实施

（一）读前准备（Pre-reading）——激趣导入

（1）Let's chant and act. Circle some letters. 通过TPR全身反应法（Total Physical response，TPR）让学生动起来，带动作读小诗，激发学生的学习兴趣，活跃课堂气氛。

（2）出示更多的含有字母i的词汇。Read the circled letters.

（3）最后由单词 big 引出故事内容。

【设计意图】通过有节奏、有韵律地读小诗、做动作，激发学生兴趣，引入含有字母i的单词，圈出单词中的字母i，帮助学生掌握字母i在单词中的发音。

（二）读中活动（While-reading）——学习新课

（1）Read the cover.（通过出示含有字母i的单词——big引入故事封面，并阅读封面。）

【设计意图】通过阅读封面，帮助学生养成良好的阅读习惯。教师引导学生先读故事名称，再读作者、出版社和图画等信息，通过阅读故事封面预测故事情节，激发学生的阅读兴趣。

（2）Guess：What happened？Why tady is a big，big day？（讨论）故事的名字是盛大的日子，通过读扉页，猜猜看，发生了什么呢？为什么是盛大的日子？（图4-13）

图4-13

【设计意图】通过对故事名称设疑，引导学生主动思考，对可能发生的故事情节进行讨论。

（3）听录音让学生整体感知故事。

（4）Read the story P2~P13.（让学生自己读绘本故事。）

【设计意图】通过听故事、读故事，让学生再次体会字母i在单词中的发音。

（5）Ask the questions.（教师通过提问引导学生读故事细节，关注故事中的人物名字和礼物名称，学习新单词 bring，lollipop。）

【设计意图】通过问题启发学生思考，把人物与礼物相匹配。

（6）Read the story and new words.（朗读故事，引导学生找出含有字母i的单词。）

【设计意图】通过朗读故事，让学生进一步感知故事内容，把单词中的字母i的形和音准确对应。

（7）Read the last page. What do you know？ It's a birthday party.（读故事的最后一页，原来今天是 Tim 小朋友的生日，大家一起来为他庆祝生日。）

（8）Listen and read the story.（听录音学美读，充满感情地朗读故事。）

【设计意图】引导学生流利地、有感情地朗读故事。

（三）读后活动（Post-reading）——巩固拓展

（1）Read the words with letter "i" in the story.（读故事中含有字母i的单词，如图4-14所示。）

i i in pin bin din min kin hin fin lin

i i it git pit sit nit bit mit wit dit fit Rita

i i ig fig hig big mig dig pig lig slig plig

i i ill Bill dill Jill fill hill sill till will kill

i i is ish fish dish wish pish rish vish tish

图4-14

（2）Find more words about letter "i". 通过抢答方式，引导学生找出教育科学出版社义务教育教科书四年级下册英语教材单词表中含有字母i的单词，引导学生总结字母i的发音，找出和故事中的字母i发音一致的单词。

（3）Show more words with the mind map. 根据所学的拼读方法，用思维导图出示更多含有字母i的单词，如图4-15所示，让学生练习朗读更多含有字母i的闭音节词汇。

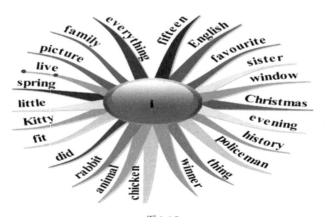

图4-15

【设计意图】引导学生找出故事中含有字母i的单词，并总结字母i的发音规律，找出单词表中字母i发音相同的单词，巩固字母i的形和音。

（4）Draw a mind map.（引导学生根据故事内容画出思维导图，教师画出主线，由学生画主要内容和填写单词。）

【设计意图】通过画思维导图帮助学生厘清故事情节，为后面的复述课文做铺垫。

（5）Retell the story.（学生根据思维导图复述故事。）

【设计意图】利用思维导图厘清故事内容，帮助学生复述课文，巩固故事内容。

（6）Do you like the story？（你喜欢这个故事吗？从这个故事里你学到了什么？）

funny ☆ ☆ ☆

easy ☆ ☆ ☆

useful ☆ ☆ ☆

I like this story because it is funny.

【设计意图】通过让学生对故事进行评价，培养学生自主学习和总结评价的能力；通过阅读绘本故事进行情感的升华，不仅要培养学生的阅读能力，还要关注他们的阅读体验，帮助学生形成良好的阅读兴趣、积极的阅读态度和客观的自我评估，同时为后面的创编故事做铺垫。

（7）Do you want to read more stories？Please tell us more stories. 学完故事之后让学生说说自己都收到过谁的礼物，是什么样的礼物，自己最喜欢的礼物是什么，为什么。模仿绘本，用英语说说生活中收到的朋友们送的礼物。四人小组讨论，创设情境，每人都去参加组员的生日聚会，鼓励学生讲出自己的生日故事。

【设计意图】该绘本内容贴近现实生活，通过替换内容，引导学生讲述自己的生日故事；通过创编故事（替换单词或场景）培养学生的想象力和创造力，在生活情境中使语言得到重现，让每名学生都参与学习的过程，使学生学得生动、活泼，品尝到成功的喜悦；通过阅读量的积累帮助学生提升阅读的流畅性，提高快速识别语音的能力，从而使思维得到深层发展；在阅读故事的过程中，充分考虑层次和活动之间的逻辑关系，逐步搭建教学支架，让学生在真实语境中学习和使用语言，激活学生的思维，使学生的学科能力得到比较充分和全面的发展。

七、拓展延伸

（1）你的生日聚会是什么样子的呢？请讲述自己的生日故事，并用思维导图画出来。请阅读更多《攀登英语阅读系列·有趣的字母》中的故事，还有哪些让你感到快乐的绘本故事呢？可以讲述并改编其他让你感到快乐的故事，配图会让你的故事更加精彩和生动。

【设计意图】这是一个让学生输出知识的过程。因课堂时间有限，有些学生没有机会把自己的生日故事讲述出来，需要延伸到课外。同时，鼓励学生阅读其他绘本，调动学生阅读的积极性，提高学生的阅读能力，引导学生养成阅读绘本的好习惯。

（2）Read another story *Birthday Party*. 读另外一本关于生日聚会的绘本故事，并用思维导图画出新的故事。阅读更多能让你感到快乐的绘本故事。

【设计意图】通过阅读更多相关内容的绘本培养学生阅读绘本的习惯，提高学生的阅读能力，让学生尝试用思维导图画出新的故事。

八、学法总结

本节课主要通过字母i的故事教授元音字母i在闭音节中的发音。通过阅读前激趣热身、阅读中学习新故事、阅读后创编故事巩固所学知识、课后注入新故事等环节，教师让学生在阅读故事的过程中充分考虑层次和活动之间的逻辑关系，层层递进，逐步铺垫，在大量语言知识输入之后激发学生输出知识。

（一）阅读前，激趣引入

有趣、有吸引力的东西可以使识记的可能性增加一倍。在本环节，教师利用全身反应法，即教师发指令，学生做出反应，在大量理解性"听"的输入的基础上培养学生"说"的能力，创设活泼的学习氛围。

（二）阅读中，培养良好的阅读习惯

读书先从阅读封面开始，从而养成良好的阅读习惯。通过对思维导图的运用对故事内容进行梳理，发展学生的发散性思维；除了让学生掌握绘本故事中字母i发音的单词外，还让学生在教育科学出版社义务教育教科书小学英语教材单词表中找出字母i闭音节发音的单词，把课外学习与课内学习相结合；用思维导图的形式展示更多关于字母i闭音节发音的单词，提高学生字母形与音对应的拼读能力。

（三）阅读后，创编故事

教师让学生根据绘本内容，四人小组讨论创编自己的生日故事，并且表演故事。学生积极参与其中，课堂气氛高涨，学习效果良好。

（四）借助课后拓展，增加阅读量

因本节课的绘本内容相对来说难度不大，课后教师需要引导学生阅读更多与生日聚会相关的故事，或看视频故事，激发学生阅读的兴趣，促进学生广泛阅读，提升阅读能力，体验阅读的快乐。

九、案例分析

本绘本 *A Big, Big Day* 选自《攀登英语阅读系列·有趣的字母》，故事围绕 Tim 的生日展开，充满趣味性，贴近学生的生活，能引起学生的共鸣。教学设计以自然拼读为突破口，紧扣元音字母i在闭音节中的发音的教学主题，引导学生在"整本书阅读"的过程中发现和总结发音规律，让学生将音、形结合，巩固"见词读音"的能力，为今后更好地阅读打下基础；借助思维导图展现故事脉络，让学生感受故事情节的发展，结合问题，发散学生的思维，引起学生的情感共鸣，让学生学会关爱他人，传递爱心。

本节课后教学设计充分考虑四年级学生的特点：已经具备一定的自然拼读能力，有着强烈的好奇心，感性学习大于理性学习。为此，教师采用了直观教学手段，以激励性评价贯穿"整本书阅读"教学过程，不但注重对学生单词解码能力的培养，更注重学生阅读技能的培养，使阅读最终走向"悦读"。

对于本故事教学，教师预设了"语言能力、学习能力、思维品质、文化品格"四维学习目标，希望通过"整本书阅读"活动，使学生掌握元音字母i在重读闭音节中的发音规律，把字母音和形有机结合起来，形成"见词读音"的能力，并使学生学会对单词进行解码拼读，能够形成一定的阅读策略，如能够通过上下文、图片和情节提示猜测新词，能够借助思维导图概述故事整体脉络情节，学会搭建学习支架，能够运用思维导图进行故事复述等，能够在小组合作探究的过程中学会尊重他人，善于沟通交流，分享阅读的快乐，感受故事中爱的洋溢和快乐的氛围，产生情感的碰撞，从而爱上阅读。

本故事教学设计分为读前、读中和读后三大教学环节。在读前环节中，教师运用全身反应法，带着学生一起读小诗，活跃课堂气氛，激发学生的学习兴趣，复习感知元音字母i的发音，之后出示更多含有字母i的单词，激活学生的旧知，引起学生对新知的学习探究欲望。

在读中环节中，教师先和学生一起阅读封面，先读故事名称，再读作者、出版社和图画等信息，让学生预测故事情节，激发学生的阅读兴趣；之后教师以问题为先导，引导学生猜测 Why today is a big，big day？引起学生的好奇心和求知欲；接着让学生整体感知故事，听录音读故事，寻找问题答案，引导学生自主探究，培养学生的自主学习能力；然后教师运用图片环游的教学方式，引导学生再次读故事，理解故事情节发展，找出含有元音字母i的单词，通过单词解码对学生进行"见词读音"的操练，使学生学会将元音字母i的音和形准确对应，进一步巩固和培养学生的自然拼读能力，并通过图片让学生猜测新词的词义；最后，教师再次设计朗读活动，对学生进行美读教学，培养学生的语音意识，强化学生的语感，引导学生发现英语的语言美。

在读后环节中，教师再次聚焦元音字母i在重读闭音节中的发音规律及拼读教学，并结合教育科学出版社义务教育教科书四年级下册教材，让学生找出所有含有字母i的单词，引导学生发现和总结符合发音规律的单词，检测学生对元音字母i在重读闭音节中发音规律的掌握情况；之后再次回归绘本故事内容，搭建学习支架，引导学生根据故事情节画出思维导图，用思维导图展现重点人物和词汇，为学生复述故事和创编新的故事做好铺垫；最后教师设计故事创编活动，让学生根据自己的生日情况创编新的故事，培养学生的想象力和创造力，延伸故事阅读的快乐，升华情感体验。

本教学设计目标明确，教学活动层次分明，内容形式丰富，采用了封面猜测、图片环游、故事预测、单词解码、小组合作、思维导图、美读教学等多种教学策略，教学目标达成度高，是一个非常优秀的教学设计。本教学设计充分体现了教师对英语学科核心素养的关注，它不仅仅是简单的故事教学，更是结合学生真实生活体验，引导学生进行"整本书阅读"的教学，在读故事的同时，发展学生的语言能力，提高学生的学习能力、思维品质和文化品格。

（案例点评人：王 艳）

Flowers for Mother 教学设计

设计教师：东区小学　吴　佳

授课年级：四年级

作　　者：北京师范大学"认知神经科学与学习"国家重点实验室攀登英
语项目组

出版单位：北京师范大学出版社

一、文本解读

Flowers for Mother 是一则童话故事，主要讲述了小老鼠们采花送给亲爱的妈妈的故事。母亲节可是一个特别的日子！这天小老鼠一家在妈妈的带领下去采花，红色的花、粉色的花、紫色的花……可是妈妈最喜欢什么样的花呢？小老鼠们开始绞尽脑汁地想啊想啊。哥哥摘了粉色的花，姐姐摘了红色的花，Tommy 摘了紫色的花。妈妈去哪儿了？妈妈摘了黄色的花。啊，原来妈妈最喜欢黄色的花。小老鼠们把所有的花献给了妈妈，祝妈妈母亲节快乐。

Flowers for Mother 是选自《攀登英语阅读系列·神奇字母组合》中的童话故事。《攀登英语阅读系列·神奇字母组合》是"国家攀登计划"和教育部人文社科重大研究项目科研成果，是北京师范大学"认知神经科学与学习"国家重点实验室探索10余年，专门为促进我国5～12岁儿童英语阅读能力发展而研发的英语分级阅读图画书。*Flowers for Mother* 绘本故事温馨感人，贴近孩子们的现实生活，容易让孩子们产生共鸣，实现情感教育的目的。同时，整个故事穿插了多个含有字母组合th的单词，孩子们不仅感受到了小老鼠们对妈妈深深的爱，而且也学会了th组合的发音。

二、学情分析

本故事贴近学生生活，不仅语言充满童趣，而且读后让人深思，能让学生悟到故事背后所隐含的爱，适合四年级学生开展英语拓展学习。经过三年攀登英语的学习，该学段学生已经学习了26个英文字母和元音 a，e，i，o，u，以及 a-e，i-e，o-e，u-e，字母组合 er，ur，ir，ar，or，al 的发音，学生已经学过 th发音为/θ/的单词（mouth，birthday，three，thank，thin，maths，bathroom，thirty，something，Smith，Thursday，throw，month），具备了一定的自然拼读基础；熟悉攀登英语课堂常规，阅读了《攀登英语阅读系列·有趣的字母》绘本，并对《攀登英语阅读系列·神奇字母组合》系列绘本很感兴趣。同时，该学段学生愿意积极模仿、大胆尝试，对图片辅助的绘本故事兴趣盎然。但限于学生的年龄和认知特点，他们在阅读技巧和单词理解方面还存在障碍，需要教师通过图片环游、思维导图等方式加以引导，让他们强化理解并进行读后创作。

三、目标解析

（一）教学目标

1. 语言能力

（1）能够读出字母组合th在单词中/ð/的发音，能运用自然拼读能力，准确优美地朗读绘本故事。

（2）能通过思维导图理解文本故事的大意。

（3）能展开想象，续写和改写故事的结尾。

2. 学习能力

（1）能通过图片、词缀猜测和理解词汇意思。

（2）能使用图片环游、扫读、跳读等方式，提取故事中的关键信息。

（3）能通过问题预测故事，感受主人公的心理活动。

（4）能在阅读活动中进行小组合作学习。

3. 思维品质

能感受到故事的趣味性和教育性，体验阅读故事的乐趣，展开发散性思维，激发对英语阅读的兴趣。

4. 文化品格

能通过阅读体会绘本所传达的情感，对母爱有更进一步的理解和感悟，加深对亲人的爱。

（二）教学重点

（1）深入理解绘本故事的内容，读出字母组合th在单词中/ð/的发音，尝试运用发音规则读出生词，并优美地朗读绘本故事。

（2）能熟练运用所掌握的阅读技能。

（三）教学难点

（1）通过思维导图完成读后任务。

（2）展开想象，续写故事的结尾。

四、教学用具

Flowers for Mother 绘本、多媒体课件、worksheet。

五、教学实施

（一）读前活动（Pre-reading）

（1）Sight words time.（复习高频词，通过自然拼读，掌握th字母组合在单词中/ð/的发音。）

① Boom game：this \ that \ these \ those \ thank \ thing \ maybe.

② Spell time.（图4-16）

th-ere-there；o-thers-others；

th-is-this；th-at-that；

th-ese-these；th-ose-those.

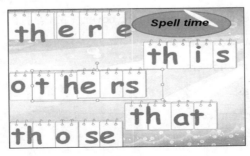

图4-16

【设计意图】复习高频词，了解th字母组合在单词中如何发/ð/音。

③ Read the chant and clap your hands：

Th，th，this；

This is my father.

Th，th，that；

That is my mother.

Th，th，those；

Those are three brothers.

I love them all.

【设计意图】通过自然拼读游戏和小诗，引导学生在已学过的th字母组合在单词中发/θ/音的基础上，学习并掌握th字母组合在单词中/ð/的发音。

（2）Lead in：Show a picture and watch a mini video about mother's love and answer the questions（以庆祝母亲节为情境，导入话题）：

T：Do you love your mother?

T：If today was Mother's Day，what would you do?

S1：I would make a card for her.

S2：I would give her a kiss.

S3：I would sing a song for her.

S4：I would give her some flowers.

...

【设计意图】通过欣赏有关母爱的视频，让学生感受情境，感受母爱，为后续的阅读做好情感铺垫。

（二）读中活动（While-reading）

（1）Read and get information from the cover.（阅读封面，获得封面信息。）

T：What can you see on the cover?

S1：I can see some flowers.

S2：I can see grass.

S3：I can see some mice.

T：Can you see the title? What is it?

【设计意图】教师提问，引导学生观察封面图片，并获得封面中含有的文

字性和非文字性的信息，如图片、绘本系列名称、故事题目、编者名称和出版
社信息等。

（2）Read the book cover，find out the main characters in the story and predict
the story by answering these questions，make some sentences with "th". （观察内
页，引导学生学以致用，用含th字母组合的词回答问题。）

T：What are those on the paper?

S：Those are some…

T：What are those mice going to do?

S：They are going to…

T：What do you want to know about those mice?

【设计意图】通过图片环游和问题引导的方式，培养学生的发散性思维，
使学生踊跃地预测故事，提高课堂的活跃度；引导学生用含th字母组合的词描
述图片。

（3）Listen to the first part of the story（P1～P5），find the key information to
answer these questions. （听故事的第一部分，根据问题引导，运用图片环游和默
读的方式，引导学生快速找到关键信息并回答问题，以达到理解故事大意的目
的，并进行美读练习。）

① Read and answer.

T：How many red flowers are there?

T：Are there any purple flowers?

T：Are there any other flowers?

② Read this part in different roles. Pay attention to linking.

【设计意图】通过问题引导和默读，让学生关注故事第一部分图片信息；
通过图片理解 this 和 these，that 和 those，同时强化句子的连读和重读等美读技
巧，让学生在朗读时把情感带入故事，体会小老鼠的心情。

（4）Listen to the second part，then match the information by skimming. （听故
事第二部分，跳读找到关键信息并连线。）

① Read and match（P6～P13）.

Brother picks   purple flowers.

Sister picks   pink flower

Tommy picks　　　　red flower

② Check the answer.

③ Predict the story.

T：Where is the mother?

【设计意图】通过问题引导和任务型教学，引导学生阅读故事第二部分，跳读并完成相应任务；强化句子的美读练习，同时留下悬念（where is the mother? ），激发学生的好奇心，培养学生的发散性思维。

（5）预测故事，如图4-17所示。

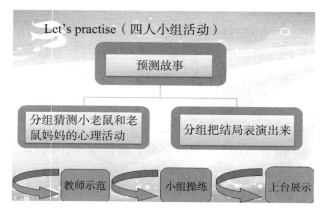

图4-17

① Read the last part of the story（P14～P19）, and predict the ending.（读故事最后一部分，思考下列问题，并分组预测故事。）

T：What color of flower does the mice's mother like best?

S：…

T：What do the mice say to their mother?

S：…

T：What color of flower does the mice's mother get?

S：Red，pink，purple，yellow and so on.

【设计意图】通过听故事回答问题，让学生理解故事发展脉络，深刻体会小老鼠对妈妈的爱。

② Predict the ending by groups.

T：What will the little mouse say?

S：…

T：What will the mice's mother say?

S：…

T：How will the mice's mother feel?

S：…

【设计意图】通过小组合作，猜测小老鼠和老鼠妈妈的心理活动，展开想象，预测他们的语言，并上台表演，以促进学生思维能力的发展，培养学生的小组合作能力。

③ Talk about the story in groups.

Do you like the story?

Why?

Why not?

【设计意图】用开放性问题引导学生主动思考，提高学生的审美能力；鼓励学生大胆表达自己的想法和喜好，培养发散性思维；引导学生思考还可以如何改进，还可以怎样表达对妈妈的爱。

④ Rewrite the ending，and rename the story.

T：If you were the little mouse，what would you do? What would you say to your mother?

S：…

T：So can you give the story a new name?

【设计意图】通过小组探究式学习，让学生想想母亲节是怎样度过的，还可以怎样表达对妈妈的爱。在 worksheet 的帮助下，补充完成对故事结尾的改编任务，并培养书写表达能力；同时通过小组探究式学习，展开想象，回答开放性问题；根据自己的理解，给故事起一个新的名字，鼓励学生发挥想象力，把课堂还给学生。

（6）Listen to the whole story，self-reading and act in groups.（整体感知，读演故事。）

【设计意图】整体感受故事，体会整篇故事的中心思想；通过角色扮演，模仿跟读故事，并鼓励各小组上台朗读或表演，加深学生对故事的理解；通过问题引导学生学会感恩母亲。

（三）读后活动（Post-reading）

（1）Try to finish the worksheet by mind map.

（2）Retell the story by mind map.

【设计意图】通过教师给出的练习纸补充完成思维导图，通过图片的引导（图4-18），让学生注意 this 和 these，that 和 those 的使用区别。根据思维导图进行复述，达到理解文本的目的。

图4-18

六、学法总结

该绘本故事教学运用情境教学法，通过问题引导的方式，帮助和带领学生层层深入，理解故事的发展脉络。在阅读前，教师组织学生进行自然拼读游戏和小诗朗读，引导学生思索，在已学过的th字母组合发/θ/音的固有知识基础上，让学生初步了解th字母组合在单词中/ð/的发音。在阅读中，教师注重拼读教学和美读教学，引领学生进行图片环游、跳读、默读、预测故事、小组合作探究式学习等，让学生积极参与课堂教学，在理解故事的基础上，掌握阅读技巧；通过小组合作完成任务，培养了学生的发散性思维；让学生在仔细读、大胆猜的过程中感受文化品格，懂得在平时的生活中，要勇敢表达对亲人的爱。阅读后，教师让学生内化知识，通过思维导图输出知识，给课堂留白，留给学生思维的空间，培养学生大胆开口说英语的习惯。

七、拓展延伸

（1）学生把所学的故事分享给家人，给故事一个新的结局，并画出故事的结局。

（2）学生完成推荐书目 *Three Fish*，*Two Thieves* 的阅读，并完成阅读记录册：在阅读记录册上写出绘本的标题、出版社、作者、页码等基本信息；摘录自己最喜欢的一个句子，或者印象最深的一个句子，并在读书分享会上进行分享。这样，学生不仅培养了阅读习惯，爱上了英语阅读，拓宽了视野，也提高了阅读能力。

八、案例评析

本案例围绕《攀登英语阅读系列·神奇字母组合》中的童话故事 *Flowers for Mother* 展开设计，属于小学中年级绘本故事教学。故事主要讲述母亲节快到了，一群可爱的小老鼠采花送给妈妈作礼物的故事，故事内容生动有趣，温馨感人，表达了孩子对妈妈的爱。教师在文本解读时关注到了这一点，为教学设计奠定了基础。同时，这个故事也贴近学生的认知和生活经验，容易引发共鸣，使学生不仅在个人经验的基础上展开想象和表达，还可以丰富情感体验，学会表达自己对母亲的爱。

本节课从语言能力、学习能力、思维品质和文化品格四个方面预设教学目标，通过"整本书阅读"活动，让学生学会多种有效的阅读策略，如通过扫读、跳读等方式提取关键信息，通过图片和上下文猜测新单词的词义，通过问题预测故事发展、感受主人公的心理变化等，掌握字母组合th在单词中/ð/的发音，并触类旁通，举一反三，解码其他含有th字母组合的单词的发音，发展自然拼读能力；通过观察图片，让学生学会分析、对比和推断，培养逻辑推理能力，发展思维品质；运用思维导图理解故事脉络，发散思维，培养综合运用语言的能力。

本节课的设计很好地运用了图片环游的教学方式，如教师开始上课时，先以自然拼读游戏和小诗朗读引导学生复习已学过的含有th字母组合的单词，小结其/θ/的发音；然后引入含th字母组合发/ð/音的单词，让学生进行对比，分析它们发音的不同，激活旧知，引入新知；接着播放有关母爱的视频，引入母亲节的情境，唤醒学生的记忆，为故事阅读做好情感铺垫。

在故事阅读环节，教师先引导学生阅读故事封面，了解作者、绘图者、出版社等信息，发展学生的文本概念，然后根据故事内容和情节发展顺序，分五个环节与学生分享故事。教师以图片为先导，设计巧妙的问题，激活学生的思维，引导学生展开想象，大胆预测故事发展，激起学生思考和表达的欲望。首先，教师让学生观察内页，猜测小老鼠们准备去做什么，激发学生的阅读欲望。然后，教师让学生带着问题听读故事第一部分，理解故事内容，掌握关键信息。接着，教师设计阅读连线任务，让学生自主阅读故事第二部分，学会通过 skimming 提取关键信息。对于故事最后一部分内容，教师没有直接揭示故事结局，而是通过表演的方式，让学生体会故事中小老鼠和妈妈的心理活动变化，并鼓励学生发表个人见解，创编自己喜欢的故事结局，充分体现学生的主体学习地位，让学生在观察、分析、表演、合作的过程中探究问题、解决问题，促进了学生思维的发展和阅读技巧的提升。最后，教师再次让学生整体感知故事，培养学生的美读能力，并通过故事表演，加深学生对故事的理解，让学生体会小老鼠们对妈妈的爱，引导学生学会感恩母亲，学会表达自己对妈妈的爱。

在读后环节中，教师让学生根据故事内容完成思维导图，引导学生对故事情节进行提炼总结，并根据思维导图复述故事，让学生内化知识，给课堂留白，留给学生思维的空间，培养学生大胆开口说英语的习惯。

整个案例设计从文本解读出发，思路清晰，层层递进，有效设疑，融入了图片环游、故事预测、思维导图、读者剧场、小组合作等多种学习方式，很好地激发了学生听故事、读故事、演故事、讲故事、编故事的欲望，展现了教师读中演、演中学的教学理念，非常符合四年级学生的特点。这节课不但发展了学生的阅读素养和自然拼读能力，还促进了学生想象力、观察力、推理能力等思维品质的提升，同时关注了故事中深藏的情感——母爱，让学生学会关爱、学会感恩、学会表达。

（案例点评人：王 艳）

Yellow Pillow 教学设计

设计教师： 萝峰小学　　陈柳芳

授课年级： 四年级

作　　者： 北京师范大学"认知神经科学与学习"国家重点实验室攀登英语项目组

出版单位： 北京师范大学出版集团、北京师范大学出版社

一、文本解读

本节课的阅读材料选自《攀登英语阅读系列·神奇字母组合》，属于绘本故事教学。

《攀登英语阅读系列·神奇字母组合》是"国家攀登计划"和教育部人文社科重大研究项目科研成果。这套图画书选取了出现频率较高、儿童阅读中容易和汉语拼音混淆的26个字母组合，编成26个生动有趣的故事，让儿童通过结构良好、意义重复的语言，提高单词拼读的准确性，提升英语阅读的流畅度，同时在充满温情、智慧、想象力和创造力的故事学习中，开阔儿童的视野，培养儿童积极的情感态度、价值观。

Yellow Pillow 绘本故事主要内容为 Mr. Low 的黄枕头太漂亮了，小乌鸦想要得到它，于是他想了一个好办法，Mr. Low 就把枕头给他了。这个有趣的小故事将一个个含有字母组合ow的单词巧妙地串联在一起，让学生愉快地学习ow字母组合的发音。同时，从小乌鸦与 Mr. Low 的智斗中我们发现，这是一个教学生学会思考、学会与他人合作的绘本故事。

二、学情分析

本节课授课对象为教师新接手的四年级班级，在短短一个月的教学接触和日常交流中教师发现，学生比较活泼、爱玩、爱演，经过一至三年级的英语学习，有一定的语言积累，具备了语音意识和一定的阅读认知水平。但是该班学生整体学习基础不太理想，尤其是在语言表达、小组分工合作方面有待进一步加强。他们对色彩丰富的绘本故事比较感兴趣，但是往往更多关注生动有趣的插图，而忽视整本书及其故事情节，缺乏思考，所以在绘本教学中教师要指导学生认真听读、跟读、朗读，以问题为导向，引导学生读图的同时，仔细关注文段语篇，预测故事情节发展，尝试分析情节因果关系，体验人物情感变化，联系生活实际进行辩证思考等。

三、目标解析

（一）教学目标

1. 语言能力

（1）能够通过本故事的学习，掌握字母组合ow的发音。

（2）能够流利朗读含有字母组合ow的词汇、小诗。

（3）能够流畅、有感情地朗读整本书。

（4）能够在图示、图表的帮助下，复述故事的主要情节。

2. 学习能力

（1）在阅读故事的过程中认真倾听，大胆表达自己的看法。

（2）通过多个小组学习活动，学会分工合作、思考和解决问题。

3. 思维品质

通过讨论、思考和小组学习活动，发展语言表达能力和发散性、批判性思维。

4. 文化品格

通过故事学习，感受阅读的快乐，认识到遇到问题要想办法解决，学会思考。

（二）教学重点

理解故事大意并能完成讨论、表演、小组活动等多个学习任务。

（三）教学难点

小组合作完成不同的学习任务，大胆表达个人想法，提高"整本书阅读"的能力。

四、教学实施

（一）读前活动（Pre-reading）

（1）明确学习要求。

Review the rules of class and the competition between groups，e.g. watch and listen carefully，listen and repeat clearly，read fluently，do well in group work，perform emotionally.（教师向学生明确英语课堂上要认真听、仔细看、清晰跟读、流利朗读、有感情地朗读和大胆展示等学习要求，并把以上学习要求放到小组竞争的评价维度表里，让学生在小组竞争中积极参与课堂各项活动。）

【设计意图】教师通过与学生进行课堂学习要求的互动，帮助学生集中学习注意力，激发学生的学习积极性；利用小组竞争的激励机制，鼓励学生积极参与课堂上的听、说、读、演等活动，培养学生良好的英语学习习惯。

（2）Sight words time.（高频词训练。）

在幻灯片里闪现绘本故事里涉及的高频词以及课堂上需要练习的高频词，按男、女生分两组，学生站起来大声说出在男、女生"跑道"上出现的单词。

【设计意图】高频词是由 Edward William Dolce 在 *Problems in Reading* 中列出的220个重现频率高的非名词单词，在学生初级阶段阅读中占比为50%～75%。但是这些单词通常不按自然拼读规则发音，大多是很抽象的，不好记忆，要掌握这些词汇必须不断地重复、巩固。所以在绘本阅读教学中，教师设计了高频词训练环节，用多样的方式帮助学生加强记忆和巩固，同时调动学生的学习积极性，为后面整本书的流利朗读做好铺垫。

（3）Guessing game：Show two pictures of the story，let the students guess.（设置悬念，激发求知欲。）

Who makes Mr. Low worried and angry？

出示绘本里主人公 Mr. Low 两个不同情绪的图片，引导学生仔细观察图片里分别有什么，它们有什么不同，Mr. Low 的表情是怎样变化的，设置第一个悬念：故事里的 Mr. Low 为什么从愉悦变为生气？又是谁惹他生气了？

【设计意图】本绘本故事的冲突点在小乌鸦和 Mr. Low 之间的智斗，Mr. Low 在这个过程中情绪产生了变化，这是故事情节发展中的一条线索。教师以 Mr. Low 的不同情绪图片设置悬念，吸引学生的注意，引发学生的思考，激发学生的阅读兴趣和学习欲望，使学生怀着一探究竟的迫切心情进入故事的学习。

（二）读中活动（While-reading）

（1）图片环游。

Pictures tourist. Read P5～P10 of the story，find out the answer，and think about：Why does the crow knock at the window?

学习绘本中的第5～10页小乌鸦两次敲 Mr. Low 家窗户的过程，引导学生认真观察图片，就图片细节和故事发展情节进行追问，带领学生认真听、仔细看，理解故事情节，观察 Mr. Low 情绪的变化，并在图文中学习新单词 knock，crow，in a row，again 的音与义，找到 Mr. Low 恼怒的原因，同时设置第二个悬念：为什么乌鸦要敲 Mr. Low 家的窗户呢？

【设计意图】利用图片环游和问题引导学生细致观察和大胆猜测，培养学生的推理、分析能力。

（2）读者剧场。

Act out in groups and interview.

Mr. Low，how do you feel now?

What do you want to do?

组织学生在小组内对第5～10页进行角色扮演，体验主人公 Mr. Low 的情绪变化，加深对故事的理解，并对扮演者进行采访。然后出示第11页，小组讨论：What is Mr. Low doing? What will he do?

鼓励学生按照以下标准对读者剧场进行评价（图4-19）：

Can they...?	wonderful ★★★	very good ★★	good ★
speak loudly （响亮）			
speak fluently （流利）			
perform emotionally （有感情）			

图4-19

【设计意图】鼓励学生大胆进行模仿朗读和角色扮演，帮助学生更好地把握故事的矛盾冲突点，让学生自然进入角色，在表演过程中构建故事，同时体验主人公的情感变化。

（3）追问设疑，角色体验。

让学生带着第三个悬念问题 What will Mr. Low do? 学习第12～14页，继续以图片环游的方式带领学生寻找问题的答案，让学生验证自己的猜想，同时学习新单词 find，throw，get 的音与义；然后进行读者剧场活动，对第5～14页进行角色扮演，体验主人公情绪变化的完整过程。

【设计意图】在不断地追问、思考、讨论、读者剧场活动中，让学生深刻理解故事内容，进一步发展发散性、批判性思维，培养良好的思维品质。

（4）整体感知故事。

① Read the whole story, find out the answers.Give a title for the story, and then read the cover of the picture book.（教师以幻灯片的形式呈现完整的故事内容，让学生了解故事的来龙去脉，整体感知故事；然后请学生为这个故事起一个名字，进行封面、封底的阅读。）

② Let students watch the video of the whole story, then open the book and read in groups and read by themselves.（观看故事原文的完整视频，同时跟读，然后打开书本进行小组读和个人读。）

【设计意图】通过起书名、阅读封面、观看和聆听绘本原文和原音等活动，让学生感知整本书的故事内容，感受"整本书阅读"的魅力；通过跟读、小组读等形式培养流利朗读的能力。

（5）头脑风暴。

Pay attention to P14～P15, and brainstorm. 出示绘本的第14～15页，以问题引导学生观察图片，让学生畅所欲言，充分发表自己的看法。

Why is the crow so happy?

What do they do with the yellow pillow?

Why does the crow get the pillow?

Where is the crow at last?

What can you learn from the story?

【设计意图】关注绘本的细节，挖掘故事中乌鸦对黄枕头的内在需求；通过师生之间的头脑风暴，引导学生积极思考，启迪学生领悟故事的寓意。

（三）读后活动（Post-reading）

（1）复现绘本故事。

① According to the story map, try to retell the story.（根据板书提示复述故事。）黑板上的图表板书是根据故事情节发展顺序而设计的，教师带领学生根据图表的提示，复述完整的故事。

【设计意图】利用黑板上的图表板书，帮助学生复述完整的故事内容，加深学生对整本书的理解，训练学生连续说话的能力。

② Group work.（小组活动。） Each group chooses different tasks that they like.

各小组根据本组实际情况，选择以下三个任务中的一个，在规定时间内开展小组活动，然后各小组展示、评分。

a. Read together in groups, get one point.

b. According to the story map, retell in groups, get two points.

c. Read and act out the story in groups, get three points.

【设计意图】尊重学生个人喜好和差异水平，设计小组合作完成的不同的语言输出任务，指导学生学会分工合作。

（2）Read the chant of the story, and find out the sound of "ow".（配乐朗读小诗，发现ow发音规律。）

把绘本故事创编成一首朗朗上口的小诗，配上音乐节奏，让学生跟着节奏进行朗读，引导学生找出小诗中含有ow字母组合单词的发音规律。

Crow, crow, knock at the widow,

Mr. Low, open the widow,

Em? No, crow in a row.

Crow, crow, knock at the widow,

Mr. Low, find the crow,

Ah—ha! Throw the pillow,

Hooary! get the pillow.

【设计意图】配乐朗读是为了帮助学生更好地把目标语言朗读上口，便于学生从小诗里含有字母组合ow的多个单词中发现它的发音规律。

（3）Read more words with "ow" and complete the group work.（小组拼读活动。）

以幻灯片呈现的方式，带领学生对含有ow字母组合且符合发音规律的单词进行拼读训练之后，组织学生在小组内进行拼读练习。

Step 1. Group leader takes out the word cards and give them to members.（小组长拿出信封里的单词卡片分给小组成员，每人一张。）

Step 2. Group leader first, then spell the words one by one.（从小组长开始，每个人把自己手上的单词卡拼出来。）

Step 3. Group leader says a word, then the member show his card and speak it loudly.（小组长读出任意一个单词，拿着该单词卡片的同学将卡片举起并大声拼读出来。）

【设计意图】通过幻灯片拼读、小组活动，让学生拼读更多含有ow字母组合的单词，以巩固发音。

（4）Listen to another story *Slow the Boat* with letter group "ow"，then try to read the whole story in groups.（听读新故事。）以幻灯片自动播放的形式，呈现另一个故事 *Slow the Boat* 的原图和音频，引导学生认真看、仔细听，然后在小组内朗读整个故事，遇到不会的单词请教同学和教师。

【设计意图】听读另一个与ow字母组合发音有关的完整故事，一方面可以在有意义的语篇朗读中巩固ow字母组合的发音；另一方面可以增加学生的语言输入量，丰富他们的知识量、信息量。

五、学法总结

（一）猜读

本节课基于绘本故事 *Yellow Pillow* 的情节发展和角色的情绪变化，采用倒叙的方式进行故事学习，挖掘故事情节的矛盾冲突点，引导学生观察从绘本中截取的主人公不同的情绪表现，带着疑问（Why and who makes Mr. Low worried and angry？）进入故事学习，利用图片环游带领学生猜测故事情节的发展走向，让学生在阅读中找到问题的答案，印证自己的猜想，使学生在阅读整本书的环节中有一种恍然大悟的学习体验，既使学生获得了阅读的满足感，又增强了故事的可读性和趣味性。

（二）跟读、朗读

本节课遵循学生认知规律，在语篇中学习重点单词和短语，突破语音难关。在学生对新学词汇和句型的朗读还不流畅的情况下，通过跟录音读、跟老师读、集体朗读或者个别朗读等形式让学生高声朗读绘本，循序渐进，帮助学生将绘本语言朗读上口，加深对绘本语言的语义理解，为完成后续的阅读任务打下坚实的基础。

（三）读者剧场

在本节课的绘本教学中，学生对两个故事片段进行了角色扮演，通过声音、表情、肢体、动作等把故事情节立体地呈现出来，让角色、情境活起来。在日常教学中，教师可在"整本书阅读"后，指导学生对整本书进行剧本创编，开展读者剧场活动，提高他们的朗读流利度，强化他们对绘本故事的理解和语言的运用。

（四）故事图表

教师利用story map梳理绘本故事情节，条理清晰、重点突出、生动直观，具体精练地再现了故事内容，促使学生在大脑中形成整本书的"全景图"，帮助学生输出语言，加深记忆，发散思维。

六、拓展延伸

（1）完成作业任务（三选一），在课堂上展示学生的口头作业和绘写作品，给予学生鼓励和表扬。

① Read two stories to your family.（★★★）

② According to the story map, retell the story *Yellow Pillow*.（★★★★★）

③ Draw and write a new ending for *Yellow Pillow* in English.（★★★★★★★）

（2）利用课内学习到的阅读技巧和策略，在课外深入学习另一个绘本故事 *Slow the Boat*，完成学习任务；利用早读时间邀请学生进行朗读和阅读任务卡展示，提升学生"整本书阅读"的能力。

① 听原文、跟读绘本2遍，注意模仿语音语调。

② 圈出含有/əʊ/发音的单词，并朗读2遍。

③ 完成以下阅读任务卡（图4-20），并尝试用英文把故事分享给家人或朋友。

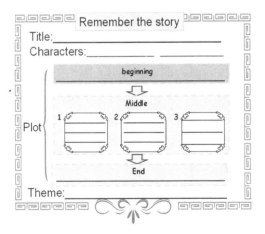

图4-20

七、案例评析

本节课故事 *Yellow Pillow* 选自《攀登英语阅读系列·神奇字母组合》，属于小学英语中年级的绘本故事教学案例。本节课的教学重点突出阅读策略在"整本书阅读"教学中的运用，如应用故事图表 story map 梳理故事情节，提炼故事内容，构建"整本书阅读"的"全景图"；在学习过程中，教师引导学生运用猜读、图片环游、朗读、跟读等阅读方法理解故事大意；在"整本书阅读"后，教师指导学生基于故事内容进行剧本创编，通过讨论、读者剧场活动、表演、小组合作学习等任务加强学生对绘本故事的理解和语言的运用。

教师在教学设计之初，对学生的学情进行了较充分的分析，针对学生较多关注生动有趣的绘本插图，容易忽略对整本书文本及故事情节的整体思考的现状，侧重在绘本教学中开展以问题为导向的阅读教学活动，引导学生在读图的同时关注文段语篇、预测故事发展情节、尝试分析情节因果关系、体验人物情感变化和联系生活实际进行辩证思考等，鼓励学生大胆表达，促进学生阅读整本书的能力的提升。

在读前环节，教师出示绘本里主人公 Mr. Low 两个不同情绪的图片，引导学生观察 Mr. Low 的表情变化，提出问题（Who makes Mr. Low worried and angry? ），设置目标驱动，激发学生的阅读兴趣和学习欲望。

在读中环节，教师组织开展图片环游活动，引领学生分步骤对故事进行学习，同时穿插读者剧场活动，开展角色扮演，使学生在表演中构建故事的同时体验主人公的情感变化，深化学生对故事情节的理解。在学习过程中，教师侧重设置悬念问题，如 Why does the crow knock at the window? What is Mr. Low doing? What will he do? 等，并以图片环游的方式带领学生寻找问题的答案，验证自己的猜想。

在读后环节，教师组织开展头脑风暴活动，如引导学生观察第14～15页图片，围绕 Why is the crow so happy? What do they do with the yellow pillow? Why does the crow get the pillow? Where is the crow at last? What can you learn from the story? 等问题积极思考，交流反馈，领悟故事的寓意。随后教师组织开展了故事复述、小组合作学习等活动，通过不断深化的阅读活动训练学生连续说话的能力。

本节课的故事中有较多含有字母组合ow的单词。四年级的学生已经具备了良好的语音意识和一定的阅读认知水平，教师希望通过本故事的学习，让学生掌握字母组合ow的发音，并流利朗读含有字母组合ow的词汇、小诗。因此，在读前活动环节，教师组织学生开展了高频词训练，为后面整本书的流利阅读做好了铺垫。在学习了绘本故事后，教师把故事创编成配乐小诗，引导学生朗读小诗，让学生发现并总结含有字母组合ow的单词的发音规律。接着教师开展了小组拼读活动，对含有字母组合ow且符合发音规律的单词进行拼读训练。最后教师让学生听读另一个与字母组合ow发音有关的新故事，帮助学生在有意义的语篇朗读中巩固ow字母组合的发音，同时进一步增加学生语言信息的输入量。

在"整本书阅读"教学的课后拓展环节，教师指导学生运用所学的阅读技巧和策略，自主学习另一个绘本故事 *Slow the Boat*，并让学生在早读时间进行朗读和阅读任务卡展示。其中阅读任务卡是一种辅助学生提升"整本书阅读"能力的有效学习工具。

本节课的教学目标明确，围绕"整本书阅读"教学的活动推进，层次清晰，阅读策略指导具体有效，教师注重对学生语言表达能力和发散性、批判性思维能力的培养，是一节基于"整本书阅读"教学的优秀案例。

（案例点评人：雷　旭）

A Photo of an Elephant Family 教学设计

设计教师：东区小学　陈丹燕

授课年级：四年级

作　　者：北京师范大学"认知神经科学与学习"国家重点实验室攀登英

语项目组

出版单位： 北京师范大学出版社

一、文本解读

大象很大，老鼠很小，大象 Philip 想要一张全家福，可是摄影师小老鼠横拍竖拍都很难拍到所有的大象，要怎么办好呢？随着故事的发展，在小老鼠想尽办法解决拍照难题的过程中，学生不仅可以接触到许多含有字母组合ph的单词，学习字母组合ph的发音，还可以学会在遇到难题时转换思维视角，寻找创造性的解决办法。

此绘本内容设计巧妙，容易激发学生的学习兴趣。学生在帮助小老鼠想办法为大象拍全家福的过程中，不仅可以学习新知识，还可以拓展思维方式，充分发挥自己的创造力。此绘本封面设计有趣，多个相框不规则排列，每个相框都框住了大象的某一个身体部位，拍照的感觉扑面而来，让学生自然想到是给大象拍照。教师依次引导学生进行思考：如果你是摄影师，那么你要怎么给大象拍照呢？学生可以大胆想象，尽情发散思维，从而激发学习热情。

二、学情分析

本节课的教学对象是四年级的学生，该阶段的学生已经具备了一定的英语口语基础，对英语学习有浓厚的兴趣，在二、三年级已经接触了自然拼读知识，已经养成了一定的运用所学的拼读方法进行自主拼读的习惯，需要在以后的学习中进一步加强训练。本节课将通过运用 drama 和美读结合的教学方式，让学生在演绎故事的同时，体会美读的乐趣。

三、教学内容

此绘本是《攀登英语阅读系列·神奇字母组合》中的故事 *A Photo of an Elephant Family*。

四、目标解析

（一）教学目标

1. 语言能力

（1）学生能根据图片提示猜词，能运用发音规律朗读含字母组合ph的单词。

（2）学生能够正确流利、有感情地朗读故事及表演故事。

2. 学习能力

（1）学生能够谈论封面故事、预测故事。

（2）学生能够通过小组合作学习，合力完成相应的学习任务。

3. 思维品质

（1）学生能享受绘本阅读的乐趣，增强对英语阅读的信心和兴趣。

（2）学生能发散思维，转换思维视角，寻找创造性的解决问题的办法。

4. 文化品格

（1）学生能在教师的引导下理解绘本故事，能体会绘本所传达的情感。

（2）学生在日常生活中，当遇到难题时，能够转换思维视角，寻找可行的解决方法。

（二）教学重难点

（1）正确运用拼读方法拼读单词。

（2）正确流利、有感情地朗读故事及表演故事。

五、教学实施

1. 读前活动（Pre-reading）

（1）从欣赏歌曲导入，让学生欣赏和演唱字母歌曲。

T：Hey！Children，do you like songs？

S：Yes！

T：I also like songs.And now，let's enjoy and sing the *Phonics Song*.Ready？Go，go，go！

【设计意图】教师根据文本需要选择恰当的歌曲让学生欣赏，通过歌曲营造一种特殊的氛围，唤起学生情感的共鸣，激发学生的阅读兴趣。

（2）Let's play a game.（玩单词拼读游戏。）

T：Children，this song is about some phonics. I will show you some letters and words，please try to read them out loudly.

【设计意图】通过拼读游戏，反复操练字母及字母组合的拼读，帮助学生回顾所学字母及字母组合的发音，巩固并运用拼读知识拼读单词。

（3）Make a chant with the letters.（创编字母童谣，如图4-21所示。）

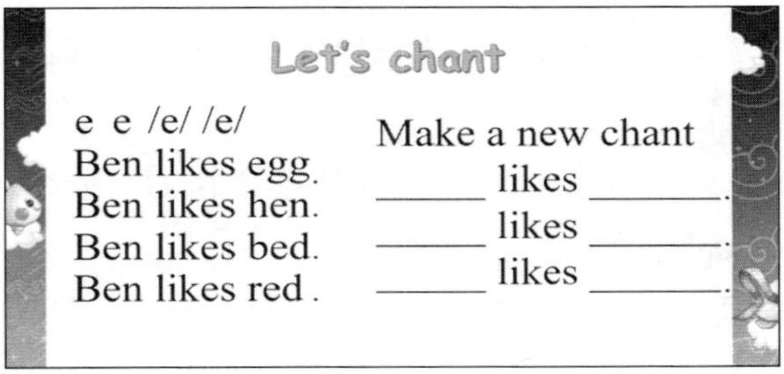

Let's chant

e e /e/ /e/   Make a new chant
Ben likes egg.   _____ likes _____.
Ben likes hen.   _____ likes _____.
Ben likes bed.   _____ likes _____.
Ben likes red .

图4-21

T：You did a great job，guys.And I want to show you a funny chant. Shall we enjoy together？

Here comes letter "e".

e e / e / / e /

Ben likes egg.

Ben likes hen.

Ben likes bed.

Ben likes red.

T：Do you like it？You can make your own chant. Let's have a try. Look，here are some words for you.

S1：_____ likes _____.

S2：_____ likes _____.

S3：_____ likes _____.

【设计意图】教师通过 chant，帮助学生回顾本节课涉及的字母及字母组合的发音，为后面运用拼读知识拼读新单词做好铺垫。

（4）Let's learn some words with "ph". （学习含有字母组合ph的单词，为正式进入故事学习做好准备。）

① Enjoy a *Phonics Song* with "ph". （欣赏ph的音素歌，感受ph的发音。）

【设计意图】利用歌曲激发学生的学习兴趣，提高学生的学习热情，并让学生在歌曲中感受ph的发音。

② Show some simple words with "ph". （根据拼读知识拼读含有ph字母组合的单词。）

【设计意图】通过对含有ph字母组合的单词的学习，巩固学生对字母组合ph发音的运用。

③ Show the new words with "ph". （学习绘本故事中含有ph字母组合的新单词photo，photographer。）

【设计意图】通过让学生主动拼读故事中的单词，鼓励学生运用语音知识，对新单词进行拼读，再次巩固学生对字母组合ph发音的运用。

2. 读中活动（While-reading）

（1）Show the cover of the story, create a sense to attract students. （阅读封面，找出故事名称、作者、出版社以及其他信息，猜测故事发展。）

T：Boys and girls, what can you see on the cover?

【设计意图】通过阅读封面，引导学生关注封面所包含的信息，对文本进行初步解读，生成自己的见解，帮助学生形成良好的阅读习惯，激发学生的阅读兴趣。

（2）Read the title page and answer the questions. （阅读故事扉页，回答问题。）

T：What can you see on this page?

T：Can you guess what happens in this story?

【设计意图】通过阅读扉页，引导学生获取重要信息；通过问题猜测，让学生发挥想象力，预测故事情节，以激发学生的阅读兴趣。

（3）Read the story picture by picture. （图片环游，问题检测。）

① Read the story P2 ~ P7. （阅读第2至7页，找出问题的答案。）

Q1：Who wants a photo of family?

_____ wants a photo of his family.

Q2：Who helps Philip take the photo?

A：Philip's friend　　　　B：The photographer

【设计意图】通过图片环游，引导学生一步步阅读故事，培养学生获取信息的能力，同时通过问题，让学生预测故事情节的发展。

② Read the story P8～P17.（阅读第8至17页，回答问题。）

a. 快速阅读第8页，回答问题。

Q：How many people are there in Philip's family?

b. 阅读第9至13页，通过精读绘本内容回答问题。

Q1：Can the photographer get all the elephants in one photo?

Q2：How many ways do the elephants stand to take the photo?

c. 阅读第14至17页，小组合作回答问题。

Q1：How many ways does the photographer find to take the photo?

Q2：Is it easy to take the photo?

Q3：Does the photographer succeed?

Q4：Can you think out some ways to help him get all the elephants in one photo?

【设计意图】通过图片环游和问题先导，培养学生的观察能力及获取重要信息的能力，让学生预测情节发展，发展学生的想象力和思维力，同时穿插对故事情节的表演，让学生体验大象的动作和摄影师小老鼠的心情。

③ Read the story P18～P23.（阅读第18至23页。）

Q1：Does the photographer get a good idea?

Q2：Does he succeed at last?

Q3：What is the good idea?

【设计意图】通过图片环游和问题先导，培养学生的观察能力。

（4）Listen and read the story.（听读故事，进行美读训练。）

【设计意图】跟读故事，让学生关注句子中的重读、意群、连读和音调，培养学生的朗读能力。

（5）Make a mind map according to the story.（小组合作，根据故事情节发展，画出故事发展思维导图。）

【设计意图】通过小组合作学习，让学生画出故事发展思维导图，培养归纳能力和逻辑思维能力，并为故事的复述做好准备。

（6）Look at the mind map and retell the story.（看思维导图，用自己的语言复述故事。）

【设计意图】巩固学生对故事的理解，培养学生连续说话的能力。

3. 读后活动（Post-reading）

（1）Act out the story.（表演故事。）

Task 1：Read the story with the right tone，linking，pause and intonation.（任务1：朗读故事，展示美读。）

Task 2：Choose one part of the story and act out it.（任务2：小组合作选择最喜欢的一部分情节进行表演。）

Task 3：Act out the whole story.（任务3：小组合作表演整个故事。）

【设计意图】任务分为三个维度，难度系数不同，学生可以根据自身水平进行选择，以此锻炼他们的口语表达能力及表演能力，让他们勇于展现自我。

（2）Let's share：What do you learn from the story？（讨论，分享自我感悟。）

【设计意图】通过讨论，学生分享自己对故事的感悟，与他人产生思维碰撞，感受绘本所传达的情感，并产生独属于自己的情感体验。

（3）Let's read the words and try to make a story.（阅读含有字母组合ph的单词，根据所给形式创编小故事。）

【设计意图】通过体会字母组合ph的发音，让学生尝试进行更多的拼读；通过创编故事，巩固字母组合ph的发音，拓展学生的想象力，发展学生的创造性思维。

4. 家庭作业（Homework）

（1）Make a new story according to the words with "ph" you collect.（自己收集含有字母组合ph的新单词，创编小故事。）

【设计意图】通过创编小故事，培养学生的想象力和创造力。

（2）Read your story with your parents or make your own story book.（向家人朗读自己的小故事或者把自己的故事画出来，制作自己的故事书。）

【设计意图】通过阅读自己的故事，锻炼学生的朗读能力和表达能力；通过让学生自己制作故事书，锻炼学生的动手能力和想象能力，使学生获得自己的学习成果。

六、学法总结

此绘本以丰富多彩的图码为主、语码为辅，展现了儿童视域中的审美世界，符合儿童学习的特点；鲜艳、具体的图像更能刺激儿童的视觉神经，帮助儿童对绘本内容产生长时间的记忆，更加有利于儿童的英语学习。绘本作为一种以图画为主要表现内容和形式的读物，构思巧妙，对儿童具有很大的吸引力。因此，教师需要精心设计教学环节，创设与绘本相关的情境，充分利用图片环游法、拼读阅读法、设疑法、反问法等教学法，引导学生自主探究学习或进行小组合作学习，让学生充分进入故事情节，阅读理解故事，在阅读的过程中体验绘本所传达的情感，并进行自我感悟，形成自己独特的情感体验。在正式进入学习前，教师可以对学生可能产生的阅读障碍进行预测，并用正确的教学策略帮助学生克服阅读困难或障碍，降低学生的学习难度，提高学生学习的积极性。

七、拓展延伸

当遇到难题时，你能否转换思维视角，寻找到创造性的解决办法？请同学们分享一下自己类似的经验或经历。学习了这个故事后，请你根据自己的理解画出这个故事，不会或者不想画画的同学可以收集其他的含有字母组合ph的单词，创编一个小故事，并向自己的家人大声朗读。

八、案例分析

本节课故事 *A Photo of an Elephant Family* 选自《攀登英语阅读系列·神奇字母组合》，主要讲述了摄影师小老鼠如何想方设法克服困难去帮助大象一家拍摄全家福的故事。随着故事情节的发展，学生不但能学习到字母组合ph的正确发音，还能思考如何去解决实际生活中的问题，进而提升思维品质。本案例突出体现 phonics 自然拼读教学法，同时整合运用图片环游、drama 和美读三种方式进行"整本书阅读"教学，让学生在阅读故事的过程中，通过优美地朗读和读演结合的方式，去感受故事带来的情感体验，沉浸在阅读的快乐之中。

本节课授课对象为小学四年级学生。四年级学生经过之前的学习，已经具备了一定的自然拼读能力。教师在设计时充分关注到了这一点，在正式阅读前，即在读前活动中，设计了一系列的任务，如 *Phonics Song* 热身、单词拼读游戏、唱韵律诗及创编新歌谣等，激活学生的旧知，帮助学生复习学过的字母及字母组合发音，从而引入新知字母组合ph发音的学习。在教学发音时，教师并不是把新的知识灌输给学生，而是让学生通过歌曲去感受字母组合ph的发音，然后出示故事中的新单词，让学生运用已学的发音规则自主拼读单词，并通过图片、情境或肢体语言让学生理解词义，充分体现学生的主体能动性，将学习的主动权还给学生，为故事的阅读扫清障碍。

在读中活动中，教师带领学生一起进行图片环游。图片环游非常符合小学生的特点，以图片为先导，通过问题设疑进行同步检测，引导学生观察图片，培养学生的观察能力和获取信息的思维力。同时，教师用问题引导学生猜测，培养学生的想象力，发展学生的创造性思维，培养学生的创新思维品质。本案例中，教师先引导学生观察封面，获取故事题目、作者、出版社等重要信息，并对所授文本进行初步解读，培养学生良好的阅读习惯；然后让学生阅读扉页，提问 What can you see on this page? 让学生观察和预测故事内容，教会学生预测的阅读策略；接着从第2页开始进行图片环游，针对每页的图片设计一个或多个问题，启发学生思维，激发学生兴趣，通过泛读和精读，培养学生获取文本信息的能力，发展学生的阅读技能。在学生阅读的同时，教师还设计了小任务让学生表演故事情节，如大象排成一列和排成一行都拍不进一张照片等，让学生在读中演，演中读，体会主人公的心情和情感发展，更好地浸入故事情节中。接着教师设计美读环节，从模仿跟读到自主朗读，注重培养学生正确的语音意识，如句子中单词的重读、连读、句子意群的划分和语调等，让学生学会流利、优美地进行朗读，培养学生的朗读能力。最后教师让学生根据故事情节发展画出思维导图，并进行故事的复述，既培养了学生的逻辑思维能力，又培养了学生的连续说话能力，体现了英语教学的最终目标：发展学生的语用能力，让学生学会用英语进行交际。

在读后活动中，教师设计了三个任务：先是表演故事，表演故事分为三个难度，体现分层教学，最大限度地激励学生参与到学习活动中来；然后是情感分享，让学生用自己的语言说出从故事中学到了什么道理，在遇到困难时是怎么做的，引导学生树立正确的人生观和价值观；最后是故事的创编，教师让学生运用更多含有字母组合ph的单词去创编新的故事，和读前环节相呼应，提升教学效果。

　　本案例从文本解读出发，设计思路清晰，层层设问，有效地引导学生读故事、讲故事、演故事，学语言、学文化，激发了学生的学习兴趣。学生既掌握了自然拼读技能，又学会了多种阅读策略，如精读、泛读、默读、预测等，培养了学生良好的阅读习惯，为以后进一步进行"整本书阅读"打下了良好的基础。

（案例点评人：王　艳）

Village in the Snow 教学设计

设计教师：华南师范大学附属外国语学校CEP小学部　张　新

授课年级：四年级

作　　者：Roderick Hunt，Alex Brychta

出 版 社：牛津大学出版社

一、文本解读

　　Village in the Snow 是《牛津阅读树》第4阶的英语绘本故事。故事的开始，Kipper 表达了希望到大雪中的村庄去玩的想法，在神奇钥匙的帮助下，Kipper 和朋友们来到了大雪中的村庄。他们遇到了一位受欺负的小男孩，Kipper 和朋友们勇敢地帮助了他，并安全地将他送回了家。在这本书中，学生将了解到使主角 Kipper 兴奋、害怕的事情，学习到当他看到有人需要帮助时，伸出援助之手的勇敢品质。故事引入了新的词汇和更随意的表达，如"What an adventure！"，以多样的方式表达思想。

二、学情分析

参与本次学习的四年级学生年龄在10到11岁之间，他们从一年级开始就在华师外校（华南师范大学附属外国语学校CEP小学部）就读，英语基础较好，口语流利，学习兴趣浓厚。他们思维活跃，好奇心强，活泼好动，有较强的模仿能力和交际能力，对故事内容非常感兴趣。在之前的阅读课上，学生学习了 *Robin Hood* 的故事，通过这个故事，学会了帮助他人的重要意义。在 *Village in the Snow* 中，学生会回顾乐于助人的含义，并分析 Kipper 为什么要这样做，形成自己的观点。

大多数学生都喜欢视觉效果，所以教师课程和词汇的教学将会借助丰富多彩的材料以及其他活动来进行，学生可以在这些活动中与同龄人互动，在课堂上主动参与，大胆开口，表达感受。

这本书将用两个课时来完成，本教学设计是第一课时。

三、目标解析

（一）教学目标

1. 语言能力

（1）学生能够通过听和重复读掌握课文中新单词的发音和意思，掌握 snowman，snowball fight，playtime，pulled，picked up，key 等单词，会认读 adventure，magic，glow，village，toboggan 等单词。

（2）学生能够了解绘本故事的大概意思，能正确用英语回答课堂上提升的阅读问题。

2. 学习能力

（1）学生能够通过小组合作，发挥合作精神，共同完成任务。

（2）学生能熟练运用阅读的重要策略——预测。

（3）学生能尝试使用另一个阅读策略——提问题。

3. 思维品质

学生能够仔细分析绘本的插图，寻找阅读线索，以进一步理解上下文的内容和意思；迅速完成情节流程图的制作；对主人公的行为进行合理推测并且做出评价。

4. 文化品格

（1）学生体验英语阅读策略——预测的乐趣，乐于发现、乐于探索、乐于表达。

（2）学生养成良好的英语阅读习惯，积极参与，主动合作。

（二）教学重点

（1）掌握故事中的新动词和名词，其中大多数都是用过去时态表示的。

（2）考虑到本书将用两个课时来完成，故在第一课时中集中运用"预测"的阅读策略来了解故事大概内容，而不是分析整个故事。

（三）教学难点

通过"预测"的阅读策略，梳理故事梗概。

四、教学策略

（1）通过阅读前阶段的猜谜游戏来提高学生学习的乐趣性。

（2）运用多媒体教学，激发学生学习的兴趣，调动学生的学习热情。

（3）运用"5W"疑问词提问，加大语言输入量，在教学中注意让学生巩固已有知识，并习得新知，努力营造一种轻松的课堂氛围，提高学生的学习能力。

五、教学实施

（一）教学准备

多媒体课件。

（二）教学过程

1. Warm up（引入）

Step 1：Activate prior knowledge.（复习旧知。）

T：Children，What do you know about snow？Could you share with us？

师：同学们，你们能分享关于雪的知识吗？

学生引出 snowman，snowball，snowball fight 等。

【设计意图】通过对已有知识的复习，引发学生对雪的认知，为课题学习做好铺垫，揭开英语课堂的序幕。

Step 2：Lead in.（引入课题。）

T：Kipper and his friends had an adventure in the snow，let's have a look.（Kipper 和他的朋友们在雪里经历了一场冒险，让我们看一看。）

【设计意图】引出课题，启发想象，为阅读故事做准备。

2. Input and intake1（信息输入）

Step 1：Predicting.（读前预测。）

T：Look at the cover，let's make a prediction.（同学们，请根据封面对故事内容进行预测。）

S1：They are playing in the snow.（他们在雪地里玩耍。）

S2：They are lost，they are in trouble.（他们碰到了麻烦，在雪里迷路了。）

S3：…

【设计意图】通过看题目和图片，预测故事内容，引起学生对相关信息点的关注，激发学生探究和提问的兴趣。

Step 2：Listen to the story，get the general idea of the story.（初听文本。）

T：I will play the audio，please listen and read the story. Circle the new words in red，Predict meanings of the red words.（教师播放绘本故事的录音，请学生将新单词用红笔圈出来，边听边猜测单词的意思。）

【设计意图】教师播放故事录音，将故事初步呈现，让学生结合语境判断出重点生词的含义，初步感知文本内容。

3. Input and intake 2（语言输入）

Step 1：Learning the new words.（学习新词。）

（1）The students will point out the new words they found in the story. The teacher will choose some students to predict the meanings of the words and phrases on the blackboard.

学生找出文中的新单词，教师让学生结合上下文的句子，猜测新单词的意思，以此学习新词（图4-22）。

Word	Meaning	Pic/ CN	Sentence
pulled			
picked up			
key			

图4-22

（2）Let's play a game to learn these new words.（让我们通过游戏来学单词。）

One students gives clues of a word to another student with his back to the board. The student then guesses the word, more clues are given as required. Teach the new words, then play the listening and speaking game.（现在我们玩"你说我猜"的单词游戏。）

一名学生对目标单词进行描述，给出线索，请另一名学生来猜，猜正确的得分；挑两组全班展示，接着以小组为单位，组内玩游戏。

【设计意图】学生结合语境，通过"你说我猜"的游戏，不断巩固和加强对"预测"的阅读策略的运用。

Step 2：Reading prediction.（阅读策略。）

T：We used clues to help our classmates guess the right word. Now we are going to learn the reading strategy Picture Clues. When we are reading, the pictures can help us guess the right word in the story and understand questions in the story.（刚刚我们用线索帮助同学们猜对了单词。现在我们将尝试用图片线索帮助我们阅读这篇故事，在运用图片线索的过程中，需要使用疑问词。）

Practice the question words：Where, When, Who, Why, How.

【设计意图】让学生直观了解根据图片线索进行意义理解的重要性，进一步学习通过线索预测单词、预测内容，帮助学生逐步掌握这个阅读策略。

Step 3：Get the specific information.（细读文本。）

（1）Let's read the story page by page. There are some questions for every page, please try to find the right words from the pictures to answer the questions.

教师带领学生逐页阅读，每一页教师都设置了一些问题，也遮住了一些单词，学生根据图片线索或者上下文选择正确的单词，将句子补充完整。

（2）Do you have any questions?

教师鼓励学生根据图片或文本内容提出更多的问题。

What did they make?

What did they throw?

【设计意图】根据"5W"的问句，引导学生关注图片细节，关注文本的关键信息，增加互动和交流。

Step 4：Make a plot flowchart.（制作情节流程图。）

T：What happens in this story? Can you try to make a plot flowchart? （故事究竟讲了什么呢？请同学们小组合作，写出情节发展的过程。）

按照 Beginning，Middle，End 三大板块梳理故事情节，完成 Reading response 的第一部分。

【设计意图】考查学生知识归纳和整合的能力，通过小组合作，对故事脉络进行梳理，用文字的形式将故事的起因、发展、结尾清楚地表示出来，加深对整个故事内容的理解。

Step 5：Intensive reading.（精读。）

T：Let's read carefully along with the audio.（请大家跟读绘本。）

【设计意图】通过听原音跟读，解决学生对文本的认读问题，有效提高学生的英语口语水平；结合情节流程图，让学生进一步熟悉故事内容。

4. Output（语言输出）

Step 1：Summarizing the main idea of the story.（简述故事。）

T：Children，can you try to summarize the main idea of the story in your own words? （同学们，请尝试用自己的语言对今天学习的故事进行简述。）

【设计意图】发展学生英语口语和归纳总结的能力，为学生提供语言输出的机会，检测学生能否正确理解故事。

Step 2：Let's conclude.（评价与总结。）

T：How do you think of Kipper? （你认为 Kipper 是一个怎样的人？）

S：Kipper helped the little boy，he is very kind and brave.（Kipper 帮助他人，他很善良，也很勇敢。）

T：He is a good boy. We should learn from him.（他乐于助人，我们应该向他学习。）

【设计意图】分析主人公 Kipper 的人物性格，引导学生树立正确的价值观。

板书设计（图4-23）：

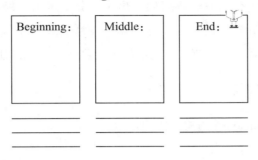

Village in the Snow

New words

Word	Meaning	Pic/ CN	Sentence
pulled			
picked up			
key			

图4-23

六、学法总结

本案例使用了以下三个方法。

（一）合作学习法

合作学习法是英语学习过程中非常重要的学习方法。学生通过分组进行探讨，可以相互交流思想，沟通学习心得。本节课中有几个环节都用了合作学习的方法，如通过小组合作厘清故事脉络，考查学生对知识的归纳和整合能力；通过小组合作玩单词游戏，增强学生的英语交际能力，培养学生团结协作、友爱互助的精神。

（二）探究式学习法

运用探究式学习法进行英语学习，可以培养学生的发散性思维和勤于思考的学习习惯。本案例重点通过寻找图片线索、联系上下文的方式来预测文本内容和单词意思，这就是探究式学习法的运用；通过让学生自主制作思维导图，发展其主动参与、乐于探究、勤于动手的能力。

（三）分享展示法

分享展示法是指在英语教学的过程中，结合学习目标，要求学生进行分享展示，从而将知识内化，并让学生展示出来。分享展示法以展示为目标，提升了学生的口头表达和自信展示的综合素养，也是全面提升学生各方面能力的重要手段。本节课最后一个环节，即总结故事内容环节，也应用了分享展示法。

七、拓展延伸

完成 Reading response 的阅读作业。

八、案例评析

本节课故事 *Village in the Snow* 选自《牛津阅读树》第4阶，授课对象为小学四年级学生。教师从文本解读、学情分析、目标解析、教学策略、教学实施、学法总结、拓展延伸七个方面展开设计，文本解读细致，目标定位准确，教学步骤清晰，层层递进，不仅注重知识的输入，而且注重学生阅读习惯的养成和阅读策略的掌握。案例设计引导学生在阅读的过程中积极参与，主动学习，乐于发现、乐于探索、乐于表达，使学生沉浸在"整本书阅读"的欢乐之中。

教师充分运用"预测"的教学策略，以"疑"激"趣"，以"猜"带"学"，预测活动贯穿教学的始终。教师设计了带有启发性和思考性的问题，引导学生猜测，激励学生认真观察，大胆想象，鼓励学生积极表达，勇于思考，帮助学生养成良好的阅读习惯，形成有效的阅读技能，提高阅读能力。

"预测"的教学策略首先体现在单词教学上。在教学新单词时，教师并没有直接灌输，而是将单词的学习置于情境中，首先让学生听读和自主阅读，圈出文中的新单词，再让学生结合上下文和图片线索猜测单词的意义，最后通过"你说我猜"的游戏来巩固学生对单词的理解和掌握。如此一来，单词教学变得生动有趣，不是直接"填鸭式"的讲授，而是"授之以渔"，教会学生运用"预测"的策略学习新单词，降低了单词学习的难度，消除了学生在阅读时畏惧生词的心理。

在引导学生开展整本书深度阅读的过程中，教师同样充分运用了"预测"的教学策略，设计"5W"（Where，When，Who，Why，What）疑问词引导的问题，启发学生思考，激活学生思维，一步步引领学生开展阅读活动：先自主阅读理解故事大意，再细读文本掌握核心信息。在读前活动中，教师让学生观察封面图片，对故事内容进行预测，引起学生对相关信息点的关注，激发学生探究的兴趣。在细读文本的过程中，教师引导学生进行图片环游，根据图片和故事内容，设计"5W"问题，并遮住关键信息，鼓励学生大胆猜测，同时鼓励学生勇于提问，预测故事情节发展。学生在教师的引导下，积极参与到阅读活动之中，最后通过小组合作，对故事的大概内容进行梳理，完成情节流程图plot flowchart。

本案例中教师关注学生阅读策略的掌握和阅读技能的养成，锻炼了学生的表达能力和归纳梳理能力，培养了学生的思维品质，同时关注学生文化品格的形成。教学最后，教师设计开放性问题引导学生分析主人公 Kipper 的人物性格和行为，从而发现 Kipper 身上的闪光点和优良品质，帮助学生形成正确的价值观。

预测是阅读中一项重要的学习策略，培养学生的预测意识和技能可以提高学生阅读的速度和兴趣，激发学生阅读的欲望。本案例"预测"教学策略穿插课堂始终。本节课的学习，有效地训练了学生对"预测"的阅读策略的掌握，帮助学生形成了一定的阅读技能，有助于学生今后独立开展自主阅读。

（案例点评人：王 艳）

Snow 第二课时教学设计

设计教师： 东荟花园小学　陈思颖

授课年级： 五年级

作　　者： 张海燕　章玉芳

出版单位： 译林出版社

一、文本解读

Snow 这本绘本选自译林出版社《跟上兔子》小学英语分级绘本五年级第2季系列。该绘本围绕教材主题 weather 展开，定位为"整本书阅读"的拓展阅读材料。Snow 为虚构类故事，讲述了下雪天对不同职业的人们来说影响是不同的，同样的天气，有人欢喜有人愁。下雪天对邮递员送信送报、警察指挥交通、农民饲养牲畜都会造成严重的影响，甚至会让这些职业的人受伤。但对于孩子们来说，下雪天却是有趣的，孩子们可以打雪仗、堆雪人，若是雪下得大，还能享受额外一天假期。

教师采用3个课时开展"整本书阅读"，指导学生学习整本绘本。在第一课时先让学生感受雪的氛围以及了解雪的季节歌曲等，同时解码该绘本中的所有生词和短语，为第二课时顺利学习绘本内容做准备；在第二课时重点用思维导图的方式梳理下雪前的内容，以学生小组合作的方式学习下雪中的内容，学生课后自主学习下雪后的内容。在第三课时检测学生回家自主完成的下雪后这部分内容，再让学生复述绘本故事，分享更多关于季节天气的绘本。

二、学情分析

五年级学生通过几年的英语学习，虽具备了一定的语言基础知识和思维能力，但没有英文"整本书阅读"的经验，要独立阅读较长的"整本书"，其信息加工处理能力和自主学习能力仍需要教师进一步培养，并需要教师采取一些阅读策略进行相关指导，因此，教师用三个课时来完成整本绘本阅读的教学。本节课教学设计为第二课时，着重"整本书阅读"，采用"拼图阅读"（Jigsaw Reading）的策略，引导学生结合旧知，根据上下文之间的逻辑关系，尝试提炼语言信息，辩证地看待事情的好坏，为今后阅读整本英文文本提供一些阅读指导。

三、目标解析

（一）教学目标

1. 语言能力

（1）能根据听力文本的语音推测人物的情绪变化。

（2）能借助图片和上下文，正确理解文本内容。

（3）能根据故事内容或猜测，用简单的语言表达自己的观点。

2. 学习能力

（1）在自主阅读的过程中，能独立提取关键信息并完成任务。

（2）在拼图阅读的过程中，能小组合作完成学习任务，并相互交流阅读任务单上的信息，同时能整合其他组员的信息，共同讨论拼凑完整的阅读任务，最终达到"整本书阅读"的目标。

3. 思维品质

能客观分析事物的两面性，根据对人物的分析和生活经验进行辩证的思考。

4. 文化品格

通过学习，培养学生辩证地看待事物的品格，使学生做到具体问题具体分析。

（二）教学重点

指导学生在拼图阅读模式下，相互交流、讨论，合作完成阅读任务单上的信息收集、处理和加工活动。

（三）教学难点

培养学生的辩证思维能力，使学生学会从不同的角度看待问题。

四、教学实施

（一）读前导学，创设雪天情境，自然拼读解码生词读音

（1）Let's listen.

Listen to the sound and guess which weather appears only in winter.

教师播放录音，录音中有四种声音，请学生勾选哪一种声音只出现在冬天。

T: Now, boys and girls, let's listen to these sounds. What sounds can you hear in winter.

【设计意图】播放音频，给予学生听觉的刺激，让学生对比不同的声音，通过猜测哪种天气只出现在冬天来导入本课话题。

（2）Let's watch.

教师播放电影《冰雪奇缘》的主题曲视频，引导学生观察视频中漫天飞舞的雪花，提问 What's the weather like? （Ss：Snowy.）Do you like snow? Do you like snowy days? （Ss：…）

【设计意图】观看电影《冰雪奇缘》主题曲视频，以视觉、听觉直观形式输入，引导学生感知雪的形态与雪天的意境。

（3）Let's review.

引导学生复习4个人物角色 postman，policeman，farmer，children，回忆上一节课的拼读规则，自主解码生词的读音，如图4-24所示。

图4-24

【设计意图】根据第1课时学的拼读方法，朗读复习词汇短语。

（二）读中导读，通过拼图阅读分解角色在场景下的活动，运用思维导图梳理故事发展脉络

（1）Present the cover.

PPT呈现整本书的封面，红框圈出书名、作者及人物等相关的细节。

T：Look at the cover of this book.

What is the title of this book?

Who wrote this book?

What is this story about?

【设计意图】展示绘本封面，激发学生的阅读兴趣，为进入故事做准备。

（2）Listen and choose.

T：Let's listen to the first part of the story. Tick the characters you hear in the audio.

故事中出现了4个人物角色 postman，policeman，farmer，children。提供 driver，engineer，cartoonist 等更多角色作为备选项，让学生初听故事开头，找到角色，加深印象。

【设计意图】通过听前一小段文本，听出故事中的人物。

（3）Listen and tick.

T：Let's listen again. Try to find out how they are on the snowy day. Are they happy or upset?

Let's listen and tick.

再听一遍开头这一小段，体会雪前人物的心理活动，如 postman 提到 shoes and socks are wet，policeman 提到 a traffic jam，farmer 提到 donkeys get hungry easily，而 children 则是 excited，taste and feel it.

【设计意图】再听一遍文本，根据语音语调推测4个人物角色的情绪变化。

（4）Read Part A—Before snowing. 图片环游 Part A 部分，通过问题和图片感知故事中4个人物角色情绪的不同，用思维导图梳理概括，如图4-25所示。

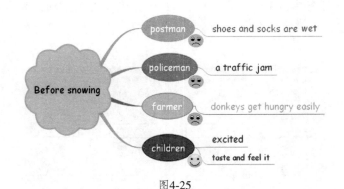

图4-25

【设计意图】教师利用对分课堂理念，通过图片环游策略引导学生学习Part A 部分，让学生熟悉故事人物在下雪前的情绪变化及其原因，学会用思维导图梳理学习内容。

（5）Learn Part B—While snowing.

① Jigsaw Reading—Home Group.

教师将学生分组，分发阅读材料，介绍阅读规则。学生4人一组，分别阅读4份不同人物的阅读材料，自主思考完成第一个任务，如图4-26所示。

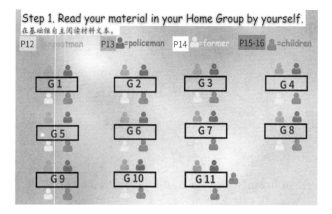

图4-26

② Jigsaw Reading—Expert Group.

阅读同样材料的学生离开基础组，进入新组建的专家组，在专家组交流讨论第二个阅读任务中的3个小任务（图4-27），确保答案正确，为重返基础组分享做准备。

图4-27

③ Jigsaw Reading—Go back to Home Group.

学生带着核对好的任务单回到最初的基础组，分享各自的阅读内容；整合分享的信息，共同拼出完整的思维导图并汇报。（图4-28）

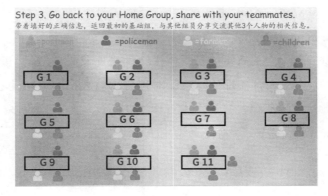

图4-28

【设计意图】以上3个从基础组到专家组再到基础组的步骤通过 Jigsaw Reading 的阅读策略，生成 information gap，激发学生的阅读兴趣，不仅培养了学生自主阅读的能力，在小组合作整合信息的过程中，全面提高了学生听说读写看的语言能力，而且发展了学生提取信息和整合信息的思维品质，提高了学生综合运用语言的能力。

（6）Go over Part B—While snowing.

引导学生仔细观察各页的细节，如 postman 在雪中遇到的麻烦是 has a bad fall，breaks his leg，newspapers go everywhere；policeman 在雪中遇到的麻烦是 cars move slowly，hard to direct the traffic；farmer 在雪中遇到的麻烦是 clears a path，checks on the donkeys. 而唯独 children，在雪中不但没有麻烦，反而 have more and more fun，have snowball fights.

【设计意图】引导学生关注细节，呈现此部分思维导图（图4-29）。

图4-29

（7）Learn Part C—After snowing.

Finish the mind map after class.

课上教师带着学生了解雪前与雪中人物的遭遇及心理活动，并形成思维导图（图4-30），作为内容梳理的框架，对理解雪后人物的活动及心理变化是一种很好的铺垫。在此基础上，学生进行预测并阅读就会轻松很多。至此，整个绘本的学习以雪前、雪中、雪后三个阶段的拼图阅读完成。

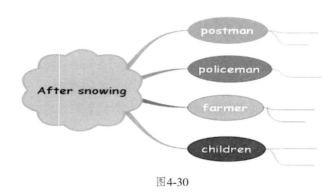

图4-30

【设计意图】学生通过快速浏览 Part C—After snowing 的图片，课后自主完成此部分思维导图，完成"整本书阅读"的终极目标。

（三）课后导思，陈述观点，思维导图支架辅助完整表达

1. Think and answer

T：OK. So much for the story *Snow*. As you read，there are four characters：postman，policeman，farmer，children.

Who do you like best? Why?

Which is your favourite part of the story? Before snowing? While snowing? Or after snowing?

If you were the postman，what would you do after snow?

If you were the policeman，what would you do after snow?

If you were the farmer，what would you do after snow?

If you were the children，what would you do after snow?

【设计意图】学生自选一个问题发表自己的观点，表达学完故事后的感想或收获。

2. Sum up

教师再次把完整的三个阶段的板书呈现出来，回顾雪前、雪中、雪后每个人物的活动及心理变化，再按人物角色整合成一张总的思维导图，请学生借助思维导图来回顾故事，揭示对于同一事物不同立场的人有不同的看法，会对其造成不同的影响这个道理。

【设计意图】借助板书回顾故事，揭示道理。

（四）拓展延伸

（1）Finish the mind map about Part C—After snowing.

（2）Draw one character of the story when it's snowing.

（3）Share the story with your friends.

通过学习这本分级绘本，学生学会如何进行小学英语阶段的"整本书阅读"，习得其中的阅读策略，为之后对英语读物的"整本书阅读"提供更多阅读方法，使外语阅读学习更接近母语阅读，从而提升语用能力。基于此，学生在学习完这本书后，继续"整本书阅读"《跟上兔子》小学英语分级阅读五年级第2季系列的另外三本书：*Where do Babies Come from*，*A Silkworm's Life Cycle*，*Old MacDonald's Farm*。本学期学生在完成这个系列的"整本书阅读"后，教师再根据学生的情况和学习水平，通过反思、归纳和总结，调整本学期的"整本书阅读"计划，继续增加"整本书阅读"课或者选择难度更适合学生当前学习水平的读物。

【设计意图】通过布置开放性的阅读作业让学生更深入地了解故事细节，并提高口头表达能力。

五、学法总结

五年级学生在学习分级绘本"整本书阅读"后，能读懂整本绘本内容，了解人物的具体情况，并尝试复述"整本书"文本；熟悉 Jigsaw Reading 阅读模式的操作步骤，通过 Jigsaw Reading 的学习方法获得"整本书"的文本信息；学会在拼图阅读过程中，通过小组合作学习讨论获取对方的信息。

通过对该绘本的学习，学生在教师的指导下，唤醒自身已有的知识和经验，理解文本和其中的逻辑关系，与文本互动。结合对分课堂、图片环游、拼图阅读、思维导图等阅读策略，学生从中习得"整本书阅读"的阅读模式，培养了阅读习惯，提升了英语阅读素养和思维能力。

六、案例评析

本节课围绕译林出版社《跟上兔子》小学英语分级阅读五年级第2季系列中的故事 Snow 展开设计，属于小学英语高年级的绘本教学。该绘本围绕教育科学出版社小学英语五年级教材中的主题 weather 展开，定位为"整本书阅读"的拓展阅读材料，引导学生在"整本书阅读"活动中学习语言。教师通过三个课时开展"整本书阅读"，帮助学生学会阅读整本绘本。学生在第一课时先感知关于下雪天气的常识和情况等，学习绘本中的所有生词和短语，为第二课时顺利学习、理解绘本内容做好铺垫。在第二课时，教师先用 mind map 梳理 Before snowing 的内容；再指导学生合作学习 While snowing 部分，此部分为本课时重点教学内容；After snowing 部分则设计为 homework，学生在课上学习完前两部分的内容后，课后参照教师指导的方法，自主学习此部分内容。在第三课时，教师先检查上节课的 homework，即学生回去自主完成的 After snowing 部分的 mind map，再让学生复述绘本故事。

本节课教学设计以"拼图阅读"为主要的阅读策略，考虑学情，结合五年级学生已有一定的语言积累和思维能力，具备一定程度的英语学习能力，但独立阅读较长的"整本书"的文本能力、信息加工处理能力和自主提炼学习能力仍需要教师进一步引导和培养的特点，用三个课时来完成整本绘本阅读。学生通过本课的阅读策略——Jigsaw Reading，结合旧知，根据上下文之间的逻辑关系，尝试提炼语言信息，习得英文"整本书阅读"的经验，为今后阅读整本英文文本奠定基础。

在本节课的教学中，教师通过"语言能力、学习能力、思维品质、文化品格"四个维度预设教学目标，引导学生通过"整本书阅读"活动，学会运用阅读策略进行有效阅读，如根据听力文本的语音推测人物的情绪变化，借助图片和上下文正确理解文本内容，根据故事内容或猜测表达自己的观点。在学习能力目标方面，教师引导学生在自主阅读的过程中，独立提取关键信息完成任务；在 Jigsaw Reading 过程中，小组合作完成学习任务，学生在小组中相互交流自己任务单上的信息，同时得到其他组员的信息，共同拼凑完成所有阅读任务，最终达成"整本书阅读"的目标。在思维品质目标方面，教师引导学生客观分析事物的两面性，引导学生根据生活经验进行辩证地思考。在文化品格目标方面，教师着重培养学生辩证地看待事物的品格，使学生做到具体问题具体分析。

在读前活动中，教师首先设计了听声音猜测天气的活动，从而导入本课话题，激发学生学习本课的兴趣；接着，请学生观看电影《冰雪奇缘》主题曲视频，让学生感知雪；然后，根据第一课时学的拼读方法朗读，复习词汇和短语，为本课时的学习和语言输出做充分的准备。

在读中活动中，教师先让学生观察绘本封面，激发学生的学习兴趣，为进入故事做铺垫；接着，教师让学生听一小段文本，找出故事中的人物，以此让学生感知故事人物；然后，教师让学生自主阅读，图片环游 Part A—Before snowing 部分，通过提问和图片感知故事的4个人物，用思维导图梳理故事内容。在此环节中，教师利用对分课堂理念，利用图片环游，指导学生学习，让学生熟悉故事人物在此阶段的情绪变化及其原因，学会用 mind map 梳理故事框架。随后，进入本课时的重点环节——Jigsaw Reading。学生通过基础组—专家组—基础组的流程，合作阅读 Part B—While snowing 部分，不同组之间生成 information gap，通过小组合作拼凑完整信息，全面提高听说读写看的综合语言运用能力，培养自主阅读绘本的能力，以及提取和整合信息的思维能力。最后，教师让学生快速浏览 Part C—After snowing 的图片，课后让学生自主完成此部分 mind map，达成"整本书阅读"的目标。

在读后活动中，教师让学生自选一个问题发表自己的观点，谈论学完本课后的感想和收获。最后，教师引导学生根据板书的思维导图复述故事，揭示主旨。

本节课引导学生读懂整本绘本内容，了解人物信息，并尝试复述整本绘本；帮助学生熟悉 Jigsaw Reading 阅读模式的操作步骤，使学生在 Jigsaw Reading 过程中获得"整本书"的文本信息，并通过小组合作讨论获取对方信息。

本节课是一个优秀的教学案例，教学目标明确，教学活动层次清晰，融合了思维导图、"拼图阅读"策略、图片环游、自主阅读、小组合作学习、分享交流等多种学习方式，教学目标达成度好，帮助学生习得"整本书阅读"的阅读模式，提升了学生的英语阅读素养，培养了学生的思维能力。

（案例点评人：张　颖）

Daddy Robot 教学设计

设计教师： 萝峰小学　钟桂兰

授课年级： 五年级

作　　者： 北京师范大学"认知神经科学与学习"国家重点实验室攀登英语项目组

出版单位： 接力出版社

一、文本解读

（一）《攀登英语阅读系列》简介

《攀登英语阅读系列》是"国家攀登计划"和教育部人文社科重大研究项目的科研成果，是北京师范大学"认知神经科学与学习"国家重点实验室探索10余年，专门为促进我国5～12岁儿童英语阅读能力发展而研发的英语分级阅读图画书。该系列丛书包括"关键阅读技能训练"和"分级阅读"两个部分。其中"分级阅读"共包括6个级别的阅读资源，覆盖了国家英语课程标准要求掌握的主要词汇、句式和语法，能满足不同地域、不同年龄、不同英语水平儿童的英语阅读需求。

《攀登英语阅读系列·分级阅读第四级》中的故事在词汇、句式和语法等方面更为丰富多样，篇幅也有所加长，并且涉及友谊、梦想、职业、生活中的成败等主题，符合8～10岁学生的英语语言发展和心理发展需求。通过本级的阅读，学生能丰富阅读策略，阅读的自主性和持续性也能得以提高。

（二）教材内容分析

本节课教学的绘本故事 *Daddy Robot* 是《攀登英语阅读系列·分级阅读第四级》中的故事。故事大意如下：Ben的爸爸是一个非常优秀的工程师，他能制作出各种机器人。每当Ben希望爸爸陪伴的时候，爸爸就会解释说工作忙，然后送Ben一个机器人。这些机器人可以和Ben一块儿下棋、打球，还可以给Ben讲故事。爸爸用这些机器人替代自己陪伴Ben。但Ben却丝毫不开心，这是为什么呢？绘本故事的图片内容丰富，趣味性强，寓意深刻，有助于增强学生绘本阅读的兴趣，在教师的引导下进行"整本书阅读"，学习语言，表演故事，感受故事寓意，内化思想，升华情感。

二、学情分析

本节课的教学对象是小学五年级的学生，这个年级的学生已经接触英语学习四年多了，一、二年级主要学习的是英语口语，三年级开始学习广州教科版英语。该班学生英语学习能力普遍较差，词汇量很少，口头表达能力比较弱，不敢开口说英语。了解以上情况后，教师在常规英语课堂教学之外，增加英语绘本阅读的教学通过比较，结合本班学生情况，决定选用《攀登英语阅读系列·分级阅读第四级》的绘本作为阅读教学素材。教师通过"整本书阅读""读者剧场"的活动创设，提高学生的英语学习兴趣，提升词汇量，培养学生英语学习的素养，帮助学生建立学习自信，为以后的学习打好基础。

三、目标解析

（一）教学目标

1. 语言能力

（1）能够在图片的帮助下，理解故事的大意。

（2）能够认读、理解绘本故事中出现的新词：engineer，special，hug，arrive 等。

（3）能运用 can 的句型总结机器人与"爸爸机器人"能做的事情，并结合自己已有的知识进行联想扩充。

（4）能够运用朗读技巧，流畅、有感情地朗读或表演故事，能利用思维导图复述故事。

（5）理解并回答教师提出的与故事内容相关的问题，并能对故事人物进行评价，表达个人意见。

2. 学习能力

（1）能运用阅读策略有效阅读，如预测，通过上下文猜测和理解新词，通过观察图片体会故事主人公的感受，对比分析、概括，将阅读的文本和自身的生活经验及外部世界进行关联等。

（2）掌握通过小组合作和互相分享进行合作学习的策略。

（3）能根据故事中的重点信息进行归纳总结，提炼故事中心思想。

3. 思维品质

（1）通过阅读故事图片，预测故事发生的可能性，培养学生猜测、推理分析能力。

（2）通过"整本书阅读"，引导学生理解故事的前因后果，培养学生的逻辑思维能力。

4. 文化品格

通过故事阅读，让学生学会表达对父爱、母爱的需求，并理解父母的辛苦，体会家人对自己成长的付出，感恩家人。

（二）教学重难点分析

1. 教学重点

（1）运用朗读技巧，流畅、有感情地朗读或表演故事，能利用思维导图复述故事。

（2）理解并回答教师提出的与故事内容相关的问题，并能对故事人物进行评价，表达个人意见。

重点的凸显：以思维导图凸显故事梗概，将分享想法、朗读、模仿、表演等方式贯穿整节课的教学。

2. 教学难点

（1）个别单词的认读，如 engineer，arrive 等。

（2）根据故事中的重点信息进行归纳总结，提炼故事中心思想。

（3）有感情地朗读或表演故事。

难点的突破：通过思维导图展示、读者剧场模式的创建、小组合作学习等方式，鼓励学生大胆展示。

四、教学实施

（一）导入新课部分——阅读前

活动一：Teacher shows a riddle and lets the students guess. 学生读谜语，并猜

测谜底，如图4-31所示。

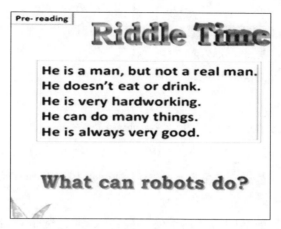

图4-31

【设计意图】通过猜谜语，激发学生兴趣，引出本课主题。

活动二：Teacher raises a question：What can robots do? 学生根据自己的知识经验，进行头脑风暴，说出机器人的功用。

【设计意图】学生通过搜索自己大脑的知识库，激发已知，为后面的观看视频做知识铺垫。

活动三：Teacher plays a video about robots and talks with the students about the video. 学生观看视频，回答问题 What can the robot do?

【设计意图】此活动重在活跃课堂气氛，拓宽学生思路，为后面故事的学习和语言输出做知识准备。

活动四：Teacher shows a picture of P6，and discusses with the students. 学生观察绘本第6页图片，回答教师提出的以下问题：

★ How many robots are there?

★ Whose robots are these?

★ If you were Ben，would you be happy?

★ Is Ben happy? Why?

【设计意图】为了设置悬念，教师可把故事出示的顺序改变一下，先出示绘本故事的第6页，引导学生观察图片给出的信息，学生根据教师的指引，回答教师的问题，分享想法，大胆猜测故事的发展。

（二）新课学习部分——阅读中

活动一：Teacher asks the students the following questions according to the story on P2. 学生自主阅读绘本第2页的内容，观察图片，通过回答以下问题，挖掘故事的背景，分享对主人公的看法：

★ What does he do?

★ What can he do?

★ Do you like the father? Why? or why not?

【设计意图】通过介绍故事人物的工作及人物之间的关系等背景，引导学生进入故事学习。教师提出本课主线问题 Do you like Ben's Daddy? 引导学生通过讨论，根据故事情节对人物进行评价。

活动二：通过前面的活动，学生了解到Ben的爸爸是一名工程师，工作很忙。每当Ben提出需要爸爸陪伴的时候，爸爸总会说很忙，然后塞一个机器人给Ben。Ben都得到了什么样的机器人呢？Ben的心情如何？爸爸是怎样说的？本故事的这三个页面的内容和模式编排相对一致，所以，教师给学生设置了一个阅读任务：Read P3～P6 and make a mind map about this part. 学生领取任务后，自主阅读，搜索归纳信息，并进行信息交流分享，完成阅读任务，如图4-32所示。

```
While-reading
            What does he want to do?

Task list：
1.Read the story on P3～P6.
2.Do some exercise on the paper in groups.    He wants to ...
（读故事P3～P6，小组完成练习）
Time：2 minutes.（2分钟）
Tips：If you need help, ask me or classmates
for help.（可向老师、同学寻求帮助）

            Exercise：
            1. Ben wants to play chess，play basketball，
               read stories with/to daddy.
            2. But Daddy is always busy.
            3. The robots can play with Ben.
            4. So Ben has many cool robots.
```

图4-32

教师再次提问：Do you like the father？Why？or why not？

【设计意图】通过阅读任务的设计，让学生逐页读图、读故事，培养观察图片、归纳总结的能力。教师再次提出本课主线问题，引导学生根据情节讨论，对主人公进行评价，然后师生讨论。

活动三：开展"读者剧场"活动。学生在归纳了前面的故事信息后，教师让学生以小组为单位，朗读或者表演这三个片段，要求学生体会Ben的心情起伏，表演出爸爸忙碌时说的话，如图4-33所示。

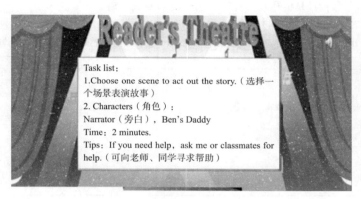

图4-33

【设计意图】教师通过"读者剧场"活动，让学生表演故事片段，体会故事中人物的感情，知道课堂一开始出示的故事页面中，Ben虽然有很多机器人，却一点儿都不开心的原因。

活动四：Teacher asks the students some questions or gets them to do some tasks according to the story on P7～P10. Ben 的生日很快就要到了，爸爸会送他什么礼物呢？学生自主阅读绘本故事第7～10页，猜测故事。这部分教师设置了两个任务让学生完成（图4-34）。

任务一：爸爸会送Ben什么礼物呢？Robot again？Teacher gets the students to make a special robot for Ben and say some words about the robot to let Ben love it. 学生根据教师提示，以小组为单位制作积木机器人，并扮演机器人做自我介绍 I can…，让Ben喜欢这个机器人。

任务二：Teacher gets the students to read and answer some questions on P8 ~ P10. 教师让学生自主阅读绘本故事第8~10页。在这里，Ben把自己想要的生日礼物跟爸爸说了出来，他想要一个 Daddy Robot。具体什么是 Daddy Robot 呢？学生阅读故事并根据教师的问题引导，分享想法。

Task list：
1. Make a special robot for Ben in your group.
2. Suppose you are the robot，say some words to make Ben like you. （小组制作机器人，并假设你是机器人，用几句话向Ben做自我介绍）
Time：3 minutes. （时间3分钟）
Tips：If you need help，ask me or classmates for help. （可向老师、同学寻求帮助）

Robot's words：
Hello！I am _____ robot.
Look at me！I am _____.
I can _____.
I can _____ with you.
Choose me！Thank you.

图4-34

【设计意图】教师继续带领学生看图读故事，并提出一系列问题和小任务，引导学生通过观察、分析图片，猜测故事发展情节。在任务一中，学生通过小组合作动手制作机器人，培养合作能力、创作能力、连贯说话能力等；在任务二中，学生通过提问—回答的方式继续学习故事，猜测、推理故事情节，用自己的语言总结故事。

活动五：The students read P12 ~ P15. 学生自主阅读故事最后几页，了解故事结局，并通过问题提示，分享想法，畅所欲言。教师鼓励学生用语言表达自己的想法。

★ What is the special gift?

★ Is Daddy Robot a robot?

★ Do you like Ben's Daddy now？Why or why not?

★ What do you feel?

【设计意图】学生通过自主阅读和教师设置的悬念，对文本进行猜测，发展解决问题的能力。最后，教师再次呈现本课主线问题 Do you like Ben's Daddy？引发学生思考，让学生感受故事中人物心情的变化，分享自己的体会。

活动六：Teacher gets the students to enjoy the whole story page by page by themselves. 学生用自己喜欢的方式一页一页阅读故事，然后讨论话题：If you were Ben，what would you do?

【设计意图】在柔和的音乐下，学生自主阅读故事，享受阅读时光，并把之前片段式的体验组合成完整的故事，体会Ben从一开始的失落到后来开心地跟爸爸玩在一起的心情并通过讨论反思自己与父母的相处方式，产生思想共鸣。

（三）巩固学习部分——阅读后

活动一：Teacher provides some questions and analyzes the difference between cool robot and Daddy Robot with students. 学生在教师的引导下，分析归纳出两种"机器人"的区别。

【设计意图】教师通过询问学生对 Daddy Robot 的理解，检查学生是否能正确理解故事结局；再引导学生用维恩图归纳两种机器人的行为，分析两种机器人的异同：robot 指的是爸爸送的冰冷的玩具机器人，Daddy Robot 指的就是爸爸，有温度、有爱的爸爸。（图4-35）

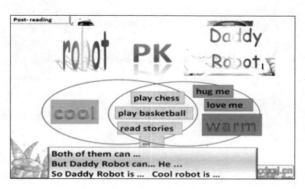

图4-35

活动二：Teacher gets the students to listen to the story and read it in groups. 理解故事大意后，学生听录音、跟读故事，学习新单词，突破本课教学难点。

【设计意图】检查学生语言能力的掌握程度，引导学生有感情地跟读录音，并注意语音语调，为后面的故事复述和"读者剧场"活动做知识准备。

活动三：Teacher retells the story with some words with the students. 教师运用板书的思维导图展示的故事脉络（图4-36），学生据此复述故事。

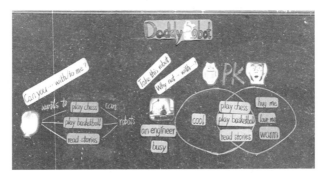

图4-36

【设计意图】教师引导学生用第三人称复述故事，培养学生的转述能力。

活动四：Teacher gets the students to act out the story. 教师利用"读者剧场"模式，让学生小组合作，以角色扮演的方式把故事表演或者朗读出来，如图4-37所示。

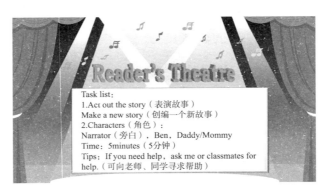

图4-37

【设计意图】通过小组表演，培养学生的表演能力，检查学生对故事的理解程度，培养学生再创作的能力。同时，学生通过互相帮助，解决阅读中出现的问题，提高合作学习能力，达到本课的教学目标。

（四）阅读与思考——分享感受，思想升华

活动一：Teacher infiltrates emotional factor softly by asking some questions first. 这个故事有很强的情感，阅读故事后，师生都会有很多不同的感受。这时

候，教师通过几个简单的问题点拨一下，学生畅所欲言，分享自己的想法，达成本课的情感目标。

活动二：Teacher plays a video and tries to say some words about parents and children. 教师收集了班上学生家长工作的照片，配合音乐，制作了一个视频。学生观看视频，聆听歌曲，感受自己的"Daddy Robot"，学着去理解自己的父母。最后以歌曲 *You Raise Me Up* 作背景，教师有感情地朗读以下这段话结束本课：Every day, Daddy and Mommy are busy working. They love us. They are our superman and superwoman. They always raise us up. We love them.

【设计意图】通过故事阅读和背景音乐烘托，教师鼓励学生大胆表达对父爱、母爱的需求。通过视频展示学生父母工作的照片，教师引导学生学着去理解父母的辛苦，体会父母对自己成长的付出，感恩父母。

五、学法总结

古人云：授人以鱼，不如授人以渔。虽然此绘本故事的句子不难，但整个故事的理解和感情深化部分的教学值得我们深思。传统的阅读教学无非是教师或视频录音示范一遍，学生跟读一遍或两遍，教师翻译句子，或者用中文把故事说一遍，然后直接告诉学生怎样做，无法达到感情深化的目的。学生不动口、不动手、不思考、不质疑、不提问，久而久之，就成了听课的机器，总是处于被动的状态。有些学生或窃窃私语，或思想开小差，课堂效率极低，不能很好地发挥绘本故事学习在日常英语教学中的作用。针对这些情况，结合本课绘本故事教学过程，课堂上教师应该教会学生更多的学习方法，主要有以下几点：

第一，根据需要重组故事图片呈现的顺序。

为了培养学生的观察、猜测等思维能力，教师把绘本故事的第6页提前，让学生观察，并提出问题，学生通过问题的引导，进行故事的猜测。然后，教师设计一个开放式的问题：If you were Ben, would you be happy? Ben 有那么多机器人，假如你是他，你会开心吗？跟图片上的Ben对比，你一定会产生一个疑惑：为什么Ben不开心呢？引导学生继续对故事进行大胆的猜测，并口头分享。学生带着问题观察图片，会收到"疑促思、思促进、进促新"的效果。猜测后，教师才出示正常顺序的故事图片，通过图片环游、观察、问答、

"读者剧场"的角色扮演等课堂活动，让学生阅读故事，印证学生的猜测。这样学生学习的兴趣会更浓厚，增强了学习的积极性，锻炼和提高了阅读理解能力。

第二，指导学生阅读绘本故事。

教师要指导学生阅读绘本故事。针对故事中的知识点，教师要给学生指点路子或简单释疑，但杜绝包办一切。教师要对学生有耐心和信心，启发学生主动提出问题，指导学生收集、查阅资料，发现问题的本质，并鼓励他们自我发现问题，自我解决问题，使学生进入一种自我发现、自我解答、自我评价的状态。这样，学生在阅读时，不仅能解决故事中的疑难问题，而且能加深对故事的思想、感情和风格的理解，还能巩固所学知识，锻炼理解能力，提高阅读速度和质量，强化学习效果，获得成功的快乐，增强学习的信心。

第三，指导学生连续说话。

教师要指导学生连续说话，提高学生的英语表达能力。因为口语表达需要口与脑的积极配合，既要运用形象思维，又要运用逻辑思维；需要师生对话、生生对话，即让学生在读、看的基础上，用自己的话把故事说出来，而不是死记硬背，将所学故事中的语言渐渐转化为自己的语言，达到学习的目的。

在本课的故事教学中，教师设定了一个语言任务——制作积木机器人，然后向同学们介绍制作的机器人。为了降低汇报语言的难度，教师提供了一些句子的框架，然后让学生在小组中练习，最后展示汇报。这样的说话展示既能激起学生的创造性思考，也能极大地增强他们学习单词乃至英语这门语言的信心。由于学生汇报的内容涉及句型和语法，更需要他们思考，而且这一过程的进行可能会有较大的难度，因此教师或者小组同伴应不断地给展示学生以提示和帮助，保证他们较为顺利地说话，最后达到运用语言做汇报的目的。

总之，要想使学生喜欢英语学习，主动阅读英语绘本故事，提高英语的学习能力，教师就要多想办法，多动脑指导学生利用好的学习方法。只有这样，才能达到事半功倍的效果，使教师教起来更轻松，学生学起来更容易，并提高学生自主学习和探究学习的能力。

六、拓展延伸

活动一：Share the story with your family or friends. 这是一个有温度、有爱的故事，教师鼓励学生把故事分享给家人、朋友。学生可以通过复述、转述，或者把故事表演出来等办法分享故事。

【设计意图】分享故事是对学生语言知识掌握情况的检验。

活动二：Tell your family you love them，give them a hug，and write them a letter to tell them what you want to do with them.

【设计意图】在忙碌的工作与学习生活中，好多人都忘记了怎样跟家人表达爱。时间久了，大家也都不好意思把爱大胆地表达出来了。这个读后活动就是要孩子表达对家人的爱，或给家人一个拥抱。同时，孩子们也要学会向家人索取爱，通过写信（图4-38）的方式来表达或者直接告诉家人，想跟他们一起做的事。

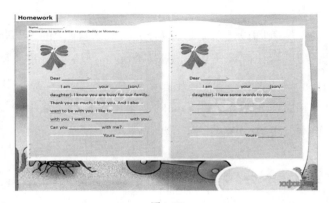

图4-38

七、案例评析

本课围绕《攀登英语阅读系列·分级阅读第四级》中的故事 *Daddy Robot* 展开设计，属于小学英语高年级的绘本故事教学。教学设计以"读者剧场"的活动创设为突破口，引导学生在"整本书阅读"活动中通过多种感官的信息输入，提升学习效果，让学生充分感知故事的寓意，理解故事内涵，增强情感体验。

教学设计充分考虑了学生的年龄特点，针对学生词汇量积累不多、口头表达能力较弱的现状，教师在常规英语课堂教学之外，每周增加英语绘本故事的阅读教学，并尝试推进"读者剧场"活动实践，通过表演活动给学生创设英语学习及展示交流的平台，帮助学生建立学习自信，培养学生基本的阅读能力，掌握学习策略，为促进学生整体语言技能的提升打好基础。

在本节课的教学中，教师预设了"语言能力、学习策略、思维品质、文化品格"四个教学目标，引导学生学会运用不同的阅读策略开展有效阅读，如预测，通过上下文猜测和理解新词，通过观察图片体会故事主人公的感受，对比分析、概括，将阅读的文本和自身的生活经验及外部世界进行关联等；重点突出思维导图学习工具的运用，以思维导图提炼故事线索，引导学生学会运用思维导图对故事中的重点信息进行归纳总结，提炼中心思想，并学习分享与展示，培养学生的猜测、推理分析和逻辑思维等能力。同时，教师通过"读者剧场"模式的创建与应用，使朗读、模仿及表演活动等贯穿整节课的教学，鼓励学生大胆参与，强化阅读体验，使学生形成良好的阅读兴趣、积极的阅读态度和较强的阅读能力。

在读前活动中，教师设计了猜谜语活动，以调动学生的参与热情，聚焦新课，引出课题；接着提出问题（What can robots do? ），开展头脑风暴活动，让学生根据自己的知识经验，谈论并说出机器人的作用；然后让学生观看视频，回答问题，拓宽学生思路，为后面的故事学习和语言输出做知识准备；最后让学生观察绘本故事第6页的图片，猜测故事发展情节，为故事学习做好充分的准备。

在读中活动中，教师首先让学生自主阅读绘本故事第2页的内容，分享对主人公的看法；接着让学生自主阅读绘本故事第3至6页，总结归纳信息，完成思维导图并相互分享信息；组织开展"读者剧场"活动，让学生在归纳前面的故事信息后，以小组为单位朗读或者表演故事情节，在体验活动中进一步体会故事中人物的情感；然后让学生自主阅读绘本故事第7至10页，猜测故事发展情节；最后让学生自主阅读绘本故事第12至15页，了解故事结局，并用自己喜欢的方式完整阅读故事，进一步深化对故事内容的感知，通过话题讨论，反思日常生活中与父母的相处方式，深化情感教育。

在读后的巩固学习环节中，教师让学生用维恩图归纳两种机器人的行为，分析两种机器人的异同，并引导学生根据板书的思维导图复述故事，通过"读者剧场"等小组表演活动，深化学生对故事的理解，进一步开展语言应用性操练活动。

本节课注重学生情感教育的体验和渗透。在学生阅读故事后，教师播放了学生家长工作的照片、视频，让学生感受自己的"Daddy Robot"，学着去理解父母的辛苦，感恩家人对自己的抚育，感恩家长的关爱。教师鼓励学生把这个有温度、有爱的故事分享给家人和朋友，让学生学会向身边的家人分享爱与表达爱，引导学生积极分享自己的想法，拓展课内外教学活动的有效链接，促进情感的共鸣和品格的升华。

本节课的教学目标明确，任务设置合理，融合了思维导图、"读者剧场"活动、图片环游、故事预测、自主阅读、小组合作学习、分享交流等多种学习方式，教学资源丰富，目标达成度好，凸显了开放性和生成性，是一个优秀的教学案例。

（案例点评人：雷　旭）

My Father's Secret 教学设计

设计教师： 玉树小学　刘凤珍

授课年级： 六年级

作　　者： 北京师范大学"认知神经科学与学习"国家重点实验室攀登英语项目组

出版单位： 北京师范大学出版社

一、文本解读

My Father's Secret 绘本主要讲述的是爸爸的反常举动引起了小男孩的注意，他决心揭开爸爸的秘密。于是，他一路跟踪爸爸，发现了爸爸的秘密。小男孩的心情也随着真相的一步步揭开而不断变化，由开始的伤心到发现爸爸秘密时的感动和喜悦。*My Father's Secret* 是《攀登英语阅读系列·分级阅读第六级》中的绘本故事，内容设计与表现贴近儿童现实生活，易于儿童理解和接

受，也复现了小学阶段的主要时态——一般过去时，是教育科学出版社义务教育教科书小学英语教材的有益补充和拓展。此绘本主题涉及亲情和生命的意义，通过学习，学生不仅能学到丰富的语言知识，还能在情感和阅读能力上获得全面的成长。

二、学情分析

英语绘本具有趣味性、故事性、思想性等特点。绘本精练的文字、优美的图画、丰富的意境非常适合小学生阅读。本课的教学对象是小学六年级的学生。六年级学生的好奇心强、想象力丰富，经过5年多的英语学习，他们已经有了一定的学习基础，也有了一定的知识储备，有自己的想法和主见，对一些做法能进行阐述和评价，也掌握了一些基本的阅读技能。这个年龄段学生的思维已从具体形象思维向抽象逻辑思维过渡，因此，教师应该抓住这个契机，开展启发式教学，发展学生比较、分析和综合等思维能力，同时进行关键阅读技能的训练，提升学生的阅读能力。

三、目标解析

（一）教学目标

1. 语言能力

（1）能够读懂故事，并用自己的语言归纳故事的开端、发展、高潮和结局。

（2）能够对故事主人公和故事结局进行评价并表达自己的观点。

2. 学习能力

（1）能够通过观察图片，猜测人物的心理活动、言语和行动等。

（2）能够根据阅读目的，运用猜词、预测、查读、推理、总结和联想等阅读技能。

3. 思维品质

（1）通过让学生根据关键词对故事进行排序，训练学生的逻辑思维能力。

（2）通过让学生归纳总结故事，训练学生的概括和分析能力。

4. 文化品格

学生在领略语言和图画美的同时，在感人的故事中形成正确的情感态度和价值观，学会关心和爱护家人。

（二）教学重点

（1）理解故事和初步复述故事。

（2）阅读技能的运用和掌握。

（三）教学难点

（1）对故事进行合理的推测，对主人公内心活动和语言进行揣测。

（2）对故事进行复述汇报和提出自己的看法和评价。

四、教学用具

绘本故事书、教学课件、人物头饰、墨镜、报纸、故事图片等。

五、教学实施

（一）读前活动（Pre-reading）

1. 激趣导入

Students enjoy a poem about *Father's love* and answer the questions.（学生观看*Father's love* 的英文诗歌配乐朗诵视频和有关父爱的图片，然后回答问题。）

T：What is the poem about?

T：Do fathers always say "I love you"？

T：What do you know about *Father's love*?

【设计意图】通过欣赏有关父爱的英语诗歌和图片，创设一种轻松并充满爱的气氛，激活学生的语言和故事的背景知识，为阅读扫清障碍，让学生做好阅读的心理和知识准备。

2. 人物分析

Students look at the Character Wheel and talk what their fathers are like. The teacher can also ask the following questions（通过美文和音乐渲染，学生被浓浓的父爱感染，很快移情入境，依境生情，很自然地回忆起对父亲的印象和有关父亲的事情）：

T：What is your father's job?

T：What time does your father usually go to work?

T：How much do you love your father?

【设计意图】这个环节通过车轮信息图（图4-39），让学生谈论自己的父亲，进一步激活学生的认知；让学生发散思维，鼓励学生说出尽可能多的与故事主题相关的内容，帮助学生整理对父亲的印象；让学生分析故事的主要角色，为学生理解故事和体验故事主人公的情感做好更充分的知识准备和阅读铺垫。

图4-39

（二）读中活动（While-reading）

1. 观察封面，预测故事

Students observe the cover and predict the story with the help of the questions. （学生观察封面，在教师层层问题的引导下预测故事的发展情节。）

What can you see?

Who is the man?

What is he going to do?

Where is the boy? Can his father see him?

What is the boy going to do?

What is the title of the story?

What do you want to know about the story?

【设计意图】通过开放性的问题引导学生关注封面上的书名和主人公等相关信息，充分发挥学生的想象力，调动学生的思维，让学生猜测书名和预测故事的发展情节，让学生掌握读前预测的阅读策略。

2. 图片环游，听读故事

Listen to the beginning of the story（P1～P4）and answer the questions.（学

生带着"为什么小男孩觉得伤心"这个问题，边欣赏图片边倾听故事的开端部分。）

T：Why did the boy feel sad?

S：Because he found out that dad lied!

T：What is the Chinese meaning of "lie"？（学生通过联系前后文进行猜词训练。）

S：Because dad told mom he was busy with his work，but I saw him sitting on a bench and reading a newspaper.

【设计意图】通过听故事，训练学生获取关键信息的能力，同时进行猜词和推理的阅读技能训练。

3. 拼图阅读，猜读故事

（1）Read and order：Students read the story（P2～P9）and order by themselves.（学生自读故事图片，根据故事发展情节对故事图片进行排序，同时找出判断的关键词。）

（2）Read and check：Students open the book and check by themselves.（学生自主阅读，验证猜测。）

（3）Check together and answer：

T：Why do you put it in this order?

个别学生上台把正确的图片贴在适当的位置上并说出判断的关键词（图4-40）。

图4-40

（4）Act and retell：Students try to retell what happened in their own words with the help of the pictures.（学生边表演边用自己的语言复述P5～P9的故事。）

【设计意图】给学生自主学习的时间，让学生独立地积极思考和阅读，在图片和文字的帮助下理解故事，训练学生利用文本中的关键信息进行推理的阅读技能。

4. 角色体验，品读故事

（1）Read the climax of the story（P10～P12）together.（共读故事高潮部分，体验主人公的情感变化。）

T：What is the secret?

S：The secret is dad had lost his job.

T：Why did dad lie?

S：Because he didn't want us to worry about him.

T：Did the boy still feel sad? How did the boy feel now?

S：He felt moved.

T：Yes，the truth is often moving.

【设计意图】通过全班品读故事的高潮部分，学生体验故事主人公的情感，受到情感教育。

（2）Predict the ending of the story：What will the boy do? What will he say?（两人小组在情境中揣测主人公的言行和故事结局。）

【设计意图】通过引导两人小组猜测主人公的心理活动、语言和行动，让学生预测结局，最后进行情感体验和角色朗读，活跃学生的思维，在思考和交流中促进学生阅读和思维能力的提高，在体验中受到情感教育。

（3）Talk about the ending：The students read and talk about the ending in groups.（四人小组一起谈论结局，发表自己对故事结局的看法，如图4-41所示。）

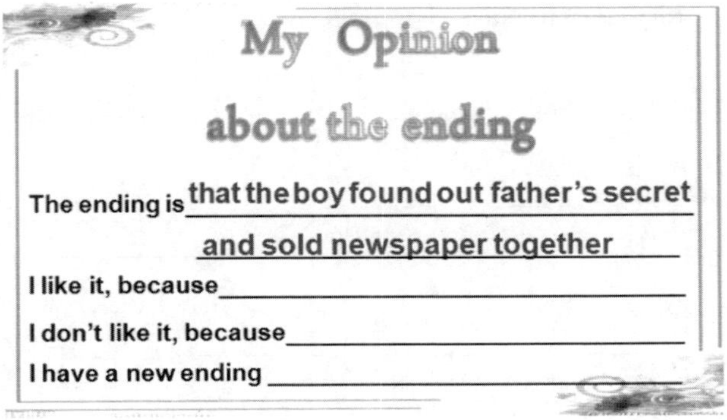

My Opinion
about the ending

The ending is_that the boy found out father's secret_
and sold newspaper together

I like it, because_____

I don't like it, because_____

I have a new ending_____

图4-41

T：How is the ending? Do you like it? Why?

S：I like it，because _____.

I don't like it，because _____.

T：Do you have a new ending?

【设计意图】通过故事信息图和提问引发学生思考故事的结局，参悟故事，对故事结局进行评价，训练学生的批判性思维。

5. 整体听读，享受阅读

Students listen to the whole story and read by themselves.（学生听故事，有感情地朗读故事。）

（1）Listen to the whole story.

（2）Read the whole story.

（3）Read the favorite part.

【设计意图】通过整个故事的完整听读，让学生感受故事的语言美和主题美，享受阅读。

（三）读后活动（Post-reading）

（1）Students work in groups to finish the story map. ［6人小组共同完成故事信息图（图4-42），并分工合作进行汇报。］

① Discuss together in groups.（小组内讨论。）

② Group leader writes down the answers in the story map.（组长写下大家讨论的结果。）

③ Talk about the story map in groups.（分工复述。）

④ Show the story map in class.（全班展示。）

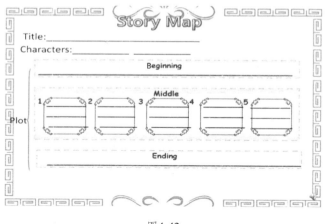

图4-42

【设计意图】通过故事信息图帮助学生进一步厘清故事脉络，为学生的语言输出搭建支架。学生通过在小组内积极交流，在全班同学面前大胆展示，提升归纳和表达能力。

（2）Further thinking：Should dad tell the truth to the family？ Why？ （进一步思考：爸爸是否应该告诉家人真相？）

【设计意图】进一步对学生进行启发教育：家人需要互相信任，有困难可以一起面对，同时训练学生的批判性思维。

（四）板书设计（图4-43）

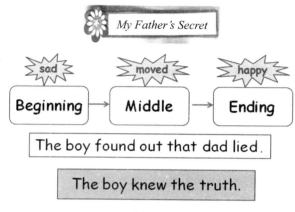

图4-43

六、学法总结

俗话说，得法者事半功倍。教师引导学生掌握正确的方法在学习活动中至关重要。在本课的教学中，在"让学生主动参与，自主探究"理念的指导下，学生主要运用了以下学法进行学习：一是观察法。绘本的图画精美，寓意丰富，教师引导学生观察封面和绘本插图，从中获取信息，预测故事。二是体验法。教师提供了可视、可听和可感的诗歌、音乐和语言，激发学生的学习兴趣，让学生自愿地、全身心地投入到学习中，并积极运用语言，在亲身体验中掌握语言、领悟道理。教师的教是为了学生更好地学，学生是学习活动的主体。因此，学生的自主探究和合作交流应贯穿"整本书阅读"的全过程。本节课中学生在多层次问题和信息图的帮助下，独立思考并完成阅读任务，也采用两人或多人小组的形式进行学习；学生在不断地启发、预测、验证以及阅读中发现问题、分析问题和解决问题，语言的综合运用能力和思维能力得到了全面的发展，其猜词、预测、查读、推断、总结和联想等阅读技能也得到了训练。

七、拓展延伸

学校共读一本书的时间是有限的，而"整本书阅读"需要有课堂的指导，也需要有课后的学生自主阅读。教师布置学生课后在家阅读有关亲情的绘本 *The Giving Tree* 和 *A Chair for My Mother*，并完成读书推荐卡，写出故事的主人公、主题以及推荐的理由，然后在班里进行分享。通过课外阅读，学生不仅增长了见识，扩大了阅读量，还训练了阅读能力。

八、案例评析

本课围绕《攀登英语阅读系列·分级阅读第六级》中的故事 *My Father's Secret* 展开设计，是适用于小学英语高年级的绘本故事教学案例。案例设计遵循"让学生主动参与，自主探究"的教学理念，引导学生在不同层次问题和信息图的帮助下，利用图片环游、拼读阅读等活动完成阅读任务，突出对学生的自主探究和合作交流学习能力的培养。

教学设计从"文本解读、学情分析、目标解析、教学工具、教学实施、学法总结、拓展延伸"等环节展开描述，详细记录了教学的步骤及活动的设计意图，体现了对"整本书阅读"教学策略和方法的实践；在教学过程中渗透亲情和生命的意义的教育，体现了教师对学生情感态度、价值观、阅读习惯和语言思维能力的培养。

在本节课的教学中，学生在教师的引导下理解故事，观察图片信息，猜测人物的心理活动、言语和行动等，根据阅读目的学会运用猜词、预测、查读、推理、总结和联想等阅读技能，对故事主人公和故事结局进行评价并表达自己的个人观点，并在阅读绘本的过程中享受阅读，建立自信，感悟道理。

在读前活动中，教师先让学生欣赏有关父爱的英语诗歌和图片，通过话题交流，设置语言学习和故事的语境氛围，热身激趣，为阅读扫清障碍；进而通过车轮信息图，与学生探讨"父亲"的话题，引导学生发散思维，进一步激活认知，为故事学习做好知识准备和阅读铺垫。

在读中活动中，教师让学生观察封面，猜测故事，通过开放性的问题引导学生关注封面上的书名和主人公等相关信息，培养学生的预测能力，提高阅读效率。接着在第1至4页的故事学习过程中，教师设计了图片环游的阅读活动，通过听故事回答问题，培养学生提取关键信息的能力，同时巧妙地穿插猜词等阅读技能训练活动。针对第2至9页的故事内容，教师设计了拼图阅读活动，让学生自主阅读，在图片和文字的帮助下猜读并理解故事，培养学生利用文本中的关键信息进行推理等阅读技能。随后教师让学生阅读第10至12页，开展角色体验及品读故事活动，渗透情感教育。在故事结尾环节的学习中，教师组织开展了2人小组的讨论活动，猜测主人公的心理、语言和行动，对故事发展的结局进行预测，并组织开展了情感体验和角色朗读等活动，促进了学生阅读素养和思维能力的锻炼。

在读后活动中，教师组织开展 story map 的活动，帮助学生进一步厘清故事脉络，为语言学习提供信息框架。学生通过独立完成及展示 story map，完成了对整个故事信息的归纳分析，其语言总结和表达能力都得到了提升。

由于在课堂内阅读整本故事书的时间有限，在引导学生完成本节课的学习后，教师还布置了课外拓展活动，让学生在家自主阅读有关亲情的绘本故事，制作读书推荐卡，回校后在班里进行分享，较好地将课堂教学延伸到了课外，拓宽了学生语言学习和巩固应用的渠道。

　　本节课是一个优秀的绘本故事教学案例，很好地体现了对学生综合语言运用能力和思维能力的培养，通过丰富的阅读活动和语言实践活动，促进了学生语言技能的发展，为真实语言交际打下了良好的基础。

（案例点评人：雷　旭）

第 五 章

主题研究——童话寓言篇

　　童话和寓言故事多源自民间，故事的情节、人物及事理逻辑等通过具有象征意义的主题，以象征和隐喻的方式体现出来，折射出一定的社会伦理或情感价值观。童话和寓言故事蕴含丰富的教育意义和情感色彩，情节往往跌宕起伏，充满悬念和反转，深受儿童的喜爱。

　　本章节遴选了在小学英语教学中开展"整本书阅读"实践的9个童话、寓言故事类的教学案例，每个案例后面均附有专家点评。让我们一起在童话和寓言故事中体验"整本书阅读"的快乐吧！

The Honest Woodcutter 教学设计

设计教师：华南师范大学附属外国语学校CEP小学部　洪婉婷

授课年级：二年级

作　　者：（加）乔安·迪翁

出版单位：上海教育出版社

一、文本解读

本节课的童话故事 *The Honest Woodcutter* 选自上海教育出版社《新魔法英语》教材的2B级别，讲述了一个伐木工的故事：一个辛勤工作的伐木工，每天都会上山砍木头。有一天，他走到了河边，一不小心将他的木斧头掉进了河里。一个仙女前来帮忙，她提供了金斧头、银斧头和木斧头，最终这位伐木工只选了属于他的木斧头。由于他很诚实，仙女把另外的两把斧头也送给了他。

整个故事约80个词，用一般现在时来讲述。教师通过问题引导学生观察图片或观看视频，从而达到帮助学生理解文本的目的。

二、学情分析

本节课的授课对象为华南师范大学附属外国语学校CEP小学部二年级的学生，他们从一年级开始就使用《新魔法英语》这套教材进行学习。本节课是本单元的第二课时。在第一课时中，学生已经对描写人物性格的形容词进行了学习，扫清了在阅读这个童话故事时生词的障碍。

三、目标解析

（一）教学目标

1. 语言能力

掌握 honest，woodcutter，greedy，friendly，hard-working 等单词。

2. 学习能力

（1）在图片的帮助下读懂故事的内容。

（2）正确朗读所学故事。

3. 思维品质

通过全面理解阅读材料，形成阅读策略，学会在阅读中提取关键信息，培养初步的阅读和写作思维。

4. 文化品格

（1）体验英语阅读的乐趣，乐于表达，乐于分享。

（2）养成良好的英语学习习惯，积极参与。

（3）通过故事内容，明白"我们要做一个诚实的人"的道理。

（二）教学重点

学生在图片的帮助下读懂简单的故事内容。

（三）教学难点

学生根据图片提取文本信息，并理解故事所蕴含的道理。

四、教学用具

多媒体课件、视频、卡纸。

五、教学实施

（一）热身准备（Warming-up）

The teacher plays the vadio about the chant on P43：Witchy is singing a chant about the woodcutter.

Students sing the chant together and make actions according to the characters of the woodcutter.

Chant：The woodcutter is friendly. He is never angry.

The woodcutter is honest. He is never greedy.

The woodcutter is polite. He is never rude.

The woodcutter is hard–working. He is never lazy.

【设计意图】教师播放课本P43的歌谣，学生通过跟唱上节课学习的歌谣和表演歌谣里的内容，回顾第一课时学习的词汇，为这节课的童话故事阅读做好准备。

（二）读前活动（Pre-reading）

（1）Situation setting：Holly listens to the chant from Witchy. She wants to know more about the woodcutter. Where does she go? （设置情境：小朋友Holly刚刚也听了这首歌谣，她很想知道更多关于这位伐木工的故事。她应该去哪里才能了解到她想知道的内容呢？）

【设计意图】通过设置情境，与前面的引入环节衔接起来，过渡更为自然，同时通过设置问题，引导学生思考，更自然地引入fairy tale这个概念。

（2）Show students some pictures of some fairy tales which are familiar to students.

【设计意图】通过呈现学生非常熟悉的《小红帽》《白雪公主》《小王子》等童话故事的封面图片，引导学生了解fairy tale这个概念，进而走进本节课学习的童话故事 The Honest Woodcutter。

（3）Show the character of the fairy tale and ask students a question：

If you were the woodcutter，which axe would you want，the golden axe，the silver axe or the wooden axe?

【设计意图】向学生展示这个童话故事的主人公，并且了解学生的想法，让学生假设自己就是伐木工，会想要哪一把斧头，激起学生对这个故事的兴趣，如图5-1所示。

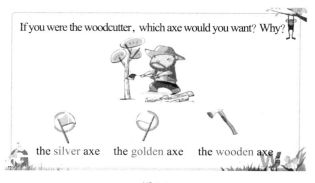

图5-1

（三）读中活动（While-reading）

Picture 1：

（1）Play the video of Picture 1.（播放第一个图片对应的视频片段。）

（2）Ask two questions：（询问学生两个问题。）

① What kind of person is the woodcutter? （伐木工是一个怎样的人？）

② What does he do every day? （他每天都在做什么？）

（3）Show the words and pictures for students.

Picture 2：

（1）Play the video of Picture 2 and ask the question：

What is in front of the woodcutter?

（2）Show the answer and guide students to predict what happens next.（向学生展示答案，同时带领学生对下面的内容进行预测。）

Picture 3：

（1）Play the video of Picture 3 and ask the questions：

① What does he drop?

② Why does he do it?

③ How does he feel?

（2）Show the words and picture for students and guide students to predict who is coming.

【设计意图】教师通过设置问题引导学生有目的地去观看童话故事的每个片段及其中的细节。学生通过回答问题，了解每个片段对应的内容。

Picture 4～6：

（1）Observe Picture 4～6 and ask the questions：

① What does the fairy bring?

② Is that the axe of the woodcutter?

【设计意图】教师通过设置问题，引导学生观察图片，找出问题的答案，进而了解整个故事的发展。

Ending：

Read the story and ask the questions：

（1）What does the woodcutter have at last？

（2）How does he feel？

【设计意图】教师通过设置问题，引导学生阅读故事，找出关键词，了解故事的结局。

（四）读后活动（Post-reading）

（1）Play the audio and ask students to read after it.

【设计意图】在 While-reading 中学生分图片进行了朗读的基础上，让学生跟着录音将整个童话故事读一遍，做一个小的回顾。

（2）Look and arrange the order.

Show the pictures of five sentences on P46 and guide students to arrange the order according to the fairy tale.

【设计意图】对故事内容进行顺序上的打乱，让学生进行排序，考查学生对这个故事内容和情节的了解。

（3）Let's think：

① What do you think about the woodcutter？ Why？

② Which axe would you want if you were the woodcutter？ Why？ （图5-2）

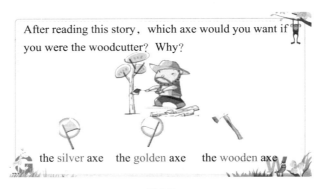

图5-2

【设计意图】本环节回应本节课读前的活动。通过两次选择，教师对设置的问题进行及时的对比，并让学生谈谈原因，揭示"我们要诚实地做人"的道理。

（4）Analyze the text type of the fairy tale.

Title：The Honest Woodcutter.

Setting：A hard–working woodcutter goes up and down the hill everyday.

Main character：The woodcutter.

What happens：The woodcutter drops his axe into the river. The fairy shows him three axes. The woodcutter chooses his own axe.

Ending：The woodcutter is happy.

【设计意图】通过分析童话故事的文章结构，帮助学生厘清故事的线索和脉络。

（5）Role play.

Invite some students to role play and others would do the narrator.

【设计意图】通过角色扮演的形式，让学生对这个故事有一个更深入的了解。

六、学法总结

本案例涉及的学法如下。

1. 试听讲结合法

结合童话故事，借助视频、音频等材料，教师通过设置的问题，引导学生学习和理解句子，培养学生的语言表达能力，帮助学生模仿发音，体会故事主人公的心情变化。

2. 探究式学习法

本课中，学生根据教师提出的问题，寻找答案，自己去探究这个故事的内容。通过这样的方式，学生对内容的理解更为深刻。

七、板书设计（图5-3）

图5-3

八、拓展延伸

学生在课堂上的阅读意犹未尽，所以教师将课堂的内容适当延伸。故事的最后，伐木工收下了仙子送的三把斧头，之后还会发生什么事情呢？请同学们四人为一个小组，展开讨论，把故事后续的内容画出来，并配上文字。

九、案例评析

本节课围绕上海教育出版社《新魔法英语》教材的2B级别中的故事 *The Honest Woodcutter* 展开设计，属于小学英语低年级的童话故事教学。本节课的授课对象为小学二年级的学生，教师充分考虑到低年级学生的年龄特点，面对词汇量积累不多的学生群体，分课时展开教学。本节课是本单元的第二个课时，在第一课时中，学生已经对描写人物性格的形容词进行了学习，解决了童话故事中的生词问题。

在本节课的教学中，教师通过"语言知识、语言技能、学习策略、情感态度"四个维度预设教学目标，希望学生通过"整本书阅读"活动做到"四会"。一是在语言知识目标方面，帮助学生掌握 honest，woodcutter，greedy，friendly，hard-working 等单词；在语言技能目标方面，在图片的帮助下使学生读懂简单的小故事并正确朗读；在学习策略目标方面，使学生充分理解阅读材料，掌握阅读策略，学会在阅读中提取信息，培养学生初步的阅读和写作技能；在情感态度目标方面，让学生体验英语阅读的乐趣，乐于分享，养成良好的英语学习习惯，通过故事内容让学生明白：我们要做一个诚实的人。

在课前热身环节，教师播放课本P43的歌谣，学生跟唱之前学过的歌谣并表演，回顾第一课时学习的词汇，为本节课的童话故事阅读做铺垫；接着，利用第一课时学习的拼读方法，复习词汇短语，为本课时的学习和语言输出打好基础。

在读前活动中，教师从引入环节过渡，通过设置情境、问题，引导学生思考，自然地引入 fairy tale 这个主题；接着，通过呈现学生非常熟悉的《小红帽》《白雪公主》《小王子》等童话故事的封面图片，引导学生了解 fairy tale，使学生自然地走进本节课学习的童话故事 *The Honest Woodcutter*；最后；

教师向学生展示童话故事的主人公，了解学生的想法，把学生代入伐木工这一角色，激发学生对这个故事的兴趣。

在读中活动中，教师先让学生观察 Picture1～3，设置问题，引导学生带着问题有目的地去观察童话故事的每个片段，提取细节信息。学生观察完得到问题答案后，掌握每个片段的内容。接着，教师让学生观察 Picture4～6，找出预设问题的答案，了解整个故事的发展脉络。最后，学生阅读整本故事，回答问题。教师通过设置问题，指导学生阅读故事，找出关键词，了解故事的结局，最终完成"整本书阅读"的目标。

在读后活动中，教师让学生跟着录音将整个童话故事读一遍；接着，通过排序，考查学生对这个故事内容和情节的掌握情况；然后，通过分析童话故事的文章结构，帮助学生构厘清这个童话故事的线索和脉络，揭示本文蕴含的道理：我们要诚实地做人；最后，通过角色扮演的形式，让学生对这个故事留下更加深刻的印象。

本节课利用试听讲结合法，借助视频、音频等多媒体资源，通过设置问题，引导学生学习和理解句子，培养学生的语言表达能力，让学生体会故事人物的心情变化。

学生在本节课中运用探究式学习法，通过思考教师提出的问题，寻找答案，自主探究故事内容。通过这样的方式，学生对内容的理解更为深刻。

本节课引导学生读懂整本绘本内容，了解故事中人物的情况，并尝试复述故事，教学目标表述明确，教学活动层次清晰。课程融合了图片环游、自主阅读、小组合作学习、问题引导、探究式学习等多种学习方式，教学目标达成度高，学生从中习得了"整本书阅读"的阅读模式，是一个优质的教学案例。

（案例点评人：张 颖）

The Little Frog's Beautiful Jump
教学设计

设计教师：华南师范大学附属外国语学校CEP小学部　张　新

授课年级：四年级

作　　者：北京师范大学"认知神经科学与学习"国家重点实验室攀登英语项目组

出 版 社：北京师范大学出版集团、北京师范大学出版社

一、文本解读

The Little Frog's Beautiful Jump 是《攀登英语阅读系列·分级阅读第四级》的一个童话故事，讲述了一只生活在井底的小青蛙，从井口看到天上的飞鸟，萌生出想要到外面的世界看一看的想法，并最终克服困难、冲破障碍，成功跳出井口，来到新的世界的故事。故事的标题用 beautiful 这个形容词，表达了对勇于尝试、敢于追求的精神的赞美。*The Little Frog's Beautiful Jump* 由于故事内容生动，图文并茂，深受孩子们的喜爱。

二、学情分析

参与本次学习的四年级学生年龄在10到11岁之间，他们求知欲强，有较强的模仿能力和英语运用能力，在课堂上能够主动参与，积极发言，初步形成了互帮互学的学习方式。同时，经过前期对于思维导图的训练，学生能比较熟练地使用思维导图学习工具。平时这些学生阅读英语书籍较多，掌握了部分阅读策略，具备较好的英语表达能力，能尝试进行英语写作。通过本节阅读课，学

生能运用思维导图理解阅读材料，在读中习得语言，并形成相关的阅读策略；能通过阅读文本，运用已学知识，续写故事。

三、目标解析

（一）教学目标

1. 语言能力

（1）掌握 kingdom，explorer，forget，entire，amazing，another，crazy，fantastic 等单词；会认读 beyond，sharp，spread，breeze，bloom等单词。

（2）通过思维导图，培养学生复述故事的语用能力。

2. 学习能力

（1）小组研习，共同进步。

（2）通过全面理解阅读材料，掌握文本关键信息。

3. 思维品质

能够仔细分析文章脉络，迅速完成思维导图的绘制。

4. 文化品质

（1）培养勇敢追求梦想的精神。

（2）感受阅读的乐趣，激发学习的兴趣。

（二）教学重点

正确理解故事内容，完成相应的阅读任务。

（三）教学难点

通过绘制思维导图，梳理故事梗概；发挥想象，续编故事。

四、教学策略

（1）运用多媒体，将信息技术与学科学习进行有效融合。

（2）注重小组合作学习，注重过程评价，提高学生参与课堂活动的积极性，促进学生共同发展；采用 top down 阅读教学模式，指导阅读策略，结合 mind map 的绘制，最大限度地激发学生的学习热情，培养学生的阅读能力。

（3）正确理解故事内容，根据要求完成阅读任务。

五、教学实施

（一）教学准备

多媒体课件、视频、卡纸、头饰、手偶、纸盒等。

（二）教学过程

1. 读前活动（Pre-reading）

Step 1：Share a movie of Salad English *The frog prince.*

T：Children，do you know what animal could become a prince in the fairy story？（同学们，你们知道在童话故事里哪种动物可以变成王子吗？）

S：The frog.（青蛙。）

T：Yes，the frog. Let's watch a video about frog.（对，是青蛙，让我们来看一个关于青蛙的视频。）

Play the video.（播放视频。）

【设计意图】通过有趣的"色拉英语"（一种英语学习方式）揭开英语课堂的序幕，让学生感知纯正地道的英语，为导入课题做铺垫。

Step 2：Lead in *The Little Frog's Beautiful Jump.*

T：Today，we are going to know another little frog，he has a beautiful dream，let's look at the cover.（今天我们将认识另一只小青蛙，他有一个美好的梦想，首先请大家看封面。）

【设计意图】通过视频引出课题。

2. Input and intake 1（信息输入）

Step 1：Predicting.（读前预测。）

T：Please read the cover， what questions can you raise？（同学们，你能根据封面提出哪些问题呢？）

S：

（1）Who were in the story？（故事的人物有哪些？）

（2）Where did the story happen？（故事发生的地点在哪里？）

（3）What happened in the story？（发生了什么样的故事呢？）

【设计意图】看故事标题，学生提问，找出最想了解的探究点。

Step 2：Let's listen and answer.

T：Let's look at the frog puppet，enjoy the story.（教师拿出手偶，将故事通过语言和手偶的形式表演出来。）

【设计意图】结合PPT，教师利用青蛙手偶配合图片将故事初步呈现，学生尝试回答之前预测的问题。

3. Input and intake 2（语言输入）

Step 1：Skimming（略读）：Get the general idea of the story.

T：Now，Let's read the story quickly，and finish Task 1 in groups.（现在请大家快速地阅读故事，小组合作完成学习任务1。）

教师准备好词组对应的图片，供学生在任务单上粘贴，让学生将图片粘贴到白板上，形成思维导图板书，如图5-4所示。

Let's number and stick.（快速阅读，合作完成。）

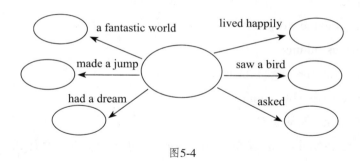

图5-4

【设计意图】让学生快速阅读，通过看词组和贴图片，了解故事基本内容。

Step 2：Scanning（细读）：Get the specific information.

Let's read and match.（根据思维导图的脉络，对文章进行细读，然后连线。）

Fred's family   lived there happily

                   saw a brid

Fred   tried to jump

                   made a beautiful jump

Eva   wanted Fred to stay in the well

Fred's parents   talked about the world above

【设计意图】细读故事，标注句子，将人物与相应的活动连起来。通过细读和连线的活动，引导学生关注故事的主要人物，为下一步思维导图绘制做铺垫。

Step 3：Intensive reading.（精读。）

Let's read carefully and make the mind map in groups.

T：There are four characters in this story，each group will make a mind map for one character.（故事里一共有4个角色，每个小组做一个角色的思维导图，以更好地归纳和整理故事信息。）

【设计意图】精读故事，小组研习，分页完成以人物为主线的思维导图。通过思维导图的绘制，考查学生对知识进行归纳和整合的能力。

Step 4：Listen and choose.（总结角色个性特征。）

（1）听录音，并有感情地跟读。

Fred gave the last jump. It was a beautiful jump！

He made it to the world above.

The sun was shining.

The grass was moving in the breeze.

The flowers were blooming.

"What a fantastic world！"

T：What do you think of the little frog？（你认为小青蛙有什么值得你学习的地方吗？）

【设计意图】听一小段录音，带着感情朗读这一段，让学生体会小青蛙不畏艰难、追求梦想的勇敢精神，小组讨论小青蛙的个性特征。

Step 5：Let's conclude.（总结本课内容。）

Little frog is very brave. He has the spirit of adventure.（小青蛙个性勇敢，勇于尝试。）

【设计意图】分析主人公小青蛙的人物性格，总结本节课的主要内容。

4. Output（语言输出）

Step 1：Retell and act out the story.（复述并表演故事。）

T：After 3 times of reading this story，can you retell and act out this story？（读了三遍这个故事后，你能复述或者表演一下吗？）

【设计意图】小组合作，复述和表演故事，并解析新单词。根据思维导图将故事生动地表演出来，检测学生正确理解故事的能力和表演能力。

Step 2：Assessment.（评价。）

【设计意图】及时总结和评价，让学生了解自己的学习情况，懂得客观地评价他人的学习情况。

【Self-Assessment】课堂评价

（1）My team has got _____ points. I've got _____ points.

（2）请根据评价表（表5-1）进行评价交流。

表5-1

评价项目	小组评价				自我评价			
	Great	Good	OK	Try Hard	Great	Good	OK	Try Hard
阅读故事，完成练习【Task 1】								
精读故事，完成导图【Task 2】								
解析导图，展示故事【Task 3】								
续编故事，表演展示【Task 4】								

六、学法总结

本节课中使用的学法如下。

1. 模仿学习法

英语学习实质上是培养学生在英语方面的听说读写能力，模仿学习法可以使学生在听英语的时候模仿其中的语音、语调，培养学生听说感觉和提高英语听力。本课在"信息输入"环节要求学生认真听录音，给学生接触原音的机会，让学生模仿学习。

2. 小组合作学习法

小组合作学习法是非常重要的英语学习方法。本课如精读部分，小组合作分页完成以人物为主线的思维导图，以及学生进行故事复述、故事续写等环节，均使用了小组合作学习法。

3. 展示法

现场英语展示对提升学生的口语表达流利度和英语学习的自信心非常重要。本课中续写故事、复述故事、表演故事等环节均采用了展示法。

七、拓展延伸

学生在课堂上的阅读意犹未尽，教师布置读后作业：跳出了井的小青蛙后来又发生了什么呢？他过上了快乐的生活，还与一只青蛙小姐组建了家庭。请同学们进行以下与青蛙相关的主题阅读：*Happy Frog* 和 *Frog's Love Story*。选择一篇进行阅读，制作思维导图并在课堂上分享与展示。

八、案例评析

本课围绕《攀登英语阅读系列·分级阅读第四级》中的 *The Little Frog's Beautiful Jump* 绘本展开设计，授课对象是四年级学生，属于小学中年段的阅读拓展课。案例设计从信息输入到语言输入，通过 skimming，scanning，intensive reading 几个环节让学生反复阅读，直至语言输出，希望在这个完整的从输入到输出的过程中，深入训练学生的思辨能力，提高学生的英语知识运用能力，加强学生的阅读理解、归纳和写作能力。评价形式也一改单一的教师点评模式，加入了学生自评与小组互评，凸显了学生在课堂上的主体地位。

在读前准备活动中，教师首先播放了一段"色拉英语"的学习视频，其内容是与青蛙有关的，一方面激起学生的学习兴趣；另一方面让学生感知纯正地道的英语，导入新课。此处引入的视频资源非常契合本节绘本教学的主题与内容，有利于将学生引入绘本故事的主题情境，并进行初步的语言输入。

教师的提问策略对于学生把握阅读方向，进行有效理解有重要的导向作用。在信息输入环节，教师先是让学生观察封面图片，就一些细节进行设问，引导学生预测故事内容，激发学生的好奇心，激起学生探究和提问的兴趣。在浓厚的阅读兴趣引导之下，学生化被动阅读为主动阅读，提高了阅读的效率与质量。

在语言输入环节，教师先是引导学生初次略读，掌握故事大意，并进行图文匹配，将图片粘贴到白板上，从而动态生成思维导图；接着，引导学生再次细读，标注句子，将人物与相应的活动连起来，引导学生关注故事的主要人物，为进一步的思维导图绘制做铺垫；最后，精读故事，小组合作分页完成以人物为主线的思维导图，梳理故事脉络，考查学生对知识的归纳和整合能力。经过初次略读、再次细读、最后精读三轮阅读训练，学生对故事内容及语言要点都有了较好的把握，适时地总结角色个性特征对学生更好地体会角色以及后续的复述故事、表演故事有重要作用。

在语言输出环节，教师鼓励学生根据思维导图将故事生动地表演出来，既解析和运用了新单词，又检测了学生正确理解故事的能力和表演能力。而在评价环节引入的学习评价表更是考查了学生"整本书阅读"四个环节的表现情况，如阅读故事，完成练习；精读故事，完成导图；解析导图，展示故事；续编故事，表演展示。

在读后活动中，教师鼓励学生相互评价交流，并发表对其他人、其他小组任务表现的意见，在这种开放、民主的评价氛围中，学生能客观地看待他人的优缺点，学会正确评价他人。

本节课极为注重学生阅读技能的培养与发展，从信息输入到语言输入，再到语言输出，所有阅读活动的设计都有一定的层次性；而且在学法方面也非常注重激发学生的学习潜能，采用了多种英语阅读学习方法，如模仿学习法、小组合作学习法、展示法、探究式学习法、分享帮助法等。

本节课的教学目标明确，教学活动层次清晰，略读、细读、精读安排合理，思维导图清晰、有条理，自主与合作阅读、学法指导有实操性，学生乐于分享交流。此外，音频、图片、视频等教学资源丰富新颖，教学目标达成度高，学生的阅读能力得到有效训练，是一个优秀的教学案例。

（案例点评人：张　颖）

Little Red Riding Hood 教学设计

设计教师：萝峰小学　钟桂兰
授课年级：五年级
作　　者：Lady Bird
出版单位：Penguin Uk

一、文本解读

（一）*Read it yourself* 系列简介

Read it Yourself 系列是一系列现代故事、人物和传统故事，语言简单，适合正在学习阅读的孩子。这些书可以独立阅读，也可以作为引导阅读课程的一部分。每本书都经过精心设计，包括许多对首次阅读至关重要的高频词汇。每一页的句子都有图片紧密支持，并提供生动的细节，以帮助孩子理解。这些书分为四个层次，随着读者阅读能力的提高和信心的增强，逐渐引入更广泛的词汇和更长的故事。

本系列第2级故事是为8~10岁的孩子设计的，让他们在阅读指导的帮助下阅读简短的句子。

（二）教材内容分析

本课教学的童话故事 *Little Red Riding Hood* 选取自 *Read it yourself* 系列第2级。中文版的《小红帽》的故事对于我们的孩子来说，应该是非常熟悉的，但英文版的或许就很少看到了。《小红帽》的故事版本也比较多，本次选取的版本的故事大意如下：小红帽和爸爸、妈妈住在森林里。有一天，妈妈让小红帽送一篮子蛋糕到奶奶家。森林里还住着一只大灰狼。它知道了小红帽要去送蛋糕的事，然后就提前到奶奶家里，装扮成奶奶的样子，想吃掉小红帽。小红帽大声呼救。爸爸听到呼叫声，拿着工具跑来，把大灰狼赶走了，救出了小红帽和奶奶。

这个系列的《小红帽》故事因为考虑到阅读者的年龄，所以故事文字相对较少，大部分地方只是描述性的句子介绍，书中配图情境性强，重点放在小红帽与大灰狼在奶奶家的对话上，而且句子设计简单，适合英文词汇不多的小学生进行"整本书阅读"。故事情境性强，句型重复，句子朗朗上口，适合学生进行简单的"读者剧场"表演。

二、学情分析

本课的教学对象是五年级的学生。班中共有45名学生，其中27名男生，18名女生。五年级的学生，按理说英语学习也已经有几年了，可是这些学生多数接触英语较少，这一点教师从平时的上课中就可以发现。有很多学生是渴望学好英语的，所以，刚开始的几堂英语课他们都非常认真。可是，当学习的单词和句子越来越多时，很多学生因为不会认读单词而苦恼。有的学生记不住单词，不仅别人说的他们听不懂，更不敢单独开口。因此，随着教师教的内容越来越多，学生越学越没有信心。

教师发现这些情况后，调整了学习策略，引入了一些适合这些学生阅读的、简单的故事。"整本书阅读"、"读者剧场"的活动设计、阅读方法的介绍，提高了学生学习英语的兴趣，提升了学生的词汇量，提高了学生的英语学习素养，丰富了学生的学习策略，帮助学生树立了英语学习的自信心，为学生英语学习铺好了路、搭好了桥。

三、目标解析

（一）教学目标

1. 语言能力

（1）正确朗读故事中出现的过去式单词并理解它们的意思，如 lived，said，went，was，saw，ran，knocked，jumped，chased，cried...

（2）理解感叹句的意思和用法，如 What big ears you have! ...

（3）运用朗读技巧，流畅、有感情地朗读或表演故事，大部分学生能利用思维导图复述故事。

（4）理解并回答教师提出的与故事内容相关的问题，并能对故事人物进行评价，表达个人想法。

2. 学习能力

（1）学会通过小组合作和互相分享的策略进行合作学习。

（2）能对故事中的重点信息进行重组、归纳总结，提炼故事大意。

（3）关注学生的能力差异，为不同学生设计不同的任务，以小组形式培养学生的合作意识。

3. 思维品质

（1）通过整本书的故事阅读，让学生感受经典格林童话的魅力。

（2）辩证评价故事中的人物，并能通过分析人物特点获得一些生活启示。

4. 文化品格

（1）通过整本书的故事阅读，学会孝敬长辈。

（2）通过故事，提高自己的安全意识、自我保护意识和独立能力。

（二）教学重难点分析

1. 教学重点

（1）正确朗读过去式单词并理解其意思。

（2）理解感叹句的意思和用法，并能用合适的语音、语调朗读出来。

（3）自信、大胆地朗读和表演故事，大部分学生能利用 story mountain（"故事山"，可视化的思维导图工具）复述故事。

2. 教学难点

（1）理解感叹句的意思和用法，如 What big ears you have! 等。

（2）运用朗读技巧朗读或表演故事，大部分学生能利用思维导图复述故事。

四、教学实施

（一）热身环节（Warming-up）

（1）Greeting & songs.（师生问好，听一首有关本课故事的歌曲。）

【设计意图】动听轻松的音乐能快速把学生带进课堂。选取的歌曲与本课内容息息相关，起到唤醒学生已有知识的作用。

（2）Play a game—Simon Says：Touch your nose / ears / mouth / eyes.（师生玩一个指令游戏——西蒙说。教师发出指令：摸摸你的鼻子 / 耳朵 / 嘴巴 / 眼

睛。学生根据指令，以最快的速度做出相应的动作。）

【设计意图】游戏设计一是为了活跃课堂，营造轻松和谐的课堂氛围；二是唤醒学生有关五官的单词知识，为后面的听、读故事扫除障碍。

（二）故事前（Pre-story）

（1）Show a picture and ask students to guess something about the story, and match the pictures with the story words, then show the title of the story. （教师出示一张练习图片，让学生猜一下将要学习的故事；然后把图片和故事中的单词配对；最后教师出示故事名称，并让学生正确朗读故事名称：Little Red Riding Hood。）

【设计意图】通过图片和单词配对，出示故事的主要角色，让学生猜测将要学习的故事，提前熟悉故事。

（三）故事中（While-story）

（1）Teacher dresses as a story-teller to tell the story and ask students to enjoy the story. （教师打扮成讲故事的人的样子，坐在学生中间，声情并茂地给学生讲述故事。）

【设计意图】这样做的目的是创设听故事的情境，让学生在轻松、愉快的氛围中听故事、感受故事。这个故事整体性很强，适宜整体呈现。

（2）Teacher checks students to see how much they remember about the story. （教师出示几个问题，来检测学生对故事的记忆有多少。）

【设计意图】教师要求学生用自己的语言回答问题，检测学生对故事梗概的了解情况。

（3）Teacher asks students to read the story individually. （教师让学生独立阅读故事，并提醒学生，如果遇到阅读困难需要帮助，请举手示意。）

【设计意图】在课堂上提供充足的阅读时间，教师给学生一些阅读提示、指引、方法等，引以大大降低学生阅读初期的难度，培养学生的阅读兴趣，增强学生的阅读自信。

（4）After reading, teacher asks students to work out the story mountain. （完成整本书阅读后，教师让学生以小组为单位，根据图片提示，完成 story mountain，把故事发展的主线用关键词整理出来（图5-5），并引导学生根据关键词复述故事。）

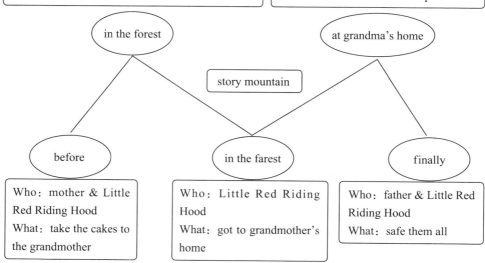

图5-5

【设计意图】学生以小组为单位，根据"故事山"的提示，整理故事脉络。学生以小组为单位再一次阅读故事，并根据图片提炼关键词，为后面的表演故事做知识铺垫。

（5）Teacher asks students to read further the forth part of the story.（"故事山"的第四部分是整个故事的重点部分，也是高潮部分，教师将会通过四个活动和学生一起重点阅读这部分。）

活动一：阅读故事第14至21页，学生思考 Who is in the bed? Did Little Red Riding Hood know that? How do you know? 并与教师分享想法。

活动二：Teacher asks students to act out the voice of the one in bed. 故事第14至16页中提到 funny voice（有趣的声音），到底这声音怎么有趣呢？请学生用funny voice 把书中的话读出来。

活动三：Teacher asks students to read the story P18 ~ P23 and find out how do the ears / eyes / teeth look like, then point out what they are used for. [教师让学生阅读故事第18至23页，找出四个感叹句（如What big eyes you have！），体会感叹句的用法，并描述耳朵、眼睛、牙齿的模样，指出它们的用处，教师整理

并板书，如图5-6所示。]

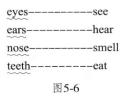

图5-6

活动四：Time for Reader's Theater：Teacher asks students to act out this part of the story.（"读者剧场"时间：教师让学生以小组为单位，表演这部分故事，提醒学生注意语气和表情。）

【设计意图】这是故事的精华部分，最适合学生细细品读。学生根据自己的理解和创意，并在"读者剧场"中进行创意性的展示。

（6）Teacher asks students to enjoy a video of the whole story，listen and check the words or tones which they are not sure.（教师让学生观看故事视频，并提醒学生留意听一些不会的单词或语音语调。）

【设计意图】让学生再一次整体读一遍故事，并进行查漏补缺，为后面整个故事的表演做好语言准备。

（四）故事后（Post–story）

（1）Teacher asks students to act out the story.（创设"读者剧场"，让学生以小组为单位，分角色表演故事。）

【设计意图】通过 Reader's Theatre，学生表演故事，体会故事中人物的感情变化。这个故事学生已经非常熟悉，现在让他们用另外一种语言表演出来，将会是一种全新体验。这样的体验会带给他们成就感，从而增强他们学习的自信心。

（2）Teacher asks students to sum up and think more.（教师提出几个让学生思考互动的问题：Do you like the story? Which part do you like best? What do you think of Little Red Riding Hood? What do you want to say to her? ）

【设计意图】这是最后的总结和思考的环节。教师通过提出几个开放性的问题，让学生思考这个故事中自己最喜欢的部分和对小红帽的看法，鼓励学生与小红帽对话，给她提出一些安全建议，最后达成本课的情感目标——孝敬长辈，提高安全意识。

五、学法总结

在"整本书阅读"初期，小学生会有很多困难，如来自新语言学习的忧虑、缺乏帮助带来的无助感等，所以教师在课堂上就要多想办法，帮助他们解决困难，让他们自信地、愉快地阅读英文故事，从而实现教育教学目标。在本课的教学过程中，教师着重创设故事情境，体现个体差异，根据故事的特点，设置语言任务，达到教与学的目的。学法具体分析如下。

（一）创设故事情境，引导学生主动听故事

教师通过特别的装扮，运用图画、实物等，为学生创设良好的听故事情境，让学生在轻松愉悦的气氛中感受故事，消除英语学习的顾虑，缓解紧张的情绪。学生在轻松无负担的环境下，听故事、理解故事，效果自然事半功倍，从而降低了英语学习的忧虑感，提高了英语阅读的兴趣，增强了自信心。

（二）创设"读者剧场"模式，引导学生主动展示英语

教师以"读者剧场"的形式进行语言教学，既为学生提供了相对真实的语境，使学生处于积极的语言学习状态，让学生反复练习剧本，培养自身语感，构建语言意义，也融合了学生的表演欲望和口语阅读练习的需要，提供了一种具有吸引力和娱乐性的方法，以提高学生的阅读流畅性、文章的理解力和英语学习能力，最终促进教学水平的整体提高。

（三）给予充足时间，引导学生自主阅读故事

教师提倡让学生慢慢进行"整本书阅读"，除了为学生提供合适的故事外，还给他们充足的时间阅读并为他们提供一些阅读提示、指引、方法等，从而大大了降低学生阅读初期的难度，培养了他们的阅读兴趣，增强了他们的阅读自信心。

（四）提供丰富的学习方法指导，给予学生更多学习上的帮助

在本课的阅读教学中，教师引导学生通过阅读，厘清故事的脉络，完成"故事山"。这样做的目的一是让学生带着问题、任务来阅读，而不是随便翻翻书、看看图画；二是教师可以通过任务的完成度来检验学生阅读的效果，以便及时调整教学方法，实施更为有效的教学手段，更好地完成教学任务。教师引导学生用相似的阅读方法来阅读类似情节性明显的故事，以提高阅读实效。

六、拓展延伸

（1）Tell this story to your parents or friends with the tips.（这是一个经典的格林童话故事，教师鼓励学生根据提示，把学到的故事英文版本与家人、朋友分享。学生通过复述、转述、把故事表演出来等办法分享故事。）

【设计意图】分享故事是对学生语言知识掌握情况的检验。

（2）Work in groups：Rewrite the story in English or change the story ending in your ideas. We'll make our story books.（针对小红帽在故事中的安全意识比较弱，教师设计最后的拓展任务，小组合作完成：学生用英语改写这个故事或者根据自己的想法改编故事的结局。然后，教师把学生写的故事汇编成一个小册子，成为故事集。）

【设计意图】这个任务对于很多学生来说，可能会有一定的难度，所以教师的要求是小组合作完成。这样可以培养学生合作交流的能力以及倾听、思考、选择、融合等方面的能力。教师可以根据小组情况，评价完成的作品。建议教师不要太在意语法或者情节是否合理等方面的问题，而要更多地鼓励学生展示他们的作品。

七、案例评析

本节阅读教学课选用的是经典童话故事 *Little Red Riding Hood*，来自 *Read it yourself* 系列第2级，授课对象是小学五年级的学生，属于小学英语高年级的绘本故事教学。案例设计以故事情节的发展变化为主线展开，利用"故事山"引导学生提取绘本信息，整理故事脉络，并在其帮助下内化知识，最后通过"读者剧场"这一活动输出为学生自己的语言，融读于演，提高学生英语阅读的趣味性，增强学生学习英语的自信心。

在读前活动中，教师用歌曲及游戏热身，并设计了图文匹配、学习书名的导入活动，从而创设了故事的情境，引导学生主动听故事。教师特别的装扮、直观图像、直观实物等教学形式，为学生营造了轻松愉悦的听故事氛围，缓解了学生阅读整本书的紧张情绪，从而降低了学生英语学习的忧虑感，提高了学生英语阅读的兴趣，增强了自信心。

在读中活动中，教师先是化身为 story lady，用自己的声音、语言声情并茂地给学生讲述故事，教学氛围轻松自然，并且让学生初步感知故事内容。在学生听完故事后，教师引入书本上的阅读评价活动，要求学生用自己的语言回答问题，以检测学生对故事梗概的了解情况。接下来，教师给予学生充足的阅读时间，让学生自主阅读，在学生遇到困难时给予指导。在学生以小组为单位根据图片提示完成"故事山"之后，教师引导学生利用"故事山"复述故事。最后，教师将整个故事的重点，即"故事山"的第四部分与学生再重点阅读一次。从这一系列的教学步骤来看，整体设计由浅入深，层级递进，让学生多次反复阅读，将学生自主整体阅读与教师指导重点阅读相结合，有效地降低了阅读难度，保证了阅读实效。

在读后活动中，教师设计了 Reader's Theatre，让学生表演故事。小学生性格活泼，喜欢表现，教师引入"读者剧场"活动能让学生加深对人物性格的理解，生动有趣地用自己的理解方式来表现人物，从而增强学习的自信心。在最后的总结和思考环节，教师通过提出几个开放性的问题，如"你最喜欢故事的哪个部分？你怎么看小红帽？"等，鼓励学生与小红帽对话，给她提出一些安全建议。本课的情感目标在这一系列的情感体验与开放性的提问中得以实现。

本节课极为注重学生对故事情节的情感体验，关注学生的能力差异，为不同水平的学生设计了不同的任务，以小组为活动单位，培养学生的合作意识。另外，鉴于本节课为语言类课程，教师在设计一系列情感体验、思维训练活动的同时，并没有放松对语言知识点本身的要求。例如，教师要求学生正确朗读故事中出现的过去式单词并寻义；在为学生朗读故事的时候，特别强调了感叹句的意思和用法。这些都是关注语言本身的体现。

本节课的教学目标明确，教学活动层次清晰，自主阅读与合作阅读相结合、小组表演展示、用"故事山"清晰呈现故事情节、"读者剧场"分享交流等多种学习方式综合运用，音频、图片、视频等教学资源丰富新颖，教学目标达成度高，学生的情感态度得到培养塑造，是一个优秀的教学案例。

（案例点评人：张 颖）

The Ugly Duckling 教学设计

设计教师：新庄小学　姚婉莉

授课年级：五年级

作　　者：（英）玛格丽特·纳西

出版单位：长江少年儿童出版社

一、文本解读

《丑小鸭》是孩子们耳熟能详的童话故事。本课选择的英文版 *The Ugly Duckling* 来自《培生儿童英语·分级阅读》Level3 系列。《培生儿童英语·分级阅读》由全球知名英语教育专家撰写，它有地道的英语语言、生动活泼的故事形式、符合儿童学习规律的科学系统，是一套儿童英语启蒙的经典读物。《培生儿童英语·分级阅读》共分12级，严格按儿童语言学习的规律分级。它以儿童喜欢的故事为主，每级图书分为经典故事、幻想故事、动物故事与生活故事四部分，涵盖了儿童喜爱的各种故事类型。

童话故事 *The Ugly Duckling* 的故事大意如下：丑小鸭从出生那一刻起，鸭妈妈、小鸭、母鸡、火鸡等都认为他不是同类，所以都排斥他，要赶他走。可怜的丑小鸭最后越过篱笆，来到了一个简陋的棚里。到了春天，他来到湖边，发现自己变成了一只美丽的白天鹅。故事告诉人们这样的道理：心灵美才是真正的美，是金子总会发光。这个道理可以给儿童美好的憧憬，给他们以力量来面对成长中的困难、挫折与烦恼。此故事情节生动、图画鲜艳，不断重复的句型与有趣的情节有机融合，既是经典的读物，又是经典的教材。

二、学情分析

童话故事是儿童文学的重要体裁，是一种具有浓厚幻想色彩的故事，多采用夸张、拟人、象征等表现手法编织奇异的情节。童话主要描绘虚拟的事物和境界，其中的"人物"是假想的形象，所讲述的故事也是不可能发生的。但是童话中的种种幻想都植根于现实，是生活的一种折射。童话故事正是以"幻想"为一方面，以"真实"为另一方面，给孩子的童年增添了更多的色彩。

童话故事 *The Ugly Ducking* 里面的句型主要以一般现在时和一般过去时为主，这两种时态在教育科学出版社义务教育教科书小学英语五年级教材中出现，所以选择在五年级开展该童话故事教学。五年级的学生是青春期的初期，一部分学生身体开始发育，第二性征开始出现，有些学生会对自己的身体变化感到不安，如男孩会出现变声现象，变声期经常会发出一些自己控制不了的怪声调，这是正常现象。教师借此童话故事可以引导学生正确认识自己，外貌的美丑并不是最重要的，心灵美才是真正的美；帮助学生树立积极进取的人生态度，促进学生自我意识的发展。

三、目标解析

（一）教学目标

1. 语言能力

（1）能够朗读绘本故事，理解故事的大意。

（2）能从故事中整体感知一般现在时和一般过去时的结构。

（3）能够通过思维导图，进行简单的复述或表演。

2. 学习能力

（1）能够谈论故事封面，预测故事的发展。

（2）能通过小组合作学习的方式，完成相应的学习任务。

3. 思维品质

（1）能够积极思考问题，发展批判性思维能力和发散性思维能力。

（2）能够对故事角色的言行进行合理推测并做出评价。

4. 文化品格

（1）体会和感悟丑小鸭不怕困难、追求美好境界的精神。

（2）懂得善待他人，互相尊重，同时正确地认识自己。

（二）教学重点

朗读故事并理解故事大意。

（三）教学难点

（1）借助思维导图，复述或表演故事内容。

（2）懂得善待他人，互相尊重，同时正确地认识自己。

四、教学实施

（一）读前活动（Pre-reading）

（1）Let's sing *Old Macdonald Had a Farm*.（齐唱歌曲 *Old Macdonald Had a Farm*。）

【设计意图】通过歌曲活跃课堂气氛，激发学生学习的兴趣和动机。

（2）Answer the questions.（根据歌曲内容，回答下列问题。）

① What animals can you see?

② Which animal do you like best? Why?

（3）Free talk：What other animals are there on the farm?（自由谈论农场里动物的种类。）

（4）Learn the new words：hen，turkey，duckling.（学习新单词 hen，turkey，duckling。）

【设计意图】从歌曲引出动物的话题，通过激活学生已有的语言知识，自然过渡到新单词 hen，turkey，duckling 的学习，为故事的学习做好铺垫。

（5）Answer the questions.（回答下列问题。）

① What do ducklings look like?（呈现一些可爱的小鸭子图片。）

———They are yellow，they are very lovely.

② How about this duckling? Is it a lovely duckling?（呈现丑小鸭的图片。）

———No. It's grey，it has a big mouth，it's thin，it's an ugly duckling.

（6）Show the story *The Ugly Duckling*.（引出课题并板书。）

【设计意图】通过提问、对比的方式引出故事主题，培养学生的观察能力。

（二）读中活动（While-reading）

（1）Students observe the cover and talk about the story what they have known.

207

（学生观察封面，谈论旧知。）

① What can you see on the cover?

② What happened to the ugly duckling?

【设计意图】通过问答的方式，激活学生对故事的旧知，为学习英文版的童话故事做铺垫。由于学生的个体语言能力有差异，此处可允许学生用中文回答。

（2）Learn the story P1～P7.（学习故事第1至7页。）

Watch the video and answer the questions：

① What animals can you see?

② What did they say to the ugly duckling?

③ What did they do to the ugly duckling?

④ How did the ugly duckling feel?

【设计意图】看故事第1至7页的动画视频，通过提问的方式，帮助学生梳理故事内容和理解人物的内心世界；让学生从鸭妈妈、小鸭、母鸡和火鸡的言行当中感受他们对丑小鸭的排斥，从丑小鸭一次又一次的努力当中，感受他内心对友伴的渴望；通过交流与分享，激发学生的同理心。

（3）Let's read.（跟读故事。）

（4）Group work：Choose a way you like to practice with your partners.（选择一种喜欢的方式开展小组活动。）

① Read in groups.

② Read in roles.

③ Read and act in roles.

【设计意图】故事的前部分内容角色很鲜明，对话内容比较简单，适合开展"读者剧场"活动。在此环节，教师要给予学生充分的小组活动时间，让他们揣摩角色的形象，选择喜欢的方式朗读或表演故事，激发学生的学习兴趣，挖掘他们的演说潜能。

（5）Learn the story P8～P9.（在悲伤的音乐背景下，教师声情并茂地讲述第8至9页的故事内容。）

They didn't like the ugly duckling. He was very sad. So he ran off. He ran under a fence. He went into a shed and did not come out. He put his head under his wings. "No one will play with me，" he said，"I am too ugly."

（6）Try to read emotionally.（学生以个人、小组、男女生组合等方式有感情地朗读。）

【设计意图】在悲伤音乐的渲染下，通过多种形式的反复朗读，引导学生感受丑小鸭的可怜与无助，激发学生的怜悯之情。

（7）Guess the ending of the story.（学生猜测故事的结局。）

（8）Watch the video and learn the story P10～P11.（播放视频，揭晓故事的结局。）

Spring came.The ugly duckling saw a swan on the pond.The ugly duckling said to the swan，"I wish I looked like you." "But you do." said the swan. The ugly duckling looked in the water. "I am a swan！" he said. "Come with me." said the swan. And off they flew.

（9）Read the story.（在轻快的音乐背景下朗读故事的结局部分。）

【设计意图】在音乐的渲染下，让学生感受到丑小鸭蜕变的喜悦，感受到世界的美好。

（三）读后活动（Post-reading）

（1）Read the whole story.（学生拿着童话故事绘本进行朗读。）

【设计意图】学生拿着绘本，选择自己喜欢的方式（默读、大声朗读、个人读或小组读等）进行朗读，激发英文阅读的兴趣。

（2）Group work.（小组活动，组员选择喜欢的方式进行小组朗读或表演。）

① Read in groups.

② Read in roles.

③ Read and act out the story.

（3）Show time.（各小组选择以上喜欢的方式进行展示。）

【设计意图】为学生设计不同的展示方式，可以照顾学生的个体差异，因材施教，以激发学生的学习兴趣，让他们获得自信心和成就感。

（4）Retell the story.（通过板书设计，让学生复述故事内容。）

【设计意图】教师通过思维导图，使故事内容一目了然，如图5-7所示，更有利于学生梳理和记忆故事。

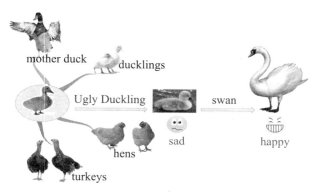

图5-7

五、学法总结

童话具有丰富的意义和情感色彩，它们比学生学习的英语教材更为丰富，也更为深刻。在 *The Ugly Duckling* 童话故事的教学中，教师主要采用了以下学习方法。

（一）"读者剧场"活动

童话故事 *The Ugly Duckling* 里面的角色形象分明，故事内容相对简单，很适合学生表演。教师让学生在故事阅读教学的过程中开展读中演、演中读，既可以激发学生的学习兴趣，也可以培养学生的小组合作能力。

（二）"美读"练习

童话故事的语言优美，对话内容生动，在音乐的渲染下，教师让学生进行"美读"练习，更能让学生体会人物的内心世界和感情。教师让学生通过个人、小组、男女生组合、全班等不同形式进行朗读，纠正学生的语音语调，培养学生的英语语感。

（三）思维导图

在故事阅读教学中，教师运用思维导图方式，帮助学生梳理故事脉络，加强记忆，增强学习效果。

六、拓展延伸

（一）自由谈论（Free talk）

（1）What will the Ugly Duckling say to the ducks，hens and turkeys when he becomes a swan?

（2）How to make friends with others?

（3）What will you do when you are sad?

【设计意图】三个问题的设计意图各不相同：通过第一个问题，发展学生的发散性思维，并了解学生的待友之道；通过第二个问题，引导学生认识正确的交友之道；通过第三个问题，引导学生正确处理自己的情绪，避免出现不当的行为。教师通过引导学生交流与分享，让学生懂得善待他人，互相尊重，同时明白正确地认识自己的重要意义。

（二）创编故事（Write a new story）

（当丑小鸭变成白天鹅后，会发生什么事情呢？请用不少于六句话续编故事。）

【设计意图】学生对童话故事特别感兴趣，也有很多的奇思妙想，所以，故事续写是他们喜闻乐见的。学生个体存在差异，教师可以给他们适当的指引，如"丑小鸭会对之前的动物们说什么，做什么？当我们看到一些外貌不漂亮的小动物，会怎么做呢？"鼓励学生以小组合作的形式，先交流分享，展开思维的碰撞，再进行小组分工，共同合作完成。这种小组合作方式有利于发展学生的合作能力和思维能力。

七、案例评析

本节课围绕选自《培生儿童英语·分级阅读》Level3 系列的阅读材料 *The Ugly Duckling* 展示设计，是以童话故事为主题的小学英语高年段"整本书阅读"教学案例。

童话是一种儿童文学体裁，其美妙故事折射出的人生哲理都源自生活。通过学习 *The Ugly Duckling* 童话故事，学生能够体会和感悟丑小鸭不怕困难、追求美好境界的精神；懂得善待他人、尊敬他人；正确地认识自己，树立积极的人生态度，汲取力量来面对成长中的困难、挫折、烦恼；等等。

The Ugly Ducking 是孩子们耳熟能详的童话故事，故事里面的句型主要以一般现在时和一般过去时为主，教育科学出版社义务教育教科书小学英语五年级英语教材中出现过这两种时态。教师根据语言学习规律选择故事材料，并在教学准备前期进行了学情及文本分析，结合学生年龄特点和年段学习目标，选择在五年级开展该童话故事的阅读教学，引导学生学习应用多样化的阅读策略，

掌握阅读技能，从而提升综合运用英语的语言能力和阅读素养。

在本节课的教学中，教师主要应用了如下教学方法。

（一）问题导向教学法

教师根据教学目标和内容，精心设计开放性的问题，积极开展以问题为导向的探究性学习。例如，在读前活动中，教师让学生听歌曲，然后提出问题：Which animal do you like best？Why？接着开展 free talk 活动，设置问题（What animals else are there on the farm？等）引出故事的学习。在故事的教学过程中，教师也时刻以问题为引导，让学生在开放性的问题情境中进行阅读探究，培养学生自主阅读和思考的能力，促进学生思维能力的提升。

（二）图片环游教学法

童话故事图画鲜艳，教师充分利用故事插图，先让学生观察封面，激活旧知，让学生推测故事情节，然后按照故事内容和情节意义，分步骤引导学生开展阅读学习活动，以问题探究为任务驱动，让学生在不断猜测、推测和阅读中体会故事内容，让他们在谈论和交流反馈中不断发现问题并解决问题，为进一步阅读理解打下了良好的基础。

（三）"读者剧场"教学法

童话故事 The Ugly Ducking 里面的角色形象分明，对话内容和句型不断重复，利于表演和应用。教师把"读者剧场"教学法应用到故事教学中，通过读中演、演中读等活动，引导学生体验角色情感，通过表演诠释角色特征，帮助学生更好地理解故事，让学生获得情感的体验和感知。

（四）"美读"教学法

教师所在的科组具有开展英语"美读"教学的研究经验。在本节课的教学中，教师组织学生开展个人、小组、男女生组合、全班等不同形式的品读和"美读"活动，引导学生通过朗读揣摩人物的形象特征，通过朗读深化角色体验，培养学生良好的英语语感，进一步提升学生的阅读素养。

（五）思维导图学习法

思维导图以图式的方式展示人大脑中思考的问题，通过线条、关键词、色彩等方式拓展思维，使复杂的问题简单化，是一种有效提高教学效率的方法。教师在故事阅读教学中应用思维导图梳理故事脉络，形成板书，学生通过板书信息进行故事复述，有助于准确表达、及时反馈、丰富练习情境，使学生有效理解和掌握学习方法。

　　本节课的教学重视对阅读方法的应用指导，注重通过"读者剧场"和"美读"活动引导学生充分体验故事的角色特征，深度感知文本内涵和情感意义。学生在童话故事的阅读学习中体验不同文化，认识自我，认识世界，发展多元思维，打开了探索世界的一扇窗，给童年生活增添了绚丽的色彩。

（案例点评人：雷　旭）

The Wonderful Wizard of OZ 教学设计

设计教师： 东区小学　吴　佳

授课年级： 五年级

作　　者： （美）L. Frank Baum

出版单位： 外语教学与研究出版社

一、文本解读

　　《剑桥少儿英语》是一套有趣的儿童英语分级读物，其故事的主题、词汇、语法等针对性强，选篇兼顾经典名著和原创童话故事，内容安排充满创意、童趣灵动、寓教于乐。该系列图书共分四个级别，难度依次递增，符合儿童的认知发展规律和兴趣。本节课阅读教学绘本 *The Wonderful Wizard of OZ* 选自用《剑桥少儿英语·分级阅读》第一级，这个级别还包括 *PB3 and Coco the Clown*、*PB3 and the Vegetables*、*PB3 and the Helping Hands*、*PB3 and the Jacket* 等童话故事。

　　The Wonderful Wizard of OZ（《奥兹国历险记》）讲述的是一个奇妙的童话历险故事。一场龙卷风将少女多萝西和她的小狗托托一起带到了一个神秘的

魔法国度。多萝西遇到了外表威武雄壮、内心却胆小如鼠的狮子，拥有冰冷外表和空洞内心的铁皮人，以及生性善良却总是缺乏自信心的稻草人，他们一行人为了寻找各自丢失的东西而结伴前行，踏上了惊险的旅程。他们所要面对的是贪婪而又邪恶的女巫。多萝西和朋友们在冒险中历练了勇气，在挫折中得到了成长，学会了包容与独立。他们善用合作与机智，再大的困难也能勇敢地克服，乐观又坚毅；他们生死与共，以友情和智慧灌溉希望，最终获得了成长，实现了梦想。作者通过塑造勇敢机智的童话故事角色，宣扬童真童趣，同时也向孩子们传递了心存梦想，用智慧和勇气为梦想而奋斗，不轻言放弃，互帮互助等充满正能量的思想。

二、学情分析

五年级学生通过大量阅读积累，对童话故事类绘本已不陌生，通过攀登英语分级阅读、持续默读等一系列阅读活动，培养了一定的阅读习惯和兴趣。在绘本语法理解方面，五年级学生知道观察语句基本结构，尤其是动词数的变化。这个童话故事的基本时态是一般现在时，五年级学生学习过一般现在时，能理解一般现在时的语义，所以能基本理解全文的时态。同时，五年级学生接触了情态助动词，对文中出现的 must，have to 能基本理解，并且能通过阅读再次巩固知识。在教学手段方面，本故事适合用问题引导和关键词提取的方法来进行阅读理解，教师可用思维导图适当引导学生进行故事的梳理和复述。同时，该年段学生已经基本可以使用抽象记忆，并在教师的引导下进行抽象归纳，因此可以在小组合作中完成学习任务，能尝试用完整的句子表达自己的想法，提高写作能力。

三、目标解析

（一）教学目标

1. 语言能力

（1）学生能用已知语法知识和听力技巧读懂英文童话故事，听懂并理解故事脉络。

（2）学生能够根据思维导图关键词，通过阅读技巧找到对应信息，回答相关问题，并复述故事大意。

（3）学生能够写出简单的读后心得，归纳童话故事蕴含的道理。

2. 学习能力

（1）学生能够用已知的语言知识、阅读技巧尝试长篇章的阅读，展开想象并预测故事。

（2）学生能够在思维导图的帮助下，尝试用完整的句子复述、概括情节，以及表达自己的观点。

（3）学生能够通过双人和多人小组合作的方式进行任务型学习。

3. 思维品质

（1）学生能够根据文中信息，对开放性问题进行大胆想象，并完整表达自己的观点。

（2）学生能够体验阅读童话带来的快乐，并从故事中感受到美和正能量。

4. 文化品格

学生能够感受到文中闪烁的勇敢和智慧的光芒，懂得要保持善良，团结互助，不畏艰险。

（二）教学重点

（1）知晓童话故事结构及其组成部分。

（2）利用上下文、插图及已有生活经验猜测单词或话语意义，理解童话故事的情节内容所隐含的道理。

（3）预测故事的发展，培养观察力和想象力。

（三）教学难点

（1）理解童话故事的情节内容所隐含的道理。

（2）组织语言表达自己的观点，写出简单的读后心得。

四、教学用具

童话故事书、教学PPT、作业纸等。

五、教学实施

（一）读前活动（Pre-reading）

教师视频输入 *Snow White*，让学生通过最熟悉的故事，来了解童话故事的共同构成要素；根据关键词的引导，找到关键信息，并描述故事大意。

Q1：Can mirror really talk?

T：So we call this kind of story fairy tale. In fairy tale，we should know "who" "where" and "what".

Q2：Who is in this fairy tale?

Q3：What happened to Snow White?

Q4：Where did the story happen?

Q5：Can you tell us some other fairy tales?

Q6：What are those fairy tales about?

【设计意图】教师通过视频输入和问题引导，使学生关注童话故事的特点和构成要素，为下一步的童话故事阅读做好知识和情感的准备；同时培养学生发散性思维，根据所归纳的童话故事要素，说出更多的童话故事。

（二）读中活动（While-reading）

（1）简单导入 The Wonderful Wizard of OZ 的故事信息点，引导学生关注封面信息。

T：（Brief introduction） Have you ever met monkeys with wings and an all powerful wizard? This is the fairy tale about how Dorothy made some wonderful friends in a magic land and how she tried to get back home. Did she manage? You'll have to read the story and find them out. Look at the cover and answer：

① Look at the cover and what can you see?

② Who is the writer of this book?

③ What is the title of the fairy tale?

④ Where will they go?

【设计意图】在故事背景介绍时，教师用问题来激发学生的阅读兴趣，激发起学生对未知事物的向往和预测，然后用图片观察法，引导学生观察绘本的封面，把课堂还给学生。教师根据设置好的问题进行引导，注意留给学生思考的空间，让学生充分打开想象的翅膀，提升观察力，同时给学生时间组织语言，表达自己的观点，并鼓励学生大胆预测故事，激发学生的阅读兴趣和好奇心。

（2）学生带着问题听读第2至4页的第一部分故事内容，回答问题，并贴图。

① Listen to the first part P2 ~ P4 and try to answer：

Q1：Who is in the fairy tale?

Q2：What happened to Dorothy?

Q3：Where is Dorothy now?

② Read the first part P2 ~ P4，check your answer，and stick the yellow cards to the right places in mind map.

【设计意图】通过问题引导，教师带领学生根据故事的三要素（童话人物、童话情节和童话环境）了解故事，让学生进行任务型学习。学生听完故事后进行阅读，并把黄色卡片贴在思维导图的相应位置（图5-8）。这样学生既能提取故事的关键信息，也能在整体故事的框架下理解故事。

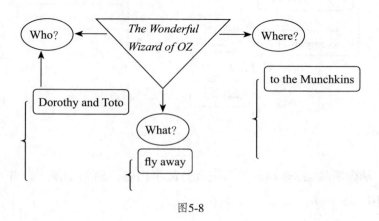

图5-8

（3）听读第5至7页的第二部分故事内容，连线并填空。

① Listen to the second part of the fairy tale，and try to match the information.

Dorothy	wants a	heart
The scarecrow	wants to go to	Kansas
The tin woodman	wants to be	brave
The lion	wants a	brain

② Read the second part of the fairy tale，then fill the blank.

a. _____ gives Dorothy the silver shoes of the Bad Witch of the East.

b. Dorothy and Toto look for _____ _____ _____.

c. Dorothy and Toto talk to a _____，a _____ _____，and a _____.

③ Work in pairs，put the green cards in the right places in mind map，then read it.

【设计意图】在这一部分阅读中，教师利用独学和对学模式，让学生从听说读写方面全方位理解和输出故事。其中，第一遍听完后，学生提取关键信息进行大意的匹配；第二遍细读完后，加入视觉效应，深化理解，进行关键信息的提取和书写；第三遍听完后，两人小组合作学习，对文段进行归纳，进一步对思维导图框架进行补充，如图5-9所示。

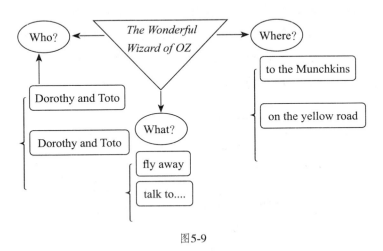

图5-9

（4）学生听读第8至14页的第三部分故事内容，给句子排序，并贴图完成思维导图（图5-10）。

Read the third part P8 ~ P14 and order the sentences：
（4）The Bad Witch of the West Let the Winged Monkeys kill the scarecrow and the tin woodman.
（3）The friends find the Bad Witch of the West.
（1）The five friends go to see the Wizard of OZ.
（5）The Winged Monkeys drop the tin woodman，take the straw out of the scarecrow，pick up Dorothy and the lion.
（2）The Wizard of OZ asks them to kill the Bad Witch of the West.

图5-10

① T：Listen and read the third part，and put the following sentences in the right order.

② 把黑色卡片贴在完成的思维导图的相应位置并思考下列问题（图5-11）：

Q1：Will they give up?

Q2：Will they help each other?

Q3：How will they help each other?

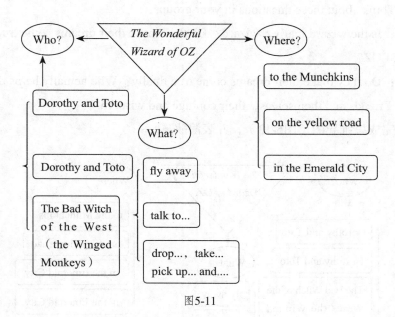

图5-11

【设计意图】在这一部分的阅读活动中，教师先通过给句子排序的任务，让学生迅速掌握故事情节，然后继续用思维导图进行故事脉络的梳理，并让学生对故事后续的发展进行预测，其中问题的预设包含了对主人公品质的预测。

（5）听读第15至21页的第四部分故事内容，完成选择题并表演这部分内容（图5-12）。

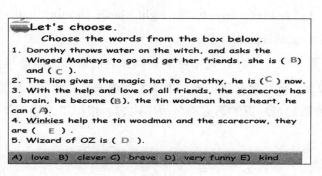

图5-12

① 完成选择填空，并回答问题。

T：This part is the climax of the story. What kind of people they are？Choose the right answer.

② Think about these questions in your groups：

Q1：Is the wizard really a wizard？Do they make their dreams come true by the Wizard of OZ？

Q2：Do they make their dreams come true finally？Who actually helps them？

S：Friends and themselves，their courage and wisdom.

③ 完成思维导图（图5-13），并表演故事。

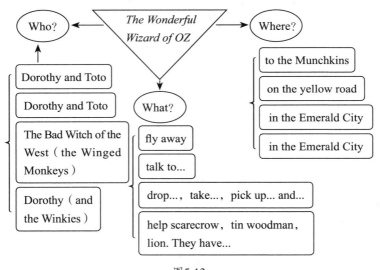

图5-13

T：Stick the orange cards to the right places in mind map；work in your groups，and act out this part.

【设计意图】在小组内讨论并理解故事背后的意义，然后根据自己的理解增加话语和动作，分小组表演出来，提高学生的兴趣，活跃教学氛围。

（6）听读第22至27页的第五部分故事内容，根据思维导图（图5-14）进行复述。

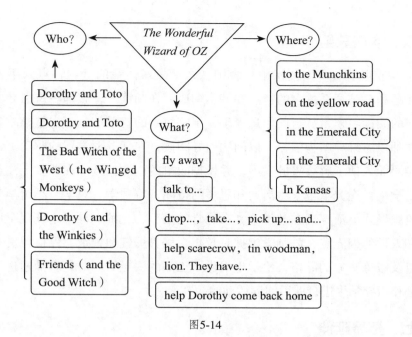

图5-14

① With the help of the mind map，try to retell the fairy tale in your groups.

② 小组讨论，小组代表说出简短的读后感。

T：This is the end of the story，it tells us everyone should always have dream in mind，and keep fighting for it. With the courage and wisdom，kindness and friendship，the dream will come true. What's your opinion？ Now discuss in your groups.

【设计意图】总结全篇，并进行课堂留白，鼓励学生开动脑筋，在小组内讨论并推选代表发表自己小组的看法。

（三）读后活动（Post-reading）

（1）Draw your favourite character from the fairy tale.

（2）Tell the reason with the word friendly，funny，happy，beautiful，brave，kind...

（3）Tell what you learn from the fairy tale.

My favourite character is_____，

because _____.

六、学法总结

在本节童话故事阅读课中，教师从童话故事体裁的基本特点入手，帮助学生回顾和总结童话故事的特点和基本构成。在阅读时，教师注重引导学生养成良好的阅读习惯，从封面信息入手，了解故事的背景信息。在整篇故事阅读中，教师以思维导图为依托，以问题引导阅读，在任务型学习的驱动下，带领学生层层深入地了解故事的发展，并发掘故事的内涵。教师在课堂上注重把课堂还给学生，充分给予学生活动和思考的空间，将独学、对学、小组学等多种教学组织形式灵活穿插在教学中。在课堂的最后，教师引导学生发现童话故事的美和人性的闪光点，鼓励学生拥有梦想、培养勇气和智慧、保持善良互助的精神以及锻炼坚毅的品格，给学生提供了正面的引导。同时，教师通过拓展活动推进和指导学生进行课后阅读活动的探究。

七、拓展延伸

（1）读《剑桥少儿英语·分级阅读》第一级 *PB3 and Coco the Clown*，做一张思维导图海报，根据导图讲述故事。

（2）读《剑桥少儿英语·分级阅读》第一级 *PB3 and the Vegetables*，根据自己制作的思维导图写简要读后感。

八、案例评析

本课围绕《剑桥少儿英语·分级阅读》第一级中的故事 *The Wonderful Wizard of OZ* 展开设计，属于小学英语高年级的童话故事教学。在本案例设计中，教师以思维导图为依托，引导学生对故事进行梳理和复述；用问题引导和关键词提取的方法，提高学生的阅读能力；用图片环游和上下文释义，培养学生的猜词能力，同时打开学生的想象空间，培养学生的写作能力。教师在任务型学习的驱动下，带领学生层层深入地了解故事的发展，将课堂还给学生，充分给予学生活动和思考的空间。

教学设计从各个环节展开描述，详细记录了教学步骤及教学活动的设计意图，体现了对"整本书阅读"方法的指导与实践，在教学过程中渗透了童话故事中美的教育和善良、正义的情感体验，鼓励学生怀揣梦想，勇于探索，保持善良，给学生提供了正面的引导，体现了教师对学生语言思维能力、阅读习惯、情感态度、价值观以及核心素养的培养。

在读前活动中，教师用视听材料 *Snow White* 导入，通过视频输入和问题引导，让学生关注童话故事的特点和童话各部分要素，为后续童话故事阅读教学做好知识和情感的准备。同时，阅读中的问题引导培养了学生的发散性思维，让学生根据所归纳的童话故事要素，说出更多的童话故事。

在读中活动中，教师先对故事背景进行了介绍，通过在阅读中提问，激发了学生对未知事物的向往和预测。然后教师用图片观察法引导学生观察绘本的封面，通过对封面主图案的导读和猜测，引导学生对故事内容进行联想。在接下来的绘本细读环节，教师通过问题引导学生根据故事的三要素了解故事，在完善思维导图的过程中，学生获取信息的阅读技能也得到了训练。接着教师灵活穿插独学、对学和小组学等多种教学组织形式，让学生从听说读写方面全方位地理解和输出故事。通过小组合作，学生讨论并理解故事背后的意义；分组表演提高学生兴趣的同时，也活跃了课堂氛围。最后，在简短说出读后感的活动中，教师让学生积极开动脑筋，畅所欲言，大胆说出自己的看法，很好地培养了学生的批判性思维能力。

在读后的巩固学习活动中，教师利用"画出你最喜欢的人物"这一创造性活动引导学生发现童话中人物的闪光点，鼓励学生积极思考：怎样保持善良互助的精神和坚毅的品格？通过思考与总结给学生提供正面的引导，同时通过拓展活动推进学生进行课后阅读活动的探索。

本课的教学设计非常优秀。在教学中，教师注意把课堂还给学生，给予学生充分的自由思考时间。在阅读过程中，教师注重引导学生养成良好的阅读习惯。整堂课很好地体现了对学生自主学习能力、综合语言运用能力和思维能力的培养。小组合作的学习方式使学生能够优势互补，培养了学生的合作精神及合作意识等。多种课堂组织形式的灵活穿插和运用让每个学生的创造力得以发挥。学生通过丰富的阅读活动和语言实践活动，发展了语言技能，激活了思维，提高了自身的英语核心素养。

（案例点评人：张　颖）

Flora to the Rescue 教学设计

设计教师：香雪小学　梅　慧

授课年级：五年级

作　　者：（英）纳瑞德·达米

出版单位：长江少年儿童出版社

一、文本解读

　　故事 *Flora to the Rescue* 选自长江少年儿童出版社出版的《培生儿童英语·分级阅读》系列读物的第3级，讲述了住在神奇海底世界的两个人鱼（美人鱼姑娘 Flora 和人鱼少年 Marvin）的一段惊险经历。一日，Flora 和 Marvin 在海底玩捉迷藏。Marvin 藏，Flora 找。Flora 找呀找，找了很久都没有找到 Marvin。原来 Marvin 藏在了一个"山洞"里。但 Flora 发现那并不是一个山洞，而是鲸鱼的大嘴巴。Marvin 就要被吃掉了，怎么办呢？趁鲸鱼不注意，Marvin 在 Flora 的指引下，从鲸鱼的嘴巴里逃了出来。两个小伙伴勇敢、团结并十分机智地摆脱了鲸鱼的追踪，最后安全回家。这是一篇典型的童话故事，具有浓郁的幻想色彩。作者采用了夸张、拟人等表现手法虚构了一个美丽但又充满危险、挑战的海底世界。两个人鱼小伙伴一起嬉戏玩耍根植于现实生活，然而，小伙伴藏到鲸鱼嘴巴里，是现实中不可能发生的事情。该篇童话故事遵循一定的事理逻辑，折射了一定的社会问题——儿童安全意识薄弱，同时彰显了一些优良品格——临危不惧、勇敢团结。对于五年级学生来讲，该篇童话故事出现了较多生词，语言学习具有一定的挑战性，但故事情节跌宕起伏，充满悬念和反转，具有很大的吸引力。学生比较乐于阅读此故事，并且能从故事中领悟一定的安全防范意识以及勇敢、团结的优良品质。

二、学情分析

（一）认知基础

本课的授课对象为小学五年级学生，年龄在11岁左右。通过一、二年级的英语口语学习及三、四年级的英语正式学习，他们具备了一定的拼读水平和一定的英语基础，拥有较强的学习能力，思维比较活跃。另外，学生具有初步小组学习能力，能够以小组合作形式进行简单的自主学习。但是，学生整体词汇量有限，并且对绘本故事教学比较陌生。因此，教师在教学过程中综合运用多种绘本教学法，如图片环游、分组自主阅读等。该故事出现较多生词，具有一定的挑战性，但通过联系上下文和图片，学生能比较容易理解单词意思。如何帮助学生抓住故事主线，分析理解童话故事三大基本构成要素（童话人物、童话情节及童话环境）是教学的挑战。

（二）生活经验

学生对捉迷藏游戏并不陌生。游戏的规则和过程都很好理解，但是很少有学生能够分析指出捉迷藏游戏当中可能存在的安全隐患。因此，教师需要不断通过故事文本与学生展开互动和对话，引导学生对文本内容进行更深层次的探究与反思，结合自身生活实际，总结出日常生活中如进行捉迷藏等游戏应当注意的安全问题。

三、目标解析

（一）教学目标

1. 语言能力

（1）能够清楚童话故事三要素：童话人物（characters）、童话情节（plot）、童话环境（setting）。初步了解童话情节基本脉络：exposition（beginning），rising action（problem），climax，falling action（solution），resolution（the end）。

（2）能够读懂配图故事，说出其大意。

（3）能够通过思维导图，复述并表演故事内容。

2. 学习能力

（1）能够谈论封面故事、预测故事。

（2）能够通过小组合作学习，完成相应的任务。

3. 思维品质

能够仔细观察创设情境的周边环境，并快速判断潜在危险；能够迅速寻找应对策略；能对主人公的行为进行合理推测并且做出评价。

4. 文化品格

能够从充满想象力的童话故事中吸取教训，在日常生活及游戏中提升安全意识，同时培养遇事冷静、勇敢和团结的优良品质。

（二）教学重点

朗读故事并理解故事大意，清楚童话故事三要素在该故事中的具体体现。

（三）教学难点

（1）在理解故事的基础上，明确童话故事创作框架。

（2）借助思维导图，表演故事内容。

四、教学用具

故事书、教学课件、卡通头套（美人鱼姑娘、人鱼少年、鲸鱼）、作业纸等。

五、教学实施

（一）热身导入（Warming-up and Leading-in）

1. Greetings（问候）

T：Good morning, boys and girls. Welcome to the magic kingdom.

教师用充满热情的语调同学生打招呼，欢迎学生来到这个神奇的王国。（课件展示神奇的海底王国。）

【设计意图】利用互相问候的机会，直接创设情境，点明今天的历险活动将在一个神奇的海洋国度进行。学生初步感知短语 the magic kingdom。

2. Watch a video（观看动画片）

T：It's video time. Let's enjoy the video and find out what are in it?

教师播放《芭比之美人鱼历险记》片段，解释生词 mermaid 和 mermaid boy 的意思。教师出示动画中美人鱼姑娘的图片，并说明 mermaid；再出示动画中人鱼少年的图片，并说明 mermaid boy。

T：Well done. They are mermaids and mermaid boys. It is said that they are living in the sea. They like playing games in the sea. Do you want to join them?

【设计意图】通过播放学生比较熟悉的动画片片段，振奋学生的精神，激发学生的学习兴趣，同时直观学习关键词 mermaid 及 mermaid boy。

（二）阅读前活动（Pre-reading）

Read the cover.（读封面。）

教师引导学生观察封面，通过了解书名、作者、绘者、译者及出版社等信息，确定故事发生的环境和主人公，并对故事进行推测。

T：What's the title? Who is the writer / illustrator / translator? It is pressed by…

T：What can you see in the picture?

T：There is a mermaid and mermaid boy. Where are they?

T：We have already known the title——Flora to the Rescue. Who is Flora? What does rescue mean? （单词 rescue 讲解：利用图片和肢体语言让学生猜测。）

T：What happened? Who did Flora want to rescue? Did she succeed? （请学生预测回答。）

T：All of you did a good guessing. Let's find out the answer together.

【设计意图】通过引导学生关注绘本的书名、作者、绘者、译者及出版社等，让学生获取有关这本书的基本信息；通过引导学生关注封面背景和主人公，培养学生细致观察的能力，并结合题目让学生对故事情节进行预测，激发和调动学生的阅读兴趣。

（三）阅读中活动（While-reading）

1. Read together（图片环游第2至3页）

教师引导学生阅读第2至3页，通过设问、回答，找出该故事的基本元素：主人公及环境；完成故事情节 exposition（beginning），rising action（problem）；同时学习新词汇，形成板书。

Questions（问题设置）：

（1）P2：

T：Who are the characters? （Who is the story talking about? ）（板书：Characters）

T：Where were they? （板书：Setting）（短语 the magic kingdom：图文匹配解码）

［板书：Plot：Exposition（beginning）］

（2）P3：

T：What did they do？ ［板书：Rising Action（problem）］

T：Who would hide？ Who would seek？

T：Good job. Let's divide into two groups. Boys are Marvin team and girls are Flora team. Let's play hide and seek with them.

【设计意图】教师通过提问，引导学生提取童话故事三要素当中的故事主人公以及故事环境两部分，并完成故事情节开端，引出故事情节发展。依据两位主人公 Flora 和 Marvin 的性别，对班级学生进行分组，男生为 Marvin team，女生为 Flora team，为接下来分小组阅读和讨论做好准备。按性别分组，有利于增强学生的故事代入感。

2. Read in groups（学生分小组自主阅读）

Flora team 和 Marvin team 分别阅读指定页的内容，完成相应任务。

（1）Marvin team 阅读第4~5页，完成任务并进行展示（表5-2）。

表5–2

Marvin team：Task 1
Questions：What did Marvin see?   Where did Marvin hide?
Discuss：Why did Marvin hide there?

（2）Flora team 阅读第6~7页，完成任务并进行展示（表5-3）。

表5–3

Flora team：Task 1
Questions：Where did Flora look for Marvin?（勾画出答案。）   What did Flora see?
Discuss：Did Flora find Marvin? How did she feel?

（3）让 Flora team 先展示任务答案，Marvin team 后展示任务答案。教师核对答案，并进行点评。

T：Flora，we know that Marvin hided in a cave. Let's find Marvin together. But before that，we have to finish a task to know more about the magic kingdom.

（4）两组学生快速浏览对方页的内容，完成个人任务。小组内部核对答案，并进行拼读。教师展示答案，并带读（表5-4）。

表5-4

Task 2：Match					
sea horse	cave	whale	sea shell	rock	sea-weed
鲸鱼	贝壳	岩石	海草	海马	山洞（均以图片形式展示）

【设计意图】教师通过拼图阅读，按照主人公性别分小组，让两组分别阅读不同页的故事内容，造成信息差，增强学生的故事代入感。通过小组合作讨论并展示，增强学生小组合作能力，提高学生的表达能力。通过两组学生快速处理单词图片连线任务，检查学生根据上下文和图片猜测词义的能力。通过小组核对答案和教师带读，增强学生课堂主人翁意识，加强学生自主学习能力，提高学生的拼读能力，使擅长英语学习的学生的领导力得以展现；同时进一步校正学生答案，方便学生语音自查，照顾学习有困难的学生。

3. Read together（图片环游）

教师引导学生阅读第8至16页，通过设问、回答、小组讨论等互动活动，不断设置悬念，引导学生完成故事情节：climax，falling action（solution），resolution（the end）。

（1）P8～P9：

T：Flora couldn't find Marvin. How did she feel？ Where was the cave？ Was it a real（真的）cave？

（板书：cave）

（2）P10～P11：

T：Where did Marvin hide actually？ A cave or...？

T：How did Marvin feel？ Could Marvin get out？

（板书：Climax）

（3）分小组思考并分享。

Marvin team：What would you do if you were Marvin？ Why？

Flora team：What would you do if you were Flora？ Why？

（4）P12～P13：

T：Did Marvin get out of the whale's mouth?

T：How did the whale feel? What did the whale try to do?

T：The whale tried to catch them.

（板书：Rescue）

教师展示海底图片，小组讨论 Mawin 藏在哪里了，并分享为什么。

（5）P14～P15：

T：Did they run away successfully? How?

［板书：Falling Action：（solution）］

（6）P16：

T：Did Marvin want to play hide and seek again? Why?

［板书：Resolution：（the end）］（板书：went home）

【设计意图】通过图片环游，教师不断进行设问、追问、设置悬念及小组讨论、反思等互动活动引导学生多角度深层次思考；不断预测故事发展情节，再不断印证预测合理与否，进而换位思考：如果是我，我会怎么想，怎么办？在这一过程中，学生被不断地提问和追问，进行丰富且有想象力的语言输出，既培养了基本阅读技能（预测、推测），又提高了批判性思维和共情能力。师生共同努力，形成 story mountain 板书，帮助学生分析文章架构，完整了解童话故事三要素。

4. Retell the story（复述故事）

【设计意图】通过板书思维导图，呈现故事主体信息，引导学生进行口头复述，内化语言。

5. Watch the video *Flora to the Rescue*（观看故事视频）

【设计意图】整体感知本故事，并自我校正单词发音，为小组表演做铺垫。

（四）阅读后活动（Post-reading）

1. Act（表演）

学生进行故事表演（两人一组，分别来自 Marvin team 和 Flora team），旁白由学生志愿者或者教师担任。

【设计意图】培养学生小组合作、说演结合的能力，进一步使学生内化语言。

2. Discussion（小组讨论）

每个小组抽取一张地图（提前准备两张实景地图）并讨论：如何选择安全的地方开展捉迷藏游戏。

T：Where would you hide if you were playing hide and seek？Why？Where shouldn't you hide？Why？Please always remember "Safety comes first"。

选图建议：

（1）in the park：公园实景图片，包含水池、房子、游乐场设施等元素。

（2）in the room：房间实景图片，包含阳台、柜子、桌椅等元素。

【设计意图】通过分小组抽取地图进行模拟捉迷藏游戏，学生自行讨论总结，分辨出具有安全隐患的地方，提高安全意识及小组合作能力。

（五）家庭作业（Homework）

（1）Share the story with your parents or your friends.（故事分享。）

【设计意图】学生通过复述或者表演的方式跟家人分享该故事，检验语言知识的掌握情况。

（2）Choose to do.（选做作业。）根据童话故事的三个基本要素，创编属于自己的童话故事。

【设计意图】鼓励学有余力的学生进行童话故事创编，加深学生对课堂学习的童话故事三要素的理解，激发学生的创作热情，发散学生的思维，提高学生语言实际运用能力。

六、学法总结

童话故事具有鲜明的幻想色彩，往往是对现实的折射或夸大。该故事从美人鱼的视角讲述了她与同伴勇敢团结、互帮互助、临危不惧的品质，提醒学生在日常生活中要树立安全意识。本节课采用情境式教学，给学生视觉、听觉等感观冲击，激发学生的学习兴趣，分性别、分小组、分角色集体扮演主人公，使学生具有极强的故事代入感。在教学过程中，教师采用音（视）频、课件等多媒体教学手段，适合不同学习类型的学生。在教学过程中，教师通过看图预测故事发展、快速阅读等阅读策略，运用图片环游方式，引导学生阅读绘本，教授学生在文本中结合图片猜测词义的方法。在此过程中，教师通过不断设问、设置悬念，保持学生阅读兴趣，启发学生思考，激发学生想象力，培养学生发散思维及共情能力。在图片环游过程中，教师穿插小组合作及讨论阅读的方式，使课堂形式更加生动多变，有效培养了学生自主学习和小组合作的能力。

七、板书设计（图5-15）

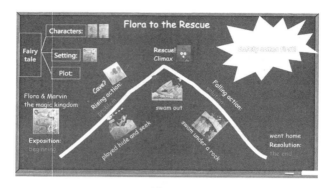

图5-15

八、拓展延伸

学生自选一本童话故事书进行精读，并制作读书卡片。读书卡片模板如图5-16所示。

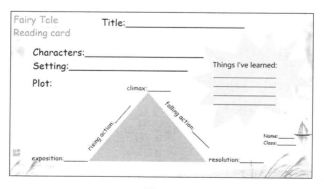

图5-16

【设计意图】增加学生阅读量及语言积累。通过读书卡片的引导，帮助学生巩固复习童话故事三要素、文本框架，并提醒学生记录下阅读该故事的所得（道理、规则、文化差异或者自己喜欢的句子等）。小学阶段，学生阅读过程中的目的性和方向性增强，有助于学生阅读水平的提高和良好阅读习惯的养成。

九、案例评析

本节课的童话故事 *Flora to the Rescue* 选自长江少年儿童出版社出版的《培生儿童英语·分级阅读》系列读物的第3级，授课对象为小学五年级学生。教师针对学生的认知基础和生活经验做了准确的学情分析，在文本分析的基础上选择此篇童话故事，希望学生乐于阅读此故事，通过故事的学习获取安全防范知识，培养勇敢及团结的优良品质。教师把帮助学生分析故事文本、梳理故事主线，通过阅读活动引导学生理解童话故事的三大构成要素（童话人物、童话情节及童话环境），对文本内容进行更深层次的探究等内容确定为教学的重点目标。

围绕清晰的教学目标，教师指导学生运用多样化的阅读策略开展故事学习。教师首先引导学生观察封面，让学生了解故事发生的环境背景和人物信息，对故事发展情节进行推测；其次，开展图片环游活动，以问题为指引，引导学生阅读故事第2~3页，找出该故事的基本元素（主人公及环境），完成对故事开端 exposition（beginning）及发展 rising action（problem）的梳理；再次，针对故事第4~7页的内容，教师组织学生开展分小组自主阅读活动，通过拼图阅读、小组讨论与展示、图片连线等活动，营造学习任务的信息差，调动学生的阅读积极性；最后，教师组织学生阅读故事第8~16页，通过图片环游及巧问设疑等互动活动，指导学生预测故事的发展情节，深化对故事内容的理解，完成对故事情节 climax，falling action（solution），resolution（the end）的信息归纳，构建 story mountain 的图式板书，帮助学生梳理文本架构，完成对童话故事三要素的建构。

本节课的教学目标设定准确，达成度较高，是一节小学高年级基于"整本书阅读"的优秀案例，主要的教学亮点如下。

（一）运用结构图工具 story mountain 分析文本

教师通过逐层递进的阅读活动推进阅读学习，引导学生独立思考、合作探究，通过完成阅读任务，提取童话故事的三要素，建构 story mountain 板书，进一步运用板书梳理文本，开展故事回读及复述活动。学生的自主阅读、合作学习活动贯穿"整本书阅读"的教学过程，学生的文本分析及信息提取能力也得到了锻炼。

（二）组织开展图片环游、自主阅读及合作学习等阅读活动

教师重视阅读策略的应用指导，在引导学生阅读童话故事的过程中，积极组织学生开展图片环游、自主阅读及合作学习等阅读活动，通过问题驱动、设置任务目标，激发学生的阅读兴趣，启发学生思考。学生在文本阅读的过程中学会了结合图片猜测词义、预测、查读及推断等阅读技能，促进了阅读品质及能力的提升。

（三）创设教学情境增强学生情感体验

童话故事情节生动，内容折射出一定的社会现象。教师注重营造教学情境，通过信息技术与教学的融合，创设多样化的教学手段，丰富对学生视觉、听觉等感官的冲击，激发学生的学习兴趣。在故事学习过程中，教师鼓励学生进行分角色扮演主人公的"读者剧场"活动，丰富学生的情感体验，引导学生围绕故事主题进行思考和探究，深化理解，培养思维品质和文化品格。

（案例点评人：雷 旭）

The Old Woman Who Lived in a Vinegar Bottle 教学设计

设计教师：香雪小学　汪珠敏

授课年级：五年级

作　　者：（英）罗萨琳·科文

出版单位：长江少年儿童出版社

一、文本解读

（一）《培生儿童英语·分级阅读》系列丛书

《培生儿童英语·分级阅读》系列丛书由全球知名的英语教育专家编写。编者考虑到3~12岁不同年龄儿童的阅读习惯和学习能力的差异，并遵循儿童语言学习的发展规律，将整个系列分为12级，共156册图书。每级图书分为经典故事、幻想故事、动物故事与生活故事四部分，涵盖了儿童喜爱的各种故事类型。每个故事的词汇量和句子重复率、长短都进行了精心的设定。这些故事情节生动、图画鲜艳，将地道的英语语言以不断重复的句型与生动活泼的故事形式呈现，符合儿童学习规律，能培养儿童的早期阅读技能和探索世界的能力，以及进阶阅读技能和感知世界的能力。

（二）绘本内容分析

本节阅读教学课选用的是《培生儿童英语·分级阅读》Level3 的 *The Old Woman Who Lived in a Vinegar Bottle* 一书，全文共16页，370个单词，是一则经典的童话故事。故事主要讲述的是一个善良的小仙女与一个住在醋瓶里的贪心且无礼的老婆婆之间的故事。善良的小仙女好心改善老婆婆的居住环境，虽然老婆婆一而再，再而三地狮子大开口，但是善良的小仙女还是一次又一次地满足了她的愿望。可是老婆婆在得到自己想要的城堡之后却不愿意说出感谢的话，最后小仙女收回了城堡，老婆婆又回到醋瓶里居住了。这个故事通过老婆婆的行为来讽喻贪婪和无礼的人性弱点，探讨礼貌、感恩意识；通俗易懂的道理能够快速引起学生的共鸣，有利于培养学生正确的价值观。

这个故事结构紧凑、条理清晰，前后逻辑严谨、关联性强，故事内容有着强烈的前、中、后关系，适合用 Jigsaw Reading（拼图阅读）的方式来开展故事学习。Jigsaw Reading 方式充分体现了学生的主体性，属于听说读写能力的综合培养方式，有利于培养学生的自主学习和合作学习的能力。就本节课而言，Jigsaw Reading 部分可分为三个阶段：第一个阶段学习故事的第一部分（P1~P4），熟悉故事的开端，初步认识小仙女和老婆婆，了解故事的起因。第二个阶段通过 Jigsaw Reading 方式学习故事的第二部分（P5~P15）。这个部分是整个故事发展的主要部分，情节环环相扣，可以将该部分拆分为三个片段：第一个片段是P5~P8，第二个片段是P9~P12，第三个片段是P13~P15。片段之间具有情节发展的逻辑关系，可以通过 Jigsaw Reading 创设信息差，激发学生的阅读兴趣，让学生通过自主阅读与合作学习的方式共同拼出完整的故事。第三个阶段学习故事的第三部分（P16）。这个部分探讨老婆婆是否应该被允许住在城堡里，引导学生认识到礼貌、感恩的重要性，是故事主题升华的点睛之笔。

二、学情分析

童话故事植根于现实生活，与现实和谐自然地结合，符合事物的自然发展规律，并以其丰富且富有变化的情节，生动有趣的结构、人物形象和奇特的幻想受到了广大儿童的喜爱。在"整本书阅读"教学设计中，童话类读本的引入能够极好地照顾到儿童的知识范围和心理特点。

五年级的学生经过一、二年级的口语学习和三、四年级的正式英语学习，已经有了一定的语言积累和思维能力。对于本节课选用的绘本，学生认识95%以上的词汇，能理解75%以上的内容，可以在教师的指导下进行自主阅读。但学生平时对 Jigsaw Reading 的阅读策略和方法运用较少，自主学习和合作学习的能力仍需进一步培养，需要教师在课堂上进行引导。

三、教学目标

（一）语言能力
（1）能通过图片和上下文猜测生词词义，正确理解故事内容。
（2）能根据提示复述故事主要内容。
（3）能根据故事内容用简单的句子表达自己的观点。

（二）学习能力
（1）在独立阅读的过程中，提取关键信息完成阅读任务。
（2）在拼图阅读的过程中，通过小组合作学习相互交流判断已知信息，共同讨论完成阅读任务。

（三）思维品质
通过角色之间的互动，分析人物特点，提升礼貌、感恩意识。

（四）文化品格
通过故事感受中西方文化中感恩意识的差别，认识到真正的感恩是强调互帮互助、心怀感激而不图回报，由此引发学生对长辈的养育之恩、对教师的培育之恩的感悟。

四、教学重点难点

（1）读懂故事内容，了解故事的情节发展，揣摩故事寓意。

（2）通过参与拼图阅读活动，小组合作讨论，梳理正确的故事情节顺序。

五、教学资源

课件、板书、绘本故事、阅读材料、阅读任务单等。

六、教学过程

（一）读前活动（Pre-reading）

（1）Leading-in.（导入。）

Talk about your dream house.（教师与学生就"梦想房子"进行交流，引导学生描述自己期待的居住环境。）

提问建议：

● Where do you live?

● Do you live in a house or in a flat?

● If you have a house when you grow up, how will it look like?

【设计意图】

① 引出主题，激活学生与房子有关的生活经验或背景知识。

② 预授 chimney，castle 等与房子有关的新词。

③ Make a prediction about the story.（预测故事。）

（2）Read the cover and make a prediction about the story. 教师展示绘本封面，就封面内容提问，学生回答问题。（教师先呈现去掉书名的封面，鼓励学生发挥想象猜测书名。学生做出各种猜测后教师再揭示书名。）

提问建议：

● Who's the writer? Who draws the pictures?

● Can you guess the name of the story?

● What does the house look like?

● What do you think of the old woman? Is she happy to live in a bottle?

- What would happen in the story?

【设计意图】培养学生的想象力，设置悬念，激发学生的阅读兴趣，为进入故事做准备。

（二）读中活动（While-reading）

Part Ⅰ

（1）Let's read Part Ⅰ.（图片环游故事P1～P4，通过问题引导学生分析故事主角，进行扮演并朗读故事，猜测 fairy，vinegar，wish 等新词词义，了解故事的起因，分析故事角色。）

提问建议：

- Did the old woman like her home?
- Why didn't the old woman like her home?

【设计意图】通过图片环游熟悉故事的开端，初步认识小仙女和老婆婆，猜测小仙女和老婆婆的性格。

（2）Let's guess.（呈现P4图片，引导学生猜测故事的走向。）

提问建议：

- Do you think the fairy will help the old woman?
- What would the fairy do?

【设计意图】通过猜测激发学生的阅读兴趣，制造信息差为后面的拼图阅读做准备。

Part Ⅱ & Ⅲ

（3）Jigsaw Reading—Home Group.（第一次分组阅读，提取信息。）

将学生每6人分为一组，将故事卡片发给学生阅读，卡片上是每组学生要阅读的部分故事文本。每两人阅读同一份卡片，阅读后完成 worksheet（图5-17）。（worksheet附于文后）

课堂操作建议：

① 每6人一组，分为A、B、C三个小队，每两人一队，A队阅读P5～P8，B队阅读P9～P12，C队阅读P13～P15。

② 教师提前制作故事卡片，将P5～P15分为三个部分，三个部分卡片颜色不同。

③ 教师在发放故事卡片之前介绍阅读规则，引导小队各自阅读卡片内容。

④ 教师引导学生小组内交流 worksheet 的填写内容（图5-17），讨论并达成一致。在讨论过程中，教师鼓励学生之间互相解决生词及内容理解上的问题，必要时可稍做指点。

Jigsaw Reading:

1. The story is in 3 parts now.
   (They are in red, purple and green.)

Choose one color, read the story and finish the tasks on your colored paper.(3 minutes)

Ⓐ　Ⓐ

Ⓑ　Ⓑ

Ⓒ　Ⓒ

图5-17

（4）Jigsaw Reading—Expert Group.（第二次分组阅读，深度理解故事内容。）

学生离开自己的原始组，按照选择的阅读内容（卡片颜色）组成新的专家组，在专家组内互相讨论 worksheet，为分享做准备。

课堂操作建议：

① 拿到同一种颜色卡片的学生组成新组，避免进错组。

② 教师引导学生组内交流 worksheet 的填写内容（图5-18），讨论并达成一致。在讨论过程中，教师鼓励答案的多样性，必要时可稍做指点。

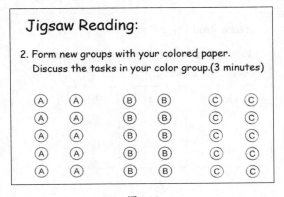

Jigsaw Reading:

2. Form new groups with your colored paper.
   Discuss the tasks in your color group.(3 minutes)

图5-18

（5）Jigsaw Reading—Back to Home Group.（回到原始组，拼出完整文本，如图5-19所示。）

Jigsaw Reading：

3-1. Go back to home group and retell. （4 minutes）

You can retell like this：

I got the red / purple / green part. In my part...

Ⓐ   Ⓐ

Ⓑ   Ⓑ

Ⓒ   Ⓒ

Jigsaw Reading：

3-2. Share the information by asking and answering questions. （3 minutes）

You can ask and answer like this：

———I would like to know...

———I can tell you that...

Ⓐ   Ⓐ

Ⓑ   Ⓑ

Ⓒ   Ⓒ

Jigsaw Reading：

3-3. Discuss and decide the order of the colors. （1 minute）

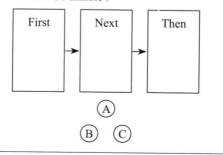

| First | Next | Then |

Ⓐ

Ⓑ   Ⓒ

图5-19

学生回到最初的原始组，组内学生根据所读内容交流、讨论故事的发展顺序。教师可提醒学生通过文本中小仙女和老婆婆的话语细节来判断事件发生的先后顺序，鼓励学生拼出完整的、符合逻辑的故事。

课堂操作建议：

① 在这个环节，如果学生听说读写综合能力较强，教师可要求学生将故事卡片收起，学生先复述自己所阅读的卡片，根据复述的内容拼出完整的故事。

② 教师可在PPT上呈现建议句型并邀请两名学生示范。

● 建议句型：I can tell you that…；I would like to know…；I get the red / purple / green part. In my part…

（6）Let's read Part Ⅱ & Ⅲ.（图片环游故事P5~P15，读故事，回答问题，理解故事情节的发展，感受老婆婆的性格和小仙女情绪的变化。）

课堂操作建议：

① 生词可注中文意思，paraphrase 后带读1~2遍。

② 环游过程中引导学生关注语音语调。

③ 可结合故事情节提一些相关问题，如 How did the fairy feel?

【设计意图】通过拼图阅读制造信息差，激发学生的阅读兴趣，在自主阅读和同伴分享中发展学生的听说读写综合能力，同时发展学生提取信息、归纳信息和整合信息的思维能力，提高学生的语言综合运用能力。

（7）Let's discuss and make a prediction.（呈现P15图片，讨论并预测故事结局。）

提问建议：

● Could the old woman get the castle? Why or why not?

【设计意图】通过讨论引导学生表达自己的观点，引发学生对礼貌、感恩意识的思考。

（8）Reveal the ending.（呈现P16，揭示结局。）

提问建议：

● Did the old woman get the castle?

● Why didn't the fairy give the castle to the old woman?

【设计意图】揭示主题，引起情感共鸣。

（三）读后活动（Post-reading）

（1）Let's share.（听录音，通读全文，选择自己最喜欢的部分进行分享。）

提问建议：

● Which part of the story do you like best? Why do you like this part?

● Can you share your favorite part with your classmates?

【设计意图】通读全文，再次完整地阅读故事内容，分享自己对故事的感受。

（2）Let's sum up.（总结、梳理故事情节，深化礼貌、感恩意识的培养。）

提问建议：

● What can we learn from the story?

● To be grateful，what can we do?

【设计意图】启发学生体悟真正的感恩是强调互帮互助、心怀感激而不图回报，由此引发学生对长辈的养育之恩、对教师的培育之恩的感悟。

附：

1. 板书设计mind map of the story（图5-20）

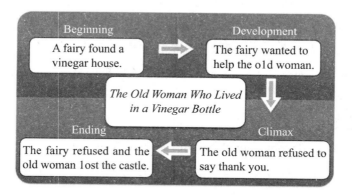

图5-20

2. Worksheet（表5-5～表5-7）

表5-5

Red

Task 1：Read this part of the story and answer the questions.

1. What did the fairy give to the old woman? _____.

2. How did the old woman feel? _____.

3. What did the old woman want? _____.

Task 2：Tell what happened in this part in three or four sentences.（用简单的**3～4**个句子概括这部分的故事内容。）

_____

_____

_____

Task 3：What do you want to know about the other parts? Write down one or two questions you'd like to know.（你想知道关于其他部分的什么信息吗？提出1～2个问题。）

_____

_____

表5-6

Purple

Task 1：Read this part of the story and answer the questions.

1. What did the fairy give to the old woman? _____.

2. How did the old woman feel? _____.

3. What did the old woman want? _____.

Task 2：Tell what happened in this part in three or four sentences.（用简单的**3～4**个句子概括这部分的故事内容。）

_____

_____

_____

Task 3：What do you want to know about the other parts? Write down one or two questions you'd like to know.（你想知道关于其他部分的什么信息吗？提出1～2个问题。）

_____

_____

表5-7

Green

Task 1：Read this part of the story and answer the questions.

1. What did the fairy give to the old woman? _____.

2. How did the old woman feel? _____.

3. What did the old woman want? _____.

4. Did the old woman say thank you? _____.

续表

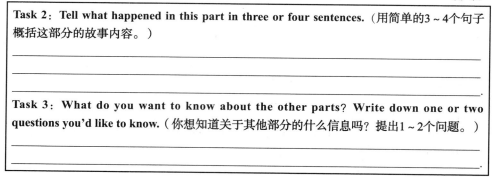

Task 2：Tell what happened in this part in three or four sentences.（用简单的3~4个句子概括这部分的故事内容。）

_____

_____

_____

Task 3：What do you want to know about the other parts? Write down one or two questions you'd like to know.（你想知道关于其他部分的什么信息吗？提出1~2个问题。）

_____

_____

七、拓展延伸

（1）Create your own mind map.（学生自行设计思维导图，回顾故事内容。）

（2）Rewrite the ending.（学生改写故事结局，对故事进行二次创作。）

【设计意图】培养学生使用思维导图进行知识总结的良好习惯，激发学生的创造性思维。

八、学法总结

本节课使用的教学方式是 Jigsaw Reading，这种方式需要学生有一定的绘本阅读积累。相比图片环游的教学模式，Jigsaw Reading 中，学生会有更多的挑战、更多的合作、更多的思考和更多的自主学习的机会。

在本节课的 Jigsaw Reading 环节，学生有充分的时间和机会去猜测联想、挖掘信息和分享交流，能够最大限度地参与阅读，借助教师给出的建议句型更多地运用英语表达，更真实地发表自己的观点，有利于加深理解并内化语言。

九、案例评析

本课围绕《培生儿童英语·分级阅读》Level 3 中的 *The Old Woman Who Lived in a Vinegar Bottle* 展开设计，属于小学英语高年级的绘本故事教学。课例设计以 Jigsaw Reading 的趣味模式展开，充分体现了学生的主体性。通俗易懂的故事道理能够快速引起学生的共鸣，有利于学生树立正确的价值观。

教学设计以预测故事、设计悬念、图片环游、分组阅读、整体阅读等形式开展，新颖有效的阅读策略激发了学生的学习兴趣，提升了学生的阅读技能，让学生积累了阅读词汇，增加了学生学习英语的信心。除此之外，学生通过故事阅读感受到了中西方文化中感恩意识的差异，培养了感恩之心。

在本节课的教学中，教师预设了"语言能力、学习策略、思维品质、文化品格"四个教学目标，引导学生在学习故事的过程中通过图片和上下文猜测生词词义，理解故事内容，用简单的句子表达自己的观点；在独立阅读过程中，提取关键信息完成阅读任务；在拼图阅读过程中，通过小组合作学习相互交流判断已知信息，共同讨论完成阅读任务。在阅读过程中，教师给予学生更多的挑战、合作、思考和自主学习的机会，让学生去猜测联想、挖掘信息和分享交流。

在读前活动中，教师首先与学生就"梦想房子"进行交流，引导学生描述自己期待的居住环境，引出主题，激活学生与房子有关的生活经验或背景知识，并教授与房子有关的新词。接着，教师通过呈现去掉书名的封面的方式，鼓励学生发挥想象猜测书名，在学生做出各种猜测后再揭示书名。教师通过这种神秘有趣的方式设置悬念，有利于激发学生的阅读兴趣，培养学生的想象力，为进入故事做铺垫。

在读中活动中，教师首先带领学生进行了图片环游，初识了故事主角，猜测小仙女和老婆婆的性格，并且猜测故事走向，增加了趣味性。接着，教师精心设计了 Jigsaw Reading 活动，通过四个环节（Home Group 第一次分组阅读，提取信息；Expert Group 第二次分组阅读，深度理解故事内容；Back to Home Group 回到原始组，拼出完整文本；图片环游朗读故事）制造信息差。制造信息差是 Jigsaw Reading 最大的特点，有利于激发学生的阅读兴趣，使学生的综合能力在自主阅读和同伴分享中获得发展，信息加工处理能力也得到训练。最后，教师再设悬念，呈现图片让学生讨论并预测故事结局，最终呈现结果，引导学生表达自己的观点，引发学生对礼貌、感恩意识的思考，引起共鸣。

在读后活动中，教师通过让学生听录音、通读全文、选择自己最喜欢的部分进行分享等形式让学生整体认知熟悉故事，培养学生礼貌、感恩的意识。

本节课选材结构紧凑，逻辑严谨，故事内容有着强烈的前、中、后关系，用 Jigsaw Reading 模式开展教学，形式新颖，培养了学生自我阅读和思考的能力，使学生相互合作交流的能力得到体现和锻炼，符合学生学习规律的要求，有利于培养学生的早期阅读技能、探索世界的能力和进阶阅读的能力。

本节课教学目标清晰，教学环节环环紧扣，教学情感得到很好的熏陶和体现；教师通过有效的学习策略引导学生自主阅读和思考，体现了以教师为主导、学生为主体的课堂教学模式，充分发挥了学生的积极性和主动性，是一个优秀的阅读教学案例。

（案例点评人：张 颖）

The Old Woman Who Lived in a Vinegar Bottle 教学设计

设计教师：香雪小学　梅 慧

授课年级：五年级

作　　者：（英）罗萨琳·科文

出版单位：长江少年儿童出版社

一、文本解读

故事 *The Old Woman Who Lived in a Vinegar Bottle* 选自长江少年儿童出版社出版的《培生儿童英语·分级阅读》系列读物的第3级。故事大意如下：一个善良的小仙女，偶遇一个住在醋瓶里的老婆婆，并先后满足了老婆婆想要一座房子、一幢大房子、一座城堡的愿望。仙女的善良并没有使老婆婆懂得感恩，因此，仙女最后把老婆婆送回了她起初住的醋瓶。这是一篇充满想象力的童话故事，故事情节并不复杂，对于五年级的学生来说，语言难度不大。同时，这篇童话故事用夸张的手法放大了人性的贪婪，突出了仙女的善良，具有深刻的启示和深远的意义。在情节构思方面，故事情节铺排层层递进，情感主题突出——感恩、礼貌。学生比较有兴趣阅读这个故事，在体验阅读快乐的同时从故事中得到启示。

二、学情分析

五年级的学生年龄大多为11岁，在道德思维方面，大部分学生已经具备了一定的逻辑思维能力和正确的价值观。在知识储备方面，他们具备了较强的拼读水平，养成了一定的英语学习习惯，有较好的语言知识积累。但是部分学生词汇量有限，缺乏"整本书阅读"经验。因此，教师需要在绘本教学过程中增加引导及互动，小组活动时提醒组内学生互相帮助，搭建好足够的语言框架，任务设计要难易结合，统筹兼顾。

三、目标解析

（一）教学目标

1. 语言能力

（1）能够读懂配图故事，说出其大意，如人物、事件、故事的情节发展。

（2）能够通过思维导图，复述并表演部分故事内容。

2. 学习能力

（1）能够谈论封面故事、预测故事的发展等。

（2）能够通过小组合作学习完成相应的任务。

3. 思维品质

能够揣测故事主人公的基本心理活动，并对主人公的行为进行评论；培养多角度思考问题、敢于提问、敢于质疑的品质。

4. 文化品格

从故事中吸取教训，在日常生活中尝试使用文明用语，争做心怀感恩的文明小学生。

（二）教学重点

朗读故事并理解故事大意。

（三）教学难点

（1）在理解故事的基础上，用自己的语言预测故事的发展和对主人公行为进行评价。

（2）借助思维导图表演部分故事内容。

四、教学实施

（一）热身导入（Warming-up and Leading-in）

（1）Greetings.（问候。）

以小仙女形象与学生互致问候。（教师借助道具，如仙女翅膀、魔法棒、等。）

T：Hello，boys and girls. Glad to see you here. Do you know who I am?

S：（自由猜测）

T：Yes，I am a fairy.（解释新词 fairy。）

【设计意图】出示小仙女形象，创设情境，贯穿课堂。整节课以小仙女为线索人物进行推进，将课堂融入故事，激发学生的学习兴趣，提升学生的故事代入感。

（2）Talk about the pictures.（谈论图片。教师展示一些房屋图片，让学生做出选择，并说明理由。）

Show the students some pictures of different houses：apartment，small house，big house，castle with magic…（用魔法形式展示一些房子图片，如公寓、小房子、大房子、城堡……）

T：Children，you are so cute. So，I have some presents for you. BLALALA（咒语）. These are the houses for you. Which one do you like? Why?

S：I like the big house，because it is…

T：Nice work. Oh，here comes an old woman. How does she look like? Which house does she like?

S：The small house.

T：Good guess. Now let's read the story together to find out the answer.

【设计意图】展示一些比较奇特的房屋，请学生做出选择，引起学生注意，同时引入童话故事。

（二）阅读前活动（Pre-reading）

Read the cover.（读封面。教师就封面信息进行提问，鼓励学生思考、猜测。）

T：Before reading the fairy tale，let's read the cover first.

T：What can you see in the picture？

S：An old woman，a bottle…

T：There is an old woman living in a vinegar bottle. The vinegar bottle is her house. A vinegar bottle means...（拿出教具醋瓶，请同学们闻一闻，感知单词 vinegar。）

T：Does she look happy living in the bottle？ Does she like her vinegar bottle house？ We will find out the answers by reading the fairy tale. Can you guess the name of this fairy tale？

S：…

T：This fairy tale is *The Old Woman Who Lived in a Vinegar Bottle*. Who wrote the fairy tale？

T：The fairy tale was written by Rosalyn Coruen，the pictures was painted by Tim Archibald，translated by Yi Ping，pressed by Changjiang Children's Publishing House. Now let's read the fairy tale together.

【设计意图】教师用小仙女形象引导学生读封面，关注故事题目、作者、插画师、译者、出版社等信息；并通过观察描述封面图片和设问，激发和调动学生的阅读兴趣，让学生带着问题阅读。

（三）阅读中活动（While-reading）

（1）图片环游P2～P7。

教师朗读故事，其中穿插问题引发学生思考与交流，同时处理新词汇和短语，形成板书。

Questions：

P2：What did the fairy see？ What is the vinegar bottle for？

P3：How did the old woman feel？ Why？ Did she have a wish when she saw the fairy？

P4：What did the old woman wish for？ Could she have her wish？

P5：How could she get to the house？

P6：What did the old woman do when she saw the house？

P7：What did the fairy say to the old woman？ What did the fairy want to hear from the old woman？

T：Did the old woman say that？ What did she say？ Was she happy when she had her wish？Why？This time，please find out the answers by yourself.

【设计意图】教师以图片环游形式，通过提问和追问，引导学生关注故事内容，进一步思考故事文本背后的思想情感。教师通过开放性的问题，激发学生的发散性思维，让学生预测故事情节，同时设置悬念，为分小组自主阅读做铺垫。

（2）Jigsaw reading.（阅读P8～P14。）

① 分两个小组初次阅读。

a. 将全班学生分成四个大组，对小组每名学生进行编号（1～10）。第一、二组读P8～P11，有关第二个愿望 big house 的内容；第三、四组读P12～P14，有关第三个愿望 the castle 的内容。

b. 每个小组领取一份 worksheet，完成 Task 1.（如果有问题，学生可以问教师，也可以同学间互相讨论和帮助。）

第一、二组（表5-8）：

表5-8

Task1：P8～P11	
The old woman	She lived in _____. She was _____. She wished for _____.
The fairy	The fairy gave her wish. The fairy wanted to hear _____ from the old woman.

第三、四组（表5-9）：

表5-9

Task1：P12～P14	
The old woman	She lived in _____. She was _____. She wished for _____.
The fairy	The fairy gave her wish. The fairy wanted to hear _____ from the old woman.

c. 完成之后，小组内核对信息。

d. 组内进行语言学习，保证每个学生都能够理解自己阅读部分的语言。

【设计意图】通过分组、分段学习，培养学生自主阅读和提取信息的能力，以及合作学习、共同探究、解决困难或问题的能力；四个小组分别阅读老婆婆两个不同的愿望，分析其心情及可能说的话。

② 两人一组第二次阅读。

a. 重新分组，相同编号学生组成新两人小组。

b. 小组内学生分别讲述各自阅读的片段内容。

c. 每个小组对四个片段内容进行整合排序并讲述故事（打开提前准备好的任务包，完成任务）。如果有问题，同学之间可互相帮助。

任务包内容：一张作业纸和四张卡片。

作业纸（图5-21）：

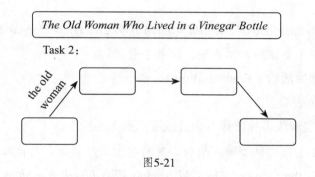

图5-21

卡片（图5-22）：

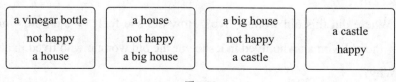

图5-22

d. 教师进行板书，在黑板上呈现故事内容的思维导图。

e. 教师引导学生根据思维导图进行故事讲述。

【设计意图】创设互动学习任务，鼓励小组合作解决问题。教师通过整合故事片段形成思维导图，培养学生的逻辑推理能力；通过组内进行故事讲述，培养学生敢于开口、乐于倾听的品质；最后通过板书思维导图呈现故事主要信息，检测小组合作学习成果，并让学生利用板书复述故事，进一步内化语言。

（3）图片环游P15~P16。

教师朗读故事，其中穿插问题引发学生思考与交流。

Questions：

P15：The old woman had three wishes. All her wishes came true. What are the three wishes?

What should she say to the fairy？Did the fairy look happy this time？Why？What would you do if you were the fairy？

P16：What did the fairy do at last？Do you agree with the fairy？Why？

【设计意图】运用设问，引发悬念和思考。请学生换位思考，引导学生关注故事结局的同时，进一步思考故事所包含的更深层次的道德寓意——文明礼貌及感恩。

（4）Watch the video of *The Old Woman Who Lived in a Vinegar Bottle*.

【设计意图】整体感知本故事，模仿语音语调。

（四）阅读后活动（Post-reading）

（1）Act.（表演。）

学生选择表演故事片段或者全部故事（两人小组）。

【设计意图】搭建语言输出平台，鼓励学生小组合作，自信表演。

（2）Watch the video of *The Old Woman Who Lived in a Shoe* and talk about these two old women.（观看视频《住在鞋子里的老婆婆》，并比较两位老婆婆的行为及性格。）

T：Where did this old woman live？How did she feel？Which old woman do you like，the old woman who lived in a shoe or the old woman who lived in a vinegar bottle？Why？

T：Always be polite and grateful to others. Remember to say the magic words like "Thank you" "Please" "Excuse me"，etc.

【设计意图】观看视频《住在鞋子里的老婆婆》，感受住在鞋子里的老婆婆的快乐与爱心并将其同课堂故事中住在醋瓶里的老婆婆的贪婪、无礼进行对比，引发学生深度思考，使学生发现美好品质，纠正不良习惯。

（五）家庭作业（Homework）

（1）Share the story with your parents or friends.（故事分享。）

【设计意图】与家人或者朋友分享《住在醋瓶里的老婆婆》不采用复述或者把故事表演出来的方式。

（2）Choose to do：Make a video about this fairy tale.（选做：录制视频，视频内容可以是表演、朗诵、评论等任意形式。）

【设计意图】在学生已经掌握语言知识的情况下，教师鼓励学生对故事进行表演、朗诵或者评论，并且让学生录成视频上传，培养学生的表演能力、语言艺术能力以及辩证思维等。录制视频需要掌握信息技术，这就需要同学、家人或者朋友的帮忙，既增强了学生的合作意识，又突破了学科局限，有助于学生的全面发展。

五、学法总结

童话故事是儿童英语学习的重要素材之一，充满童真童趣，蕴含教育意义。本节课采用情境式教学，在教学过程中，教师运用图片环游、小组合作阅读等方式，引导学生参与课堂、融入故事，在探索故事发展的同时，提取归纳信息，形成清晰的故事脉络。教师在给学生建立框架模式之后，结合拼图阅读、分小组阅读等方式，让学生进行信息归纳总结；利用对比故事、开放式设问及追问，激发学生的发散性思维，鼓励学生深层发掘问题，换位思考问题，将课堂延伸至现实生活中。

六、板书设计（图5-23）

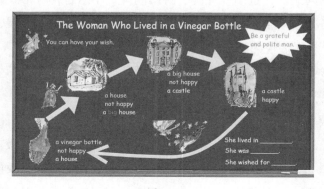

图5-23

七、拓展延伸

（1）课后观看歌曲短视频 *The Woman Who Lived in a Shoe*，并学唱该歌曲。

【设计意图】观看具有积极意义的歌曲短视频，鼓励学生学唱歌曲。在欢快的节奏中，教师引导学生体会住在鞋子里的老婆婆的爱心及乐观的心态，对学生情感进行潜移默化的影响，增强学生语感，帮助学生积累语言素材。

（2）阅读绘本 *The Woman Who Lived in a Shoe*。

【设计意图】学生阅读绘本《住在鞋子里的老婆婆》，并仿照课堂板书，找出故事主人公，整理故事情节（可用英文或者中文），增加阅读量，训练阅读能力，同时进行情感提升。住在醋瓶里的老婆婆，贪婪无礼；而住在鞋子里的老婆婆却为她的孩子们有更好的生活环境而四处奔波，乐于助人，爱护自己的孩子，最终如愿以偿。教师通过两位老婆婆性格的鲜明对比，帮助学生形成正确的价值观——知足、文明、乐于助人，同时丰富学生的语言知识库，增加学生语言素材积累。

八、案例评析

本课故事 *The Old Woman Who Lived in a Vinegar Bottle* 选自长江少年儿童出版社出版的《培生儿童英语·分级阅读》系列读物的第3级。故事围绕仙女与住在醋瓶子里的老婆婆而展开，人物形象突出，情节发展层层递进，容易激发学生的阅读兴趣。本课属于小学英语高年级的绘本故事教学，案例设计突出体现"引导学生自主探究、发挥学生主体能动性作用"的教学理念，借助思维导图和不同层次的问题，通过图片环游、拼图阅读、小组合作等形式，设计多种形式的阅读任务，使学生在完成任务的过程中感知故事情节的发展，体会故事中蕴含的情感，获得愉悦的阅读享受。

本案例教学对象为小学五年级学生。教师充分考虑五年级学生求知欲强、好奇心重的特点，从文本解读、学情分析、目标解析、教学实施、学法总结、拓展延伸、板书设计等方面展开阐述；教学目标定位为学生语言能力、学习能力的发展以及思维品质和文化品格的形成，教学过程注重以疑激趣，一步步引导学生观察图片，预测故事发展，培养了学生的观察能力和想象能力。整个教学过程主要采用图片环游的教学模式，穿插拼图阅读教学，对故事文本进行深入挖掘，引导学生关注故事中的人物、事件、情节的发展，重视激发学生的好奇心，通过提问启发学生思考，让学生展开想象，调动学生参与阅读的积极性，培养学生深层次的思维能力。

在热身导入活动中，教师借助道具，装扮成仙女进入课堂，巧妙创设童话情境，并挥动魔棒，念出咒语，变出不同形状的房子让学生展开讨论，引导学生谈论自己喜爱的房子类型，为故事的引入做好铺垫。

在读前活动中，教师引导学生观察封面，通过设问引导学生获取故事题目、作者、插画师、译者、出版社等重要信息，教会学生通过观察获取信息的阅读策略。

在读中活动中，对于文本第2至7页，教师带领学生一起进行图片环游，运用一系列启发性问题，鼓励学生大胆想象，预测故事内容，同时设置悬念，为下一环节分组进行拼图阅读做好铺垫。针对文本第8至14页故事内容，教师设计拼图阅读活动，根据文本中老婆婆的第二、三个愿望的不同，合理利用信息差，让学生进行自主阅读，然后组内分享获取的信息，形成完整的信息链，在小组合作中共同完成阅读任务，同时利用板书构建故事流程发展的思维导图，引导学生对故事进行复述，增加了学生的语言输出，培养了学生综合运用语言进行交际的能力。最后，对于文本第15至16页内容，教师继续和学生一起进行图片环游，通过开放性问题，启发学生换位思考，引导学生关注故事结局，同时让学生进一步思考故事所蕴含的更深层次的道德寓意——文明礼貌及感恩。

在读后活动中，教师先让学生表演故事，强调语言的内化，给学生搭建展示的舞台。接着教师让学生观看视频 *The Old Woman Who Lived in a Shoe*，感受住在鞋子里的老婆婆的快乐与爱心，与课堂故事中老婆婆的贪婪和无礼进行对比，引发学生深度思考，让学生发现美好品质，纠正不良习惯，培养学生良好的思维品质，使学生形成正确的文化品格。

本节课非常突出的特色是板书设计，教师以故事中老婆婆的心理活动发展为主线，带领学生对故事文本进行了很好的梳理。学生边阅读边探究边归纳，最后形成了故事发展的思维导图；通过观看板书，对故事的情节和结构有了更加清晰的理解。

整节课非常完整、严谨，教师有效引导，教学过程凸显开放性和启发性，使学生在学习语言的同时，发展了自主阅读能力、思维品质和文化品格，掌握了一定的阅读策略，为今后更好地进行"整本书阅读"打下了基础。

（案例点评人：王 艳）

Aesop's Fables 教学设计

设计教师：东荟花园小学 黄 琼

授课年级：六年级

作　　者：（希腊）伊索

出版单位：在线阅读资源

一、文本解读

（一）美国分级阅读RAZ体系

RAZ，即 Reading A ~ Z 的缩写，是一套教授英语阅读的教材，是美国1万多所学校采用的在线分级阅读资源，其涵盖范围广泛，常识、天文、地理、历史、童话、人文、动植物等方面均有涉及。它以阅读为主线，让儿童对书中的字、词产生熟悉感，在阅读的过程中提高儿童对英文的掌握水平。*RAZ*目前从AA直到Z2共计29个级别，每一个级别都有几十本书。*RAZ*起源于美国，是根据儿童不同年龄段的智力和心理发育程度，为不同阅读水平的儿童设计的具有科学性和针对性的读物体系。其体系完整、内容丰富，符合儿童的认知和兴趣，难度也是循序渐进的，在相同的主题下，高阶的书还会引导儿童进行更深入的思考。

（二）绘本内容分析

Aesop's Fables（《伊索寓言》）是一本家喻户晓的经典著作，其内容大多是动物故事，以动物为喻，教人处世和做人的道理；少部分以人或神为主，短

小精悍，比喻恰当，形象生动，通常在结尾以一句话画龙点睛地揭示蕴含的道理。这些故事寓意深刻，语言不多却值得回味，艺术成就很高，对后代影响很大。

本节阅读教学课选用的是*RAZ*系列M级的 *Aesop's Fables* 整本绘本，语言地道，寓意深刻，插图精美，篇幅适中。M级的 *Aesop's Fables* 包括《狐狸与鹳》《狐狸与乌鸦》《乌鸦与水罐》《孔雀》《家鼠与田鼠》《披着羊皮的狼》《狗与倒影》7个寓言故事。它们从角色来看都属于动物题材，作者借用动物角色讽喻了贪婪、狡诈、虚荣等人性黑暗面，传递了正确的价值观。

二、学情分析

对于寓言故事类文本，学生在之前的生活及阅读经验中已有所积累，熟悉的故事、充满童趣的语言容易让学生建立起学习自信心。但对于寓言故事类文本的内容特点、结构特征，学生却并未进行系统了解，尤其揭示寓言故事背后的哲理、形成自己的喜恶观点的辩证思维能力有待提高。本次阅读课采用了思维导图工具来帮助学生梳理寓言故事内容，并指导读后创作，以更深入地训练学生的思辨能力、英语知识运用能力、阅读理解归纳能力和写作能力。

五、六年级是小学教育的高年段，在皮亚杰的儿童认知发展阶段理论中，这一时期的儿童正处于从具体运算阶段向形式运算阶段过渡的关键时期，其语言知识及口语技能的发展渐趋成熟，有一定的抽象思维能力。学生能通过提供的语言框架进行文本内容理解及复述表达，在头脑中想象和思维，重建事物和过程来解决问题。可视化的思维导图工具可以帮助学生在阅读语篇的过程中记录并梳理信息，有利于学生对已读文本产生有意义的识记。

三、目标解析

（一）教学目标

1. 语言能力

（1）学生能够通过阅读了解更多中国及国外的经典寓言故事。

（2）学生能够根据思维导图进行寓言故事的复述。

2. 学习能力

（1）学生能够根据思维导图梳理出寓言故事的内容特点、结构特征。

（2）学生能够根据思维导图写出寓言故事的书评。

3. 思维品质

（1）学生能通过阅读经典寓言故事，揭示其背后的寓意，并且能够表达出来。

（2）学生能够感受寓言故事的趣味性和教育性，体验阅读寓言故事的乐趣。

4. 文化品格

学生能感受寓言故事背后的寓意，明白为人处世的道理。

（二）教学重点

（1）通过思维导图的指引深入了解寓言故事的寓意、内容及结构方面的四要素。

（2）根据提示，摘取寓言故事主要信息，形成思维导图。

（3）运用思维导图并进行写作。

（三）教学难点

将寓言故事重点信息转化成思维导图，学会运用思维导图工具进行文本解读，并完成读写任务。

四、教学用具

故事书、教学课件、小组活动任务单、彩色卡纸、彩笔、A3白纸、思维导图海报。

五、教学过程

（一）视听材料导入，设问课文已知，推演寓言故事关键要素

六年级下册 Module 1 Stories 这一模块的两个单元的课文都是关于寓言故事的，所以教师在本模块课文学习完之后，从RAZ分级绘本M级中精选了与课文话题相对应的 Aesop's Fables 一书，作为本模块课外拓展读写的学习素材。

授课时，教师首先听力输入4个经典中外故事（《白雪公主》《花木兰》《哪吒闹海》《守株待兔》），让学生初步感知如何描述一个故事的内容；介绍四大类故事类型（童话、传说、神话、寓言），让学生了解用英文怎么表达不同的故事类型。在这一过程中，学生不仅了解了中外经典故事的名称，还习得了不同故事类型的术语表达，拓宽了知识面。

【设计意图】通过听力理解和图片排序，与学生讨论以上4个故事分别是什么类型的故事，加强文本类型的认知；紧接着引导学生重点关注寓言类故事，转入课文旧知复习。

学生在教师的带领下回忆课本内容，围绕已经学过的 Unit 2 *Waiting for Another Hare* 课文细节，小组内部讨论以下四个问题：

（1）Who is in the fable？（Character）

（2）What did the peacock want？（Problem）

（3）What did the goddess say？（Solution）

（4）What do you learn from the fable？（Moral）

教师组织学生回顾课文内容，给出关键信息，引导学生思考四类信息分别对应寓言故事的哪个内容要素，进而推演出 character，problem，solution，moral 四个内容要素，为下一步建构思维导图做铺垫。

【设计意图】通过听书评的形式让学生输入故事类文本的常用语言，回顾一些中外经典故事；通过介绍不同类型的故事文本引入本节要重点学习的寓言故事文本。

（二）回顾复述已知，整体连贯表达，构建思维导图

在上一步推演了寓言故事类文本思维导图构成四要素后，教师帮助学生厘清文本脉络，建构阅读寓言类故事的思维路径，搭建语言支架，让学生利用构建的思维导图复述已学课文，并整体且连贯地进行表达。

思维导图的生成过程如图5-24所示。

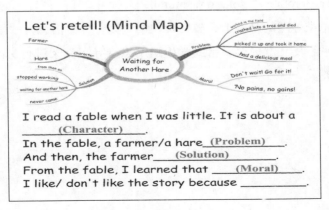

图5-24

在以往的读写课中，常见的教学方法是挖空填词复核法或者翻译复核法，学生无法形成脉络清晰的语篇意义框架，而通过设问提取已知关键信息，推演思维导图并构建导图的途径，学生对已学文本进行了意义的重新建构，形成了有意义的识记过程，再利用搭建起来的语言框架进行复述和整体表达，难度较以往明显降低。

接下来，教师从引入的课外拓展绘本中抽出 *The Peacock* 这则寓言故事作为寓言故事思维导图推演与建构的范例，让学生初听文本，感知故事大体内容，提出以下思考问题，引导学生听并阅读理解：

（1）Who is in the fable?

（2）What did the peacock want?

（3）What did the goddess say?

（4）What do you learn from the fable?

学生再读文本，搜索关键信息匹配问题。接下来，教师让学生进行信息比对，检查学生对寓言故事的理解程度及思维精准度；帮助学生梳理文章脉络，建构思维导图；运用导图工具，整理该寓言故事的内容四要素。在思维导图中，中心圆是今天要拓展阅读的文本类型，即 Fable，四条分支分别是 character，problem，solution，moral。

教师提问：

What are the questions for?

学生回答：

Character, problem, solution, moral.

在构建思维导图的基础上，教师带领学生完善分支信息，示范该篇的 book review（书评）及文本框架，帮助学生运用思维导图支架进行文本复述，完成新知导学任务。

The Peacock 故事四要素如图5-25所示。

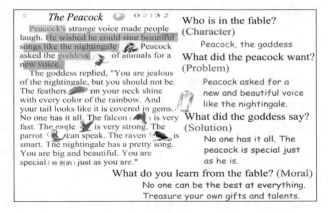

图5-25

【设计意图】通过词句练习复习文本中的语言点，提取寓言故事的四要素，推演出寓言故事类文本的思维导图；运用推演出来的思维导图复述课文。

（三）引入相应材料，分组阅读交流，创作思维导图

1. 封面导读

在前两个教学环节中，教师带领学生复习了已学文本，提炼了寓言故事类语篇包括的四要素，建构了《守株待兔》的思维导图。在教师的带领下，师生共读了一个来自《伊索寓言》的故事 *The Peacock*，操作了思维导图的建构和运用过程，呈现了 book review 的语言框架，教师提出了创作和运用思维导图的具体要求。在接下来创作思维导图的教学环节中，学生被分成6个小组，每个小组派代表从绘本中剩下的6个故事中抽签选择一个绘本阅读，并交流讨论，完成思维导图的创作（其中 Moral 一项会对原绘本进行遮挡，让学生自己思考讨论形成）：*The Fox and the Stork*，*The Fox and the Crow*，*The Crow and the Pitcher*，*The Town Mouse and the Country Mouse*，*The Wolf in Sheep's Clothing*，*The Dog and His Shadow*。教师进行 *Aesop's Fables* 封面导读，向学生介绍分组任务，小组抽签选择阅读材料，开展小组内合作学习。

【设计意图】教师引导学生观察封面，学生说出《乌鸦喝水》，再联想刚读过的 *The Peacock*，继续深入阅读本书其他的寓言故事。

2. 初读绘本

学生初读文本，小组讨论故事大意，猜测寓意。教师根据之前的抽签分组，分发阅读材料至各阅读小组，引导学生观察自己小组分到的寓言故事的插画与内容，给予学生时间讨论，让学生初步了解自己小组所读的寓言故事的内容。

教师引导：

Look at the pictures and read the stories you have. Which one are you reading? Who is in the story? Read with your partner. Talk to your partners. What can you learn from the story?

【设计意图】将整本书的阅读任务分解到每个小组进行拼图阅读教学，让学生初步感知本书中其他6个寓言故事的内容，给予学生时间讨论，激发学生的阅读兴趣。

3. 寓意匹配

在初读并小组讨论的基础上，教师引导学生思考每个故事背后的寓意，如果有学生能直接发表观点，那么可以让学生直接说出；如果有困难，教师可以给出6个故事的寓意，并打乱顺序排列，带领学生逐一读出每个寓言故事的寓意，再让小组代表发言进行匹配。

教师带领学生读：

（1）If you are always greedy for more, you might lose what you already have.

（2）If you do mean things to others, they might do mean things to you in return.

（3）The way things look is not always the way things are.

（4）Do not trust strangers who try to flatter you.

（5）Doing things little by little is just as good as doing all at once.

It is better to live simply in safety than to live in luxury and fear.

【设计意图】再读文本，确认寓意，提取四要素，创作思维导图。

4. 故事品读

教师让学生再读文本，组织组内讨论，组间寻义，核对信息，检查学生的理解度；提供多种多样的思维导图模板供学生参考，介绍小组创作思维导图任务并给予学生创作指导；让学生第三次读文本，创作小组阅读材料的思维导图并上台展示，全组人合作完成故事的复述。

教师引导：

Look, boys and girls, time for you to read and taste the stories again. You can try to draw your own mind map to have a closer look at the four elements in a fable. Try to underline the characters, problems, solutions when you read. You can talk to your partners and figure out what the moral is in your story.

Let's taste and draw!

Work together! Taste the story again and draw your own mind map.

思维导图模板，如图5-26所示。

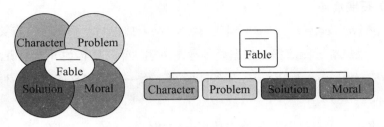

图5-26

【设计意图】教师通过听力输入让学生初步感知故事内容。学生精读文本，关注四要素信息，讨论回答问题，把握寓言故事内容，辩证看待故事背后的寓意。学生复述精读后的寓言，运用思维导图梳理语言及思路。

（四）合作探究学习，完善书面表达，运用新创导图，拓展阅读理解

经历了思维导图的推演、建构、创作三个教学环节，作为输入技能的"读"已较好地分解为学生的学习能力。此外，学生还通过小组交流讨论、合作学习构建并创作出了记录自己思维过程的寓言故事思维导图，距离输出技能的"写"仅一步之遥。此时，教师对学生进行 book review 的写作指导，鼓励他们运用所创作的思维导图进行写作输出。

教师要鼓励学生分享自己所读、所创作的思维导图，鼓励组间交叉阅读，帮助学生运用未读故事的思维导图整理信息，完成写作训练。

小组作品陈述，教师点评，如图5-27所示。

图5-27

学生组间交流合作，完成整本书各个故事四要素的信息总表，分享及拓展阅读本书中其他的寓言故事。组间交换不同寓言故事进行更多的拓展阅读。

【设计意图】教师指导学生运用思维导图整理信息，完成写作训练。学生组间交流合作，完成信息总表，分享及拓展阅读本书中其他的寓言故事。

（五）拓展延伸

（1）读 *The Legend of Nian* 绘本故事，在网上搜集与"中国年"有关的英文视频，做一张思维导图海报，根据思维导图讲述"年"的传说并向全班汇报。

（2）读 *Jack and the Beanstalk* 绘本故事，做一张思维导图海报，根据思维导图写书评。

（3）挑选一个自己喜欢的绘本故事，创作思维导图，并结合思维导图介绍这个故事。

【设计意图】教师通过布置开放性的阅读作业，让学生接触到更多元的故事类型，发挥其运用思维导图获取并整理信息的积极性，提高学生主动表达的能力。

六、学法总结

本节课是六年级下册的一节基于课本主题的课外拓展阅读写作课，课本内容是六年级下册 Unit 2 *Waiting for Another Hare*，拓展阅读引入的绘本是来自 RAZ系列M级的 *Aesop's Fables*。本节课在学法上最显著的特点就是引入了思维导图工具，帮助学生在阅读文本的同时梳理文章脉络，提取并整理信息，从而将整篇的文字符号转化为可视的输出框架，使学生在了解故事内容的同时，更清晰、更高效地内化，并用自己的语言显性地再造及输出故事。

通过对给定阅读内容进行信息提取，生成思维导图，创编新的导图，运用导图开展口语交际的一系列过程，学生既习得了更多词汇，又提高了思维能力、信息提取加工能力。学生在同样的文本结构和常见句型学习的基础上，阅读了中外经典寓言故事，创作了思维导图，并将"读"的输入技能与"写"的输出技能自然过渡，降低了读写的难度，提升了技巧，了解了中西方价值观方面的异同，学习了语言知识，增长了见闻。

七、案例评析（一）

本节课是以寓言故事为主题的小学英语"整本书阅读"教学案例。故事选自*RAZ*系列绘本M级的 *Aesop's Fables* 整本绘本。*Aesop's Fables* 是家喻户晓的经典著作，M级的 *Aesop's Fables* 包括《狐狸与鹳》《狐狸与乌鸦》《乌鸦与水罐》《孔雀》《家鼠与田鼠》《披着羊皮的狼》及《狗与倒影》7个寓言故事，故事以动物为喻，教人处世和做人的道理。

对于寓言故事类文本，学生在之前的生活及阅读中已有所接触，在学习了教育科学出版社义务教育教科书小学英语六年级下册 Module 1 Stories 模块中的寓言故事文本后，教师从*RAZ*系列绘本M级中精选了与课本话题相对应的 *Aesop's Fables* 一书，作为读写教学的拓展学习材料。在教学过程中，教师引导学生运用思维导图工具来梳理寓言故事内容，并开展读后创作，希望学生根据不同的阅读目的，通过思维导图进行阅读并提取重要信息，学会运用学习工具对知识进行梳理和归纳，从而培养学生的思辨能力和综合语言运用能力。

本节课选用的M级 *Aesop's Fables* 整本绘本包含7个寓言故事，整合及科学合理地安排整本绘本的故事素材，具有一定的挑战性。在教学开始环节，教师首先听力输入4个经典中外故事（《白雪公主》《花木兰》《哪吒闹海》和《守株待兔》），展示并介绍童话、传说、神话、寓言四大类故事类型，让学生了解用英文如何表达不同类型的故事体裁。接着教师引领学生回忆 Unit 2 *Waiting for Another Hare* 课文细节，通过问题讨论推演出寓言故事的四个内容要素（character，problem，solution，moral），组织学生利用构建的思维导图复述已学课文，通过学习支架了解寓言故事的内容及文本层次，建构阅读寓言类故事的思维路径。

在开展了"视听材料导入，设问课文已知，推演寓言故事关键要素""回顾复述已知，整体连贯表达，构建思维导图"活动后，教师抽选出 *Aesop's Fables* 整本绘本中的 *The Peacock* 故事作为思维导图推演与建构的范例，先后组织开展了初听文本，感知故事大体内容，研读文本，进行深度阅读，引导学生厘清文章脉络，建构思维导图，形成围绕寓言故事主题的四条分支脉络（character，problem，solution，moral），构建寓言故事的四要素。

在接下来的教学环节中，教师请6个学生小组分别选择 *Aesop's Fables* 整本绘本中剩下的6个故事，将整本书的阅读任务分解到每个小组进行拼图阅读教学。各学习小组进行交流合作学习，开展了封面导读、初读绘本、寓意匹配、故事品读、创作导图、展示交流、拓展写作、作品陈述、点评反馈等活动，完成了整本书各个故事四要素的信息归纳及分享交流，学会将寓言故事重点信息转化成思维导图，并运用思维导图进行文本解读，完成读写任务。

在教学的拓展延伸活动中，教师布置了开放性的阅读作业，如让学生读 *The Legend of Nian* 和 *Jack and the Beanstalk* 等绘本故事，以及阅读自己喜欢的中外故事等，引导学生接触更多元的故事类型，学会运用思维导图等学习工具制作读书海报及写书评等，帮助学生提升信息归纳及提取能力，进一步发展学生的高阶思维能力。

本节课教学目标明确，教学环节紧凑，任务递进，层次清晰，是一节优秀的小学英语"整本书阅读"教学案例，其中对RAZ系列绘本M级的 *Aesop's Fables* 整本绘本7个寓言故事的学习安排及思维导图工具的运用是教学的亮点和特色。

（案例点评人：雷　旭）

八、案例评析（二）

本节课是教育科学出版社义务教育教科书小学英语六年级上册 Unit 2 *Waiting for Another Hare* 的课外拓展阅读写作课，选用的阅读材料为RAZ系列绘本M级的 *Aesop's Fables*，属于小学英语高年级的绘本故事教学。案例设计以思维导图的推演、建构、创作、运用为主线展开，利用可视化的思维导图工具引导学生提取绘本信息，整理故事脉络，在寓言故事结构框架的支撑下内化并输出为自己的语言，从而实现由阅读理解到口语表达直至写作输出的完整路径。

在本节课的教学中，教师通过复习已学课文内容 Unit 2 *Waiting for Another Hare* 来推演寓言故事内容结构的思维导图，示范并引导了 *The Peacock* 的信息提取、导图再理解过程，让学生阅读更多绘本并创作思维导图，最后运用思维导图来进行口语表达、内化输出。

在读前活动中，教师首先听力输入4个经典中外故事（《白雪公主》《花木兰》《哪吒闹海》《守株待兔》），一是让学生初步感知故事梗概的常用语言；二是科普故事的四大类型（童话、传说、神话、寓言）；三是关注重点，进入寓言故事教学。学生习得了不同故事类型的术语表达，拓宽了知识面，再转而切换到《守株待兔》这个经典寓言的课内复习上来，使得这节课从一开始就有从宏观科普到微观内容的视角转换，非常有层次性。

在读中活动中，教师先通过设问与回答得出关键信息点。character，problem，solution，moral 作为四个内容要素，是学生建构阅读寓言类故事的思维路径的关键，语言支架的提炼有效地帮助学生复述已学课文。这种做法使得学生对已学文本进行了意义的重新建构，学习难度较以往明显降低。接下来，教师从引入的课外拓展绘本中抽出 *The Peacock* 这则寓言故事作为寓言故事思维导图推演与建构的范例，再一次向学生呈现了思维导图的生成及内容梳理的过程。在课本内容（Unit 2 *Waiting for Another Hare*）复读与课外内容（*The Peacock*）范读这两个教学环节中，创作和运用思维导图的要求在教师的指引下得以凸显。在创作思维导图的环节中，学生6人一组，通过抽签随机选择阅读材料，进行小组内合作学习。教师利用拼图阅读的方法，将整本书的阅读任务分解到各小组，引导学生完成寓意匹配及思维导图创作任务。

在读后活动中，教师进行了思维导图的推演、建构、创作三个教学环节，给予学生上台的机会，鼓励小组团队展示，口头表达，并给予学生 book review 的写作指导，鼓励他们运用所创作的思维导图进行写作输出。在完成抽签阅读后，教师鼓励学生分享自己所读、所创作的思维导图，鼓励组间交叉阅读，帮助各组学生运用未读故事的思维导图整理信息，完成写作训练。

本节课极为注重学生的思维训练，从复习旧知到引入新知，再到拓展阅读更多故事，所有阅读训练的每一步都体现了思维导图工具的运用，不但帮助学生梳理了寓言故事类文本的内容特点、结构特征，让学生体悟了寓言故事背后的哲理，形成了自己的喜恶观点，而且直指学生一直有待提高的辩证思维能力。

本节课教学目标明确，教学活动层次清晰，思维导图贯穿始终，拼图阅读分解了整本书的阅读量，自主与合作阅读、创作思维导图、小组书评写作、分享交流等多种学习方式综合运用，音频、图片、视频等教学资源丰富新颖，教学目标达成度高，学生的思辨能力得到有效训练，是一个优秀的教学案例。

（案例点评人：张　颖）

第 六 章

主题研究——经典名著篇

　　本章遴选了在小学英语教学中开展"整本书阅读"实践的6个经典名著故事的教学案例，故事选自世界各地及国内广为流传的经典故事和民间故事。选词严谨、语言地道、情节精彩有趣的儿童英语经典名著类故事可以很好地激发儿童的阅读兴趣，培养儿童的国际视野和创意想象能力。每个案例后面均附有专家点评。让我们一起在小学英语经典名著"整本书阅读"中体验英语学习的魅力吧！

Robin Hood 教学设计

设计教师： 玉树小学　刘凤珍

授课年级： 六年级

作　　者： （美）Nicole Brighton 改写

出版单位： 外语教学与研究出版社

一、文本解读

儿童文学名著的文字优美，充满诗情画意，是对孩子们最好的文学熏陶。通过阅读，孩子们不仅能够领略世界各国的地域风光，还可以了解世界各民族丰富多彩的历史文化。作品里充满神奇想象力和幻想力的意境，蕴含的爱心和人性魅力，让孩子们感受到深入心灵的温暖，体验到积极向上的力量，收获快乐、友善、智慧、勇敢和希望。*Robin Hood* 是《轻松英语名作欣赏·小学版》第2级中的名著故事，是根据中世纪英国流传的民谣改编的，主要讲述的是英格兰的理查王外出打仗，留在国内的约翰王子趁机篡权，罗宾汉的父亲被诺丁汉的郡长杀害了，罗宾汉被迫躲进舍伍德森林，领导一支农民起义军劫富济贫的故事。本书一共有4个章节，Chapter 1 Robin Hood, the outlaw（侠盗罗宾汉）讲述罗宾汉成为侠盗的过程，剩下的3章讲述的是有关罗宾汉成为侠盗后的故事：Chapter 2 The Fight on the Bridge（桥上之争），Chapter 3 The Archery Contest（射箭比赛），Chapter 4 The Return of the King（国王归来）。故事内容充满了神奇和惊险，适合充满好奇心的小学生阅读。经过改写的故事对于六年级的学生来说难度和生词量比较适中，也包含了小学阶段的四种时态：一般现在时、现在进行时、一般将来时和一般过去时。该故事是课内阅读的有效补充，拓展了阅读资料，但是故事的内容比较多，篇幅比较长。因此，本课设计主要采用课内精读和课外泛读相结合的阅读教学方式，引导学生进行课内外的自主阅读，帮助学生养成阅读的习惯，学会阅读经典名著，提高学生的阅读水平。

二、学情分析

儿童文学名著不但有丰富的语言，还蕴含着美好的寓意，将影响孩子的一生。本课的教学对象是小学六年级的学生。首先，学生已经养成了良好的课堂学习习惯，有了一定的知识储备和学习能力，能自主学习。其次，学生的抽象概括、分类、比较和推理能力已经形成，思维的敏捷性和灵活性比较高，逐步侧重对知识的感悟、运用和思维难度大的学习（解决"是什么""怎么样""为什么"等问题）。最后，学生有了很强的是非判断能力，能够对故事的人物和事件进行评价，能促进正确人生观和价值观的形成。

三、目标解析

（一）教学目标

1. 语言能力

（1）能够通过关注封面、作者和目录认识一本书，提取故事主要信息，理解故事大意。

（2）能够在信息图的支持下复述故事主要情节。

2. 学习能力

（1）学生观察图片和细节，培养观察能力和推理能力。

（2）在完成信息图的过程中积极思考，提高分析、比较和概括等能力。

（3）在小组合作中培养合作交流能力。

3. 思维品质

（1）通过对故事人物的分析，发展发散思维能力。

（2）通过自主阅读学习，养成爱思考、善总结、敢质疑的思维品质。

4. 文化品格

在故事阅读的过程中，感受外国的历史文化，并获得爱的教育。

（二）教学重点

（1）朗读故事并理解故事大意。

（2）根据信息图，对人物和故事内容进行复述和评价。

（三）教学难点

用自己的语言概括故事大意并进行复述。

四、教学实施

（一）读前活动（Pre-reading）

1. 汇报前测学习，锻炼自学能力

Show Time：Students find materials about the main character of the book at home. Show in class before reading the book. ［学生在家搜集有关主人公罗宾汉的资料，把自己已经知道、想知道的信息填在KWL表格（表6-1）里，在全班同学面前进行简单的汇报，"所学"部分可以在学完整本书后进行填写。］

表6-1

K（What I know） 所知	W（What I want to know） 想知	L（What I learned） 所学

【设计意图】让学生在家进行前测性学习，主要是通过搜集罗宾汉的相关资料，锻炼学生搜索资料、梳理知识的自主学习能力，同时激发学生的求知欲，调动学生的知识储备，让学生阅读更轻松，更有成就感。

2. 欣赏歌曲和电影精彩片段，引发阅读期待

（1）Listen to the song *Robin Hood* to know more about Robin Hood.（欣赏歌曲，了解人物。）

T：What do you know about Robin Hood from the song?

S：He is a hero. He lives in the forest. He takes money from the rich people and give the money to the poor people.（听完歌曲后，学生回答问题，从歌曲中获得有关罗宾汉的信息。）

（2）Enjoy a wonderful part of the film about Robin Hood.（欣赏罗宾汉劫富济贫的精彩电影片段，然后发表自己的看法。）

T：How do you think of Robin Hood? Do you like him? Why?

【设计意图】通过学生感兴趣的歌曲和视频的输入，让学生在喜闻乐见的

歌曲和电影中对故事主人公先有大概的了解，激发和增强学生阅读名著的兴趣，同时为接下来的故事教学做好铺垫。

（二）读中活动（While-reading）

1. 封面和目录导读，了解大意

Students look at the cover and the catalog to get a brief understanding of the book. Choose the correct answers for the questions（学生观察封面和目录，了解整本书的大概内容，选择问题的恰当答案）：

（1）（　　）Where is the author（作者）from?

　　　　　A：America.

　　　　　B：China.

（2）（　　）How many chapters in the book?

　　　　　A：Two.

　　　　　B：Four.

（3）（　　）Do you think Robin Hood is a good man or a bad man?

　　　　　A：I think he is a good man.

　　　　　B：I think he is a bad man.

【设计意图】学生自主观察书的封面和目录，培养观察力和想象力的同时，提前对故事有初步的了解，降低阅读的难度，克服阅读的心理障碍，激发阅读的兴趣。

2. 自主持续默读，中心导读

Read the story quickly and silently to get the main topic of the story.（学生带着下面的问题快速默读故事，寻找章节中心。）

T：Why is Robin Hood a hero? How do you know that?

S：Because in page 10 it says Robin Hood and the Merry Men take money from the rich people，then they give the money to the poor people.

【设计意图】通过自主快速阅读故事，学生学会整体把握故事的主要内容，寻找文章的中心。

3. 共读精彩篇章，精读训练

（1）Read P2 ~ P4 and talk about the characters in groups：What do you know about the characters from Chapter 1 after reading? ［学生自读第一章，根据故事

内容和图示（图6-1）与同桌谈论故事中的人物。〕

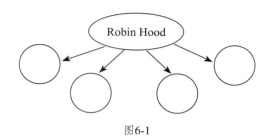

图6-1

Talk about Robin Hood from 4 facts about him.（从四个方面描述罗宾汉。）

Compare and analyse the characters of King Richard and King John.（比较并分析理查国王和约翰国王两位人物的特点，如图6-2所示。）

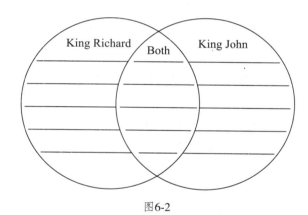

图6-2

【设计意图】这个活动主要是通过信息组织图这种教学方式为学生梳理知识，对故事的主人公罗宾汉的特点进行归纳，对两位国王的特点进行分析比较，训练学生能力的同时，加强学生对故事发生背景的了解，为下一环节的判断做好铺垫。

（2）Make a guess.（猜一猜。）

T：Since the King John is greedy and cruel，will Robin Hood be loyal to him？Of course not. Where will he go？Just make a guess. Why do you think so？

（3）Read P5～P8 carefully and finish the chart independently.（细读第一章，按故事发展顺序独立完成下列表格，如图6-3所示。）

★ Why do they go to the forest？What happened before Robin Hood went to the forest？ Read carefully and write down the things happened.

★ Share your answers with your partners.

★ Check together.

★ Practice retelling the main events.

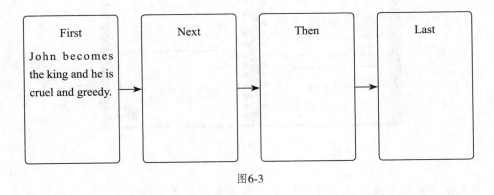

图6-3

（学生讲述罗宾汉成为侠盗的过程。）

【设计意图】通过层层问题的引导，让学生逐步了解故事的发展脉络，进一步加深对故事的理解，同时进行阅读技能训练。

（4）My opinion.（评价故事。）

T：Robin Hood is a hero. Why does he become an outlaw hero？

How do you like the story？

If you were Robin Hood，what would you do？

【设计意图】通过对故事进行评价，让学生把所学知识内化，再次加深对故事的思考的同时，发展创新思维，提高处事应变的能力。

4. 听章节故事，语言输入

Students listen to Chapter 1 of the story.（学生听第一章的故事。）

（1）Listen to Chapter 1.

（2）Listen to your partners' reading.

【设计意图】通过原版音频的输入，让学生感受语言，提升"听"的意愿和兴趣，加大语言的输入量，培养听英语的良好习惯。

（三）读后活动（Post-reading）

（1）Students work in groups to finish the Reading Response.（5人小组共同完

成阅读反馈卡，如图6-4所示，并分工合作进行口头汇报。）

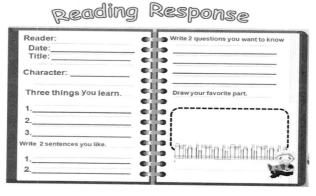

图6-4

【设计意图】通过格式化的阅读反馈卡帮助学生整理阅读所获，助力学生养成归纳总结和思考的学习习惯；引导学生爱上阅读、学会阅读、享受阅读、锻炼思维，提升学生的自主学习能力，为学生的终身学习奠定基础。

（2）Make connections：Do you know another story like Robin Hood's experience？Who else do you know is like Robin Hood？（联系实际：思考与罗宾汉相似的人和与其经历相似的故事。）

【设计意图】对学生进行爱的教育，同时训练学生的批判性思维，加强名著对学生人性的感染和影响。

五、学法总结

学生阅读能力的提高"得法于课内，受益于课外"。因此，教师教给学生阅读方法，显得尤为重要。学生通过课堂"导读"，采用多样的方式、方法进行阅读。首先，学生利用不同功能的信息组织图进行学习，在阅读中对比、猜测、分析因果、分析人物、归纳总结故事等，实现了深层次的阅读，读有所思，不断积累，不断提升。其次，学生阅读后进行交流与讨论，解决疑难问题，不断修正、吸收、提高和深化。长期坚持，学生就可以形成自主阅读整本书的能力，从而乐于阅读，使阅读成为习惯。

六、拓展延伸

教师的"导"是为了实现学生更深层次的"读"。课内外的"导"都是必不可少的，都是课后拓展延伸阅读的保证。由于名著的内容多、篇幅长，利用课后的作业引导学生进行"整本书阅读"，让学生学会自主阅读名著，是非常必要和重要的。本节课后教师布置了两项作业：

（1）观看 *Robin Hood* 的电影，发表观影感，也可以选择一个片段进行复述或表演，加深对故事的了解，同时训练口头表达能力，对知识和语言进行内化和运用。

（2）阅读本书剩下的3个章节，完成以下阅读任务，下节课进行学习汇报。

① Reading task for Chapter 2：The Fight on the Bridge.（桥上之争。）

Read and choose.（阅读第二章，选择适当的选项填空。）

（　　）Does the man cross the bridge first?

    A：Yes，he does.

    B：No，he doesn't.

（　　）Robin Hood and the man are ＿＿＿＿＿ at last.

    A：on the bridge.

    B：in the water.

（　　）John Little becomes one of the Merry Men. Is it true or false?

    A：True.

    B：False.

② Reading task for Chapter 3：The Archery Contest.（射箭比赛。）

Read and fill.［阅读第三章，填写表格（表6-2）。］

表6-2

Characters	Setting	Events
1.Robin Hood 2.＿＿＿＿＿	The town	1.Sheriff wants to catch Robin Hood and plans an archery ＿＿＿＿＿. 2.Robin Hood win the race. 3.Sheriff ＿＿＿＿＿ catch Robin.

③ Reading task for Chapter 4：The Return of the King.（国王归来。）

Read and fill.〔阅读第四章，用自己的话概括对话大意，将括号内的句子补充完整（图6-5），并进行朗读练习，注意语音语调。〕

Robin Hood: Good evening, sir. Where are you going?
King Richard: I'm returning home from the war.
★ (King Richard _____ _____ from the _____.)

Robin Hood: Come and have meals with us!
King Richard: Thank you.
★ (Robin Hood invites King Richard to _____ _____ with them.)

King Richard: My friends, I'm King Richard.
Robin Hood: Welcome home! Long live King Richard.
★ (Robin Hood welcomes _____ _____ home.)

图6-5

【设计意图】给学生充足的独立阅读和思考时间，以及足够多的机会表达，让课堂成为学生展示自我学习成果的舞台。

七、案例评析

名著一向是学生喜欢阅读的书籍，不仅有精彩的故事内容，更富有美好的情感。本课故事 *Robin Hood* 选自《轻松英语名作欣赏·小学版》第2级，主要讲述了英格兰侠盗罗宾汉领导一支农民起义军劫富济贫的故事，共分为4个章节。由于本课内容多、篇幅长，生词量大，教师在课程设计时采用了课内精读和课外泛读相结合的教学方式让学生完成故事阅读。本节课师生共同阅读第一章，教师运用预读、导读、默读、精读、泛读、预测等多种阅读策略，教会学生分析文本，解读内容，找出关键信息；其余三章布置学生课外自主阅读，并完成相应的阅读任务。通过课内外结合，教师引导学生进行"整本书阅读"，帮助学生养成良好的阅读习惯，提升学生的阅读素养。

本课授课对象为小学六年级学生。教师在充分考虑六年级学生特点的基础上，从文本解读、学情分析、目标解析、教学实施、学法总结、拓展延伸六个方面展开设计，目标定位准确，不仅关注学生语言能力的发展，而且关注学生分析、对比、归纳、概括、推理、评价等学习能力及思维品质的培养，重点引导学生掌握阅读策略，学会阅读整本书。

在读前活动环节，教师从前测着手，设计表格任务，统计 K（What I know）、W（What I want to know）、L（What I have learned）信息，检查学生读前资料搜集情况，锻炼学生的总结梳理能力；然后，教师让学生听唱歌曲，设计问题 What do you know about Robin Hood from the song? 让学生简单归纳，初步感知侠盗罗宾汉的事迹，培养学生提取关键信息和总结归纳的能力；最后，教师让学生观看有关罗宾汉的电影片段，用生动的电影情节激发学生阅读名著的兴趣，为读后环节做好铺垫。

在读中活动环节，教师注意引导学生学会阅读，教会学生多种阅读策略，精读和泛读相结合，整合运用持续默读、猜读、组织信息图等方式，设计多个阅读任务，让学生小组合作完成。在阅读封面和目录时，教师设计了 Read and choose 的任务，让学生自主观察和选择问题的答案，目的在于让学生初步了解整本书的内容，培养学生的观察力和想象力，降低阅读的难度，帮助学生克服阅读的心理障碍，激发学生的阅读的兴趣。为了让学生了解、掌握第一章的故事大意，教师采用泛读的教学方式，让学生快速默读，并设计启发性问题，通过找寻问题的答案，让学生快速掌握关键信息。对于第一章的核心内容，教师采用精读的教学方式，设计了三个阅读任务让学生完成：一是自主阅读并完成组织信息图，找到故事中描述人物特点的短语或句子，培养学生归纳概括及提取关键信息的能力；二是猜测故事情节发展，培养学生的想象力；三是再次细读故事，梳理故事的发展脉络，完成表格。在此环节中，教师通过层层问题的引导，让学生进一步加深对故事的理解，培养学生的观察能力和逻辑推理能力。

在读后活动环节，教师首先让学生完成阅读反馈卡，帮助学生提炼对故事的理解，引导学生进行整理和归纳，提升学生的自主学习能力，为学生的终身阅读奠定基础；接着引导学生对故事主人公进行评价，并过渡到其他相关的人物，锻炼学生的语言能力，培养学生正确的人生观和价值观。

由于一节课时间有限，教师只能完成第一章的教学，对于其他3个章节，教师设计课后阅读任务让学生完成。每个章节任务不同：第二章是阅读选择，第三章是阅读后完成表格信息，第四章是阅读后将图和句子进行配对。多种形式的阅读任务，不仅避免了学生阅读的枯燥乏味，而且能降低学生阅读的难度，更容易激发学生的阅读兴趣，突出显示教师对学生课后自主阅读的引导与帮助，既把阅读的主动权还给了学生，也给学生搭建了学习支架。

本节课是一个非常优秀的教学案例，教学目标明确，教学过程清晰，体现了教师引导学生进行课内精读与课外泛读的先进教学理念。课内精读教会了学生阅读策略，课外泛读保持了学生的阅读兴趣，培养了学生的阅读习惯，使学生在阅读的过程中，不断发展思维能力，形成文化品格，有效地激发了学生的阅读热情，让学生喜欢阅读、爱上阅读。

（案例点评人：王　艳）

Three Rocks 教学设计

设计教师：萝峰小学　　陈柳芳

授课年级：五年级

作　　者：（英）Monica Hughes 改编

出版单位：外语教学与研究出版社

一、文本解读

本节课的经典名著故事源自欧洲一个传统的民间传说故事《石头汤》（*Stone Soup*）。这个故事有很多版本，可以溯源至法国、瑞典、俄罗斯、英国等国家。在众多版本中故事的背景不同，主体人物不同，绘画风格不同，图、文作者也不同，但故事的内容大同小异，教育意义是一致的。

在这个故事的多个版本中，教师根据学生的认知水平，选取了《丽声经典故事屋·第四级》第3个故事 *Three Rocks* 作为本节课的阅读材料，属于故事类（fiction）教学。

　　《丽声经典故事屋》是2013年外语教学与研究出版社出版的图书，是由英国儿童阅读专家、儿童文学作家、国际童书插画大师强强联手创作的英语读物，选取了世界各地广为流传的经典故事和民间故事，由21名英国儿童文学作家对角色、故事情节、场景等细节进行创意新编，36位国际插画大师重新创作，形成了一套分为一至九级的选词严谨、语言地道、故事精彩、有趣的儿童英语读物，可以很好地激发儿童的阅读兴趣，培养儿童的国际视野和创意想象力。

　　Three Rocks 的故事梗概为：一个男人来到一个小镇，他饥肠辘辘，可是镇上的居民不肯给他任何食物，不愿意让他留在镇上。于是这个男人提出要为居民们做一顿大餐，好奇的人们为他提供了大锅和水，他放进了三块石头，在他一步步的引导下，居民们纷纷往汤锅里放各种调料和食材，最后大家一起分享了这锅美味的"石头汤"。故事里的人物喝的是"石头汤"，品味的是人与人之间互相信任、彼此温暖的爱。这个故事让孩子感悟到慷慨好施的力量，正如"赠人玫瑰，手有余香"，让孩子懂得在分享与付出时，快乐与幸福也会随之而来，而且这种体验是相互的。

二、学情分析

　　本节课的授课对象为五年级的学生。教师已任教该班一年，在日常教学和与学生的沟通交流中了解到，该班大部分学生对英语学习的兴趣浓厚，喜欢上英语课，乐于参与英语课堂中的师生、生生互动活动，愿意进行小组合作学习。

　　在英语语言基础方面，经过一至四年级的英语学习，学生具备了一定的语言知识积累，思维比较活跃，基本上形成了一定的听、说、读、写能力，有良好的英语学习习惯，课堂学习氛围比较活跃。但是学生在用英语表达个人想法和观点以及小组内分工协作方面有所欠缺，所以教师在教学中要设计相关的教学活动，让学生进行强化练习。

　　在英语阅读方面，大部分学生在阅读故事时能运用插图细节、联想、联系上下文揣测词义、关注关键信息、通过导向性问题预测故事情节发展等阅读策略和方法，但是其他阅读策略的运用能力不强，尤其是"整本书阅读"时在故事情节的总体理解把握和归纳故事中心思想方面有所欠缺。因此，在教学过程中，教师重点渗透预测、推理、归纳总结这几个阅读策略，尤其注重归纳总结。

现在的学生大多生活环境优越，物质条件富足，自我意识比较强，不善于团队合作、与人分享，教师有责任引导学生学会从合作、分享中感受快乐，懂得分享是情与情的传递，是从"我"变成"我们"的一种快乐体验。

三、目标解析

（一）教学目标

1. 语言能力

（1）在阅读过程中，了解相关的背景知识，理解和掌握故事中的新词汇、新句型。

（2）运用适当的语音、语调，模仿和有感情地朗读故事。

（3）理解故事大意，包括主要人物、事件、故事发展情节等。

（4）在思维导图的帮助下，复述故事主要内容。

2. 学习能力

（1）能运用预测、推理、联想、归纳等阅读策略，融会贯通整个故事的内容和寓意，提高"整本书阅读"的能力。

（2）完成小组合作学习活动，学会通过分工协作来思考和解决问题。

3. 思维品质

能针对故事情节对人物进行评价，表达个人观点，发展语言表达能力和思辨性思维。

4. 文化品格

通过故事的阅读，感受合作和分享的力量，懂得分享是一种快乐，也是一种简单的幸福。

（二）教学重点

（1）用恰当的语音、语调，有感情地朗读故事。

（2）厘清故事脉络，理解整个故事的内容和寓意。

（三）教学难点

（1）在思维导图的帮助下，复述故事的主要内容。

（2）尝试对故事情节和人物进行评价，表达观点。

四、教学实施

（一）激趣导入（Warming–up）

1. 唱歌热身

Let's sing a song *Fish Soup Hot*.（师生共同演唱一首关于汤的英文歌曲。）

Fish soup hot，fish soup cold.

Fish soup in a pot，one day old.

Some like it hot. Some like it cold.

Some like it in the pot，one day cold.

【设计意图】营造轻松、愉悦的课堂氛围，调动学生参与课堂的积极性。

2. 师生交谈

Free talk.（师生就自己喜欢什么汤这个话题进行自由讨论，把学生提及的部分食物的单词图片贴到黑板上。）

Do you like soup?

What soup do you like best?

What is in your soup?

【设计意图】通过谈论喜欢喝的汤，激发学生已有的生活经历，自然地使话题与学生建立联系。

3. 引出"石头汤"

以教师给学生带来一碗特别的"汤"引出故事的主题——"石头汤"，让学生提出问题，大胆质疑："石头汤"是什么样子的？"石头汤"是怎么做出来的？"石头汤"能喝吗？喝完了会生病吗？等。教师把学生提出的部分问题写到黑板的一侧。

I like soup，too. I like drinking <u>stone soup</u> best. Today I bring this special soup to you. Look at the picture. Do you have any questions?

【设计意图】提出开放性问题，引发学生发散性思考，激发学生的好奇心，为展开阅读做好心理准备。

（二）读前活动（Pres-reading）

1. 封面导读

教师引导学生观察封面，让学生了解书名、作者、绘者，获得关于故事的更多信息，边提问边贴板书。请学生展开丰富的想象，就封面内容大胆猜测：这个主人公怎么用这三块石头煮汤？这锅汤是什么味道呢？并说出理由。

Now please look at the cover page. Maybe it can help you find out the answers.

What's the title? （贴板书：title）

Who is the author?

Who is the illustrator?

What is the publishing house?

What is the man look like? Is he rich or poor? Why? （贴板书：character）

Is the pot big or small?

How many rocks are there? （教学新单词rock）

How did the man cook the soup with three rocks?

How is the stone soup?

【设计意图】引导学生关注故事的封面信息，让学生获取有关这本书的文本知识，提高学生的文本意识。通过关注封面的主人公，让学生预测故事情节，运用读前预测的阅读策略，激发和调动学生的阅读兴趣。

（三）读中活动（While-reading）

1. 图片环游

在幻灯片上出示故事第1至4页，教师以讲故事的方式，引导学生仔细观察图片和文字，了解故事发生的背景和主人公遇到的问题，并思考如何解决问题。

Where is the man? （贴板书：setting，教学新单词 town）

What does the man look like?

What are the people in the town like?

What did the people say?

How do you feel when you see these expression?

让学生观察图片中镇上居民冷漠、傲慢的表情，谈论个人的感受。然后，教师引导学生假设自己就是主人公，遇到这个问题，会做出留下还是离开的选择，并说出理由。

What could the man do then? （贴板书：problem）

If you were the man, would you like to get out of the town or think of the way to stay in the town？ Why？

【设计意图】教师通过引导学生对图片进行仔细观察，培养学生的观察能力和视觉素养。同时，教师通过设疑提问，让学生置身于故事情节中，设身处地感受主人公的情绪，为主人公想办法，启发学生思考和想象，培养深层次的思维能力。

2. 追问探究

What would the people say at this moment？（教师出示故事的第5至6页，验证学生猜测的答案：主人公选择了留下来，并提出了做一顿大餐的要求；引导学生观察镇上居民的表情变化，让学生继续揣测居民的心理活动，猜测居民会说些什么。）

【设计意图】教师承接上一个教学活动进行追问，让学生从整本书的角度思考故事情节发展。图片中镇上居民是没有设计语言的，教师通过"猜一猜"的活动，鼓励学生推测故事中人物可能说的话，激活学生原有的知识，开启学生的思维，丰富学生的阅读感受。

3. 整本书阅读

（1）第一次自主阅读。学生带着 Did the people drink the soup？ Was the soup good？的问题，打开书本自己静静地阅读整本书。教师提醒学生边读边看插图，如果遇到不认识的单词可以跳过，并圈出来；通过师生问答检查答案，请学生说出在哪里找到的答案，并对黑板上课前提出的问题进行回答。

Did the people drink the soup？ ——Yes，the people drank the soup.

Was the soup good？ —— "This is good." they all said.（贴板书：solution）

Where did you find the answers？ On which page？

（2）第二次自主阅读。学生带着 What is in the soup？的问题，再次阅读整本书，找出这锅汤里都有些什么。教师教学新词汇 brown stock，leeks，turnips，roast chicken 和句型 Into the pot he put …with… and…（板书贴新词汇和句型），然后把黑板上的所有关于食物的单词打乱顺序，让学生根据故事情节的发展顺序进行排序，同时口头说出主人公放食材到汤里的句型 Into the pot he put …with… and…。

【设计意图】为学生提供自主阅读的机会，让学生带着问题进行整本书的安静阅读，从整体上读懂故事，建立对故事的整体印象。

4. 指导"美读"

（1）教师引导学生关注故事主人公是怎样一步一步地引导镇上的居民给这锅汤加入不同的食材的，然后教师出示主人公讲的三句话，指导学生有感情地朗读，注意语音、语调的变化，要体现几种食物层层递进的美味程度，以吸引镇上居民拿出各种食物放进汤里。

It smells good，but it will be better with brown stock.

It smells good，but it will be better with leeks and turnips.

It smells good，but it will be better with some roast chicken.

（2）教师引导学生观察镇上居民在添加食材的三个过程中的表情变化，猜测他们都会说出什么话来。把故事留白进行补充，教师把学生的猜测写到黑板上，指导学生有感情地进行朗读。

【设计意图】学生根据故事内容并联系个人的生活体验有感情地"美读"。教师帮助学生进一步加深对故事内容的理解和情感的体会，让学生感受故事语言的韵律和节奏之美，发展学生的思维品质。

5. 读者剧场

在"美读"指导的基础上，教师组织学生开展小组合作活动，练习故事第5～13页的表演，提醒小组内要快速做好角色分配，可以使用黑板上补充的镇上居民的语言，注意朗读的语音、语调，以表现出不同角色的情绪变化；请两组学生进行展示，其他学生对表演进行评价，教师对表演者进行采访。

评价表如图6-6所示。

Can they…?

		wonderful ★★★	very good ★★	good ★
speak loudy				
speak fluently				
perform emotionally				
use own words				
do well in group work				

图6-6

【设计意图】教师通过故事表演活动，使学生融入故事角色，帮助学生学习语言和体会不同角色的情感，培养学生积极参与和合作学习的意识，提升语言运用能力。

6. 整体感知

教师以PPT图片和音频同步播放的方式，让学生通过视觉和听觉再次整体感知完整的故事内容，然后组织个人、小组读整本书，提醒学生注意故事中人物对话语音、语调的变化。

【设计意图】教师通过多媒体的方式整体呈现完整的故事，让学生通过视觉、听觉的冲击以及多种形式的朗读活动，加深对整本书的理解，再次让学生整体上把握故事生动的内容和丰富的内涵。

（四）读后活动（Post-reading）

1. 头脑风暴

教师出示故事第4页和第15页的图片，让学生在 Why was the soup good? 的问题引导下理解这锅汤的美味不在于那三块石头，而是因为大家分享的各种食物（"But you all put the food into the pot"）；然后，让学生展开想象的翅膀，假设自己就是其中一个喝汤的人，会对这个男人说些什么。（If you were one of the people who were drinking the soup, what would you like to say with the man? ）

【设计意图】通过头脑风暴活动，引导学生讨论和回答，激发学生大胆展开想象，开阔思路，活跃思维。

2. 对比升华

教师出示故事中第15页的图片，引导学生观察镇上居民的动作和表情，让学生用形容词来描述图中居民的心情。

接着，教师展示另外两个版本故事的封面和居民分享"石头汤"的页面，请学生观察图片中人物的动作和表情，提出开放性的问题：What made the people really happy? What's the name of this soup? （是什么让人们这么高兴? 给这锅汤取一个什么名字? ）引发学生深层次思考，让学生懂得幸福可以像煮"石头汤"一样的简单，分享和合作使人富足和快乐。

【设计意图】培养学生仔细观察的能力，根据图片的细节，引导学生在已有知识的基础上进行比较阅读，鼓励学生敢于用所学语言大胆发表个人观点，培养学生的英语思维能力。

3. 复述故事

教师带着学生一起看黑板上的 story map（故事地图，如图6-7所示），复述故事内容，然后让学生小组内借助 story map 进行练习，鼓励学生用自己的语言来讲述故事；请两个小组的代表上台展示，其他小组进行评价。

图6-7

【设计意图】通过根据 story map 提示讲故事的活动，再次复现故事内容，培养学生归纳总结故事信息的能力，让学生进一步内化语言。

五、学法总结

（一）问题导向

在阅读活动中，教师提出有层次、有梯度的问题，在师生、生生之间的互动问答中，极大地调动学生思考的积极主动性，让学生在积极主动的思维活动中去发现、挖掘、把握故事所传达的各种信息，使学生对故事有一个全面正确的理解。另外，教师提出以why和how引导的问题，帮助学生预测故事发展，启发学生的思维。

（二）Story Map

在阅读教学过程中，随着故事学习的推进，教师在板书中清晰明了地贴示出 characters、setting、problem、solution 组合而成的 story map，梳理和归纳了故事的整体结构，帮助学生把主要信息串联成概念图，更好地把握整本书的内容。另外，学生还可以根据 story map 中的图片和文字提示，用自己的语言简单复述故事，促进语言运用能力的提升。

（三）读者剧场

教师利用小组合作学习的方式，提高学生学习的热情和参与课堂的积极性，培养学生的团队协作意识；通过角色扮演，让学生切身体会故事中人物的心理和情绪变化，使学生在认识上、感情上、思想上获得深刻的体验，帮助学生更加清晰地了解人物性格，理解故事深意，培养学生的阅读兴趣，帮助学生学习语言知识，提高其语言表达能力。

（四）比较阅读

为了推动英语"整本书阅读"活动的深入推广，不断提升学生的英语阅读能力，教师除了利用课内一个或者两个课时指导学生完成整本书的阅读之外，还要指导学生的课外自主阅读，就是在重点指导学生阅读了一本书后连带推荐一批书的"主题式群书阅读"，也是对同一个作者或者同一个主题又或者是同一个文体的群书进行比较阅读。在本课例的故事阅读过程中，教师将不同版本的《石头汤》故事结尾进行对照，既开阔了学生眼界，活跃了学生思维，使学生对故事寓意的认识更加充分、深刻，又可以让学生看到不同版本之间的图文差别，提高学生的鉴赏力。

六、拓展延伸

（一）课外阅读书籍的推荐版本

（1）*Stone Soup*，作者：Jon J. Muth，出版社：Scholastic Inc.（1 Jan. 2004）

（2）*Stone Soup*，作者：Marcia Brown，出版社：Atheneum Books for Young Readers；Reprint.（1 Aug. 1997）

（3）推荐观看视频的网址：https：//v.youku.com/v_show/id_XMTY5MTQxODg=.html？f=2040595。

（二）完成课外阅读任务

学生课外阅读其他两个版本的《石头汤》故事，完成阅读表格，比较不同版本故事的异同。教师利用早读或者课前3分钟时间，展示学生的阅读表格，让学生进行口头介绍。

七、案例评析

本节课的阅读材料选自《丽声经典故事屋·第四级》第3个故事 *Three*

Rocks，故事源自欧洲传统的民间传说故事《石头汤》。本节课是以经典名著为主题的小学英语高年段"整本书阅读"教学案例。

教师在设计教学活动时，注重挖掘民间故事的情感内涵，通过让学生了解故事情节，体验"石头汤"的制作及分享经过，引导学生感受人与人之间互相信任、彼此温暖的爱，感悟慷慨好施的力量，让学生学会从合作和分享中感受快乐。选词严谨、语言地道、故事精彩有趣的儿童民间故事读物可以很好地激发学生的阅读兴趣，培养学生的国际视野和文化意识。

本节课的授课对象是五年级学生，他们具备了一定的英语听、说、读、写能力，有良好的英语学习习惯。教师在日常教学中定期开展绘本阅读教学，学生具有一定的阅读素养，能运用一定的阅读策略和方法开展自主阅读。因此，教师设定了适切的教学目标，希望学生在阅读的过程中学会运用预测、推理、联想、归纳等阅读策略，进一步提高"整本书阅读"的能力，并能对故事情节、人物进行评价，发表个人观点，形成独立的思辨能力，提升语言交流水平。

教学之初，教师创设情境，以开放性的问题引出故事的主题——"石头汤"，引导学生从不同角度思考，活跃学生思维，鼓励学生针对问题进行质疑，激发学生的参与热情，为展开阅读做好准备。接着教师组织开展封面导读活动，引导学生关注故事的封面信息，让学生学会提取有关这本书的文本知识，提高文本解读能力。然后教师引导学生观察封面的主人公，让学生展开想象，对故事发展情节进行预测，并说出理由，如 What does the man look like? Is he rich or poor? Why? How did the man cook the soup with three rocks? 等。

在读前活动中，教师引导学生开展头脑风暴及想象预测活动，培养学生的阅读兴趣和思辨能力。

在读中活动中教师首先采取图片环游的教学策略，让学生根据图片信息分析文本，通过设疑提问和问题追问（如 If you were the man, would you like to get out of the town or think of the way to stay in the town? Why? Did the people drink the soup? 等），让学生置身于故事情节中，感受主人公的情绪，引导学生从整本书的角度思考故事情节的发展，发散思维，培养学习力。

在阅读教学过程中，教师注重开展"整本书阅读"活动，引导学生完整感知故事，构建对故事的整体认知；积极组织学生开展"美读"活动，指导学生通过有感情的朗读，加深对故事内容的理解和情感的体会；在美读活动的基础上，组织学生开展小组合作学习，选择故事情节进行"读者剧场"表演活动，引导学生应用语言进行交流与展示；然后整体呈现故事，通过多种形式的朗读活动，帮助学生深化对故事内容的完整理解，让学生从整体上再次感知故事蕴含的深刻内涵。

在读后活动中，教师组织学生开展了头脑风暴讨论交流活动，对不同版本的《石头汤》故事结尾进行比较阅读等，并布置了课外"主题式群书阅读"任务，拓展自主阅读活动的广度和内涵，促进英语"整本书阅读"活动的深入推广，不断提升学生的英语阅读能力。

本节课的教学注重阅读方法的指导，如教师组织开展了问题引导、图片环游、自主阅读、读者剧场、比较阅读、头脑风暴、美读等活动，并应用思维导图工具构建板书，引导学生应用思维导图进行故事复述及表演。学生在学习过程中学会运用预测、推理、联想、归纳等阅读策略，进一步培养了"整本书阅读"的能力。本节课教学目标达成度高，课后拓展活动衔接有效，是一个在小学英语教学中开展经典名著"整本书阅读"教学的优秀案例。

（案例点评人：雷　旭）

The Story of Heidi 教学设计

设计教师：东荟花园小学　刘倚天
授课年级：六年级
作　　者：Johanna Spyri
出版单位：Usborne

一、文本解读

（一）*Usborne Reading Programme* 全系列简介

Usborne Reading Programme 是一套拥有八个级别，350本绘本的阅读体系，其中 *Usborne First Reading*（初读儿童读物）与 *Usborne Young Reading*（青少年读物）分为四个小级别。其中的绘本故事大都为流传已久、家喻户晓的寓言、童话、神话传说、经典名著。本套丛书故事容量大、语言原汁原味、插画精美，将不同体裁的故事按内容和语言难度进行分级编排，让不同年龄段的儿童都能读有所获。

（二）名著内容分析

The Story of Heidi 这本英文名著是瑞士女作家 Johanna Spyri 的经典著作之一，选自 *Usborne Young Reading*《我的第三个图书馆》系列之名著系列。*The Story of Heidi* 出版至今已过百年，以35种语言在50多个国家印刷发行了5000多万册，先后被拍成电影和电视剧，制作成动画片。本故事围绕海蒂回乡、离乡，再回乡而展开，故事情节温馨而纯朴。聪明可爱的8岁小姑娘海蒂被姨妈送到山上，和性情古怪的爷爷住在一起。很快，她就爱上了山上的一切，爷爷也慢慢喜欢上了这个活泼可爱的小女孩。但好景不长，迪特姨妈为了自己在法兰克福的工作，又把她送到城里的一户人家去陪伴有残疾的克莱拉小姐一起学习。那里虽然衣食无忧，但女管家对她非常严厉，女仆也瞧不起她，也没有大山和自由，海蒂想念爷爷和家乡的一切，由此患上了思乡病。最后，海蒂终于又回到了山上。而且，在她的感染与鼓励下，她双腿残疾的好朋友克莱拉重新站了起来。

本节阅读课，教师采用读前导读、读中理解检测、读后活动等来分阶段开展。该篇名著故事出现较多生词，语言上对学生来讲具有一定的挑战性，但情节跌宕起伏，吸引着学生深入阅读探索。教师通过课堂阅读，让学生进一步理解名著中励志感人的故事，使学生在语言知识、阅读能力和情感上获得了多方面的进步。

二、学情分析

本节阅读课的教学对象是小学六年级学生，他们在常规课堂上有语篇阅读的经验，但仅限于课内阅读，长度在200词以内。除了阅读拓展课，他们较少有在课堂上进行初章书阅读的经历，部分学生可能会对长文阅读有一定的畏难情绪。*The story of Heidi* 文字简单、精练，配有简单的插图，丰富的意境非常适合学生阅读。

The Story of Heidi 整本书根据原版名著重新整合成简缩版的六个章节，全书共2578词，对于六年级的学生而言，词汇量及生词量都较大。但由于课前学生有电影《海蒂》的观影经历，已经对原版故事脉络有较为清晰的概念，会减轻拿到这本名著时的部分心理压力。另外，学生已有的词汇基础加上精美生动的插画，能帮助他们解码生词，从而减少生词带来的阅读理解障碍。

三、目标解析

（一）教学目标

1. 语言能力

（1）能够流畅地阅读文本内容，并且能理解整个故事内容。

（2）能够从经典片段切入，感受及分析主人公的性格特征。

（3）了解故事主要情节，能简单复述重要情节。

2. 学习能力

（1）能在阅读后从整本书中寻找信息，完成阅读任务。

（2）能通过指引梳理整本书的脉络。

（3）能分析重要情节和人物特征。

3. 思维品质

（1）通过对整本书从片段到整体的把握，能在判断、选择、寻求答案的过程中理解故事内容。

（2）通过问题链的方式，培养发散性思维。

（3）通过对开放性问题的深层思考，培养批判性思维。

4. 文化品格

通过阅读，体会主人公回乡、离乡、再回乡的心路历程，感受其内心的纯真、善良带来的生命力量。

（二）教学重点

（1）在熟悉的情节中猜测词义并理解故事内容，进行简写与表达。

（2）整理故事线索，图文匹配寻义。

（三）教学难点

（1）在理解故事的基础上，厘清故事脉络。

（2）在读懂故事内容的基础上，表演故事片段。

四、教学用具

The Story of Heidi 影印本、教学课件、卡通头套（海蒂、爷爷、迪特姨妈、女管家、克莱拉）、作业纸等。

五、课前准备

因为全书篇幅较长，加上绝大多数六年级学生仍然缺乏初章书阅读的经验，所以学生在进入课堂阅读教学前，需要以一定的课前自主阅读作为铺垫，以便在正式上课时在一节课内完成教师设计的教学任务。

1. 观看电影片段，铺垫本书情节起点

教师利用每次常规课上课前的5分钟播放有关海蒂的视频，如秀兰·邓波儿主演的电影《海蒂》片段以及最新影片《海蒂与爷爷》，让学生熟悉 *The Story of Heidi* 中的主要人物及名词，如 Heidi，Aunt Dete，Grandfather，the goat boy——Peter，Clara。

2. SSR模式下与文本初次接触

教师连续一周每天发放给学生"整本书阅读"的材料，利用早读15分钟的时间与学生一起持续默读，在读完后收回材料，让学生在两周内完成本书的阅读。全书共六章，每两天阅读一章。学生每读完一章需完成简单的阅读练习，凭已完成的上一章练习领取下一章的阅读材料。

六、教学实施

（一）热身导入（Warming-up and Leading-in）

（1）Greetings.（问候。）

教师用充满热情的语调同学生打招呼，认识"新朋友"。（课件展示海蒂图片。）

T：Good morning，boys and girls.Let's see our new friend Heidi.

【设计意图】利用互相问候的机会，直接引入阅读，点明今天将阅读一个关于海蒂的故事。

（2）Watch a video.（观看影片。）

教师播放著名影星秀兰·邓波儿主演的电影《海蒂》的片段。

【设计意图】观看电影能让学生在书中读到的活泼、纯真的8岁小女孩海蒂的人物形象鲜活起来，瞬间唤醒学生阅读名著的记忆和情感体验，调动学生积极参与到阅读分享中来。

（二）阅读前活动（Pre-reading）

（1）About the book.（教师介绍本书的文学地位。）

此书为必读的经典，出版至今已过百年，以35种语言在50多个国家印刷发行了5000多万册，先后被拍成电影和电视剧，制作成动画片。介绍本书作者：约翰娜·斯比丽（1827—1901），出生在瑞士苏黎世附近的一个小村庄里，父亲是一位医生，母亲则是一位诗人，从小受到良好的教育。1879年起，她写了大量作品，其中最著名的就是《海蒂的学习和漫游岁月》和《海蒂学以致用》。除了这些作品外，她的重要作品还有《海蒂》《夏蒂》《在弗里尼坎上的一片叶子》《没有故乡》《格里特利的孩子们》等。

【设计意图】教师引导学生了解本书的地位和作者，增强学生阅读经典名著的兴趣。

（2）About the background.（教师介绍本书的创作背景。）

约翰娜·斯比丽受家庭环境的熏陶，从小就受到了良好的教育，浸染在乡间的诗情画意中。从她家可以仰望群山，这赋予了她创作《海蒂》的灵感。《海蒂》是她为自己的小儿子阅读而写的自传色彩很浓的小说，最初是她在迈恩菲尔德探望好友时开始创作的，因此这里被认定为正宗的海蒂的故乡；后来她喜欢独自漫步在耶宁斯村庄周边，并在散步时构想海蒂的故事，历经10年最终完成了《海蒂》的创作。

【设计意图】教师引导学生了解本书的创作背景，帮助学生更深层地理解故事。

（3）About the story.（教师介绍故事开篇。）

可爱聪明的海蒂被姨妈送到山上，和性情古怪的爷爷住在一起。很快，她就喜欢上了山上的一切，爷爷也慢慢喜欢上了海蒂这个活泼可爱的小女孩。可是没过多久，海蒂的生活遭遇了变故。教师简单讲述故事开篇，并提出问题：

T：What would happen？Let's join them and start the journey！

【设计意图】激发学生的阅读兴趣，探索故事的发展情节。

（三）阅读中活动（While-reading）

（1）Work in groups.

学生六人一组，组内每人读一章，六个章节阅读同步开始，阅读中教师需介绍阅读任务清单。同组的六名学生要相互协助，高效配合，并关注"整本书阅读"中的情节完整性。

T：Boys and girls！Look！Today we are going to read this book，*The story of Heidi*. I think most of you have seen the movie. Do you like Heidi？Do you want to know more about Heidi？

T：Great！I'm going to have you work in groups of six. In each group，one of you reads Chapter 1，Meeting grandfather；one reads Chapter 2，The goat boy；one reads Chapter 3，Heidi and Clara；one reads Chapter 4，Heidi goes home；One reads Chapter 5，Peter's plan and one reads Chapter 6，A surprise for Mr.Sesemann. And you are supposed to work together to finish all the reading tasks in your worksheet. OK？So，let's start working！

Contents 全书目录

Chapter 1 Meeting grandfather

Chapter 2 The goat boy

Chapter 3 Heidi and Clara

Chapter 4 Heidi goes home

Chapter 5 Peter's plan

Chapter 6 A surprise for Mr.Sesemann

【设计意图】采用合作拼图阅读的方式，在减少单个学生阅读量的基础上，学生间分享、交流，高效地合作完成长篇幅的章节书阅读。

（2）Let's choose.

学生选择自己印象最深刻的片段与大家分享，并说出原因。

T：Which part of the story impressed you most？Why？

针对阅读部分，教师可以给出插图，唤起更多学生阅读的记忆。

【设计意图】交流与分享读书的乐趣、心得及相关联的信息是学生最感兴趣的，也是符合小学生阅读心理需求的。教师要善于创设平台，让学生积极参与讨论、分享、展示，以激发学生的阅读热情。

（3）Let's guess.

Who are they?

教师给出人物具体描述，学生匹配相应人物。

Heidi's grandfather	Clara	Mrs. Rotenmeyer	Heidi

① She is weak and handicapped but she is a kind girl. Lastly，she gets rid of the wheelchair and walks as a normal person.

② She is a rigorous woman who is well-dressed .

③ He is a hot-tempered man who doesn't make friends with people.

④ She likes the nature and life.She is a kind girl who likes helping others.

【设计意图】本环节教师引导学生从思考海蒂的人物特征到思考书中主要人物的特征。人物性格匹配之后，教师继续提问，学生运用上一环节填写人物信息卡的阅读方法继续寻找主要人物性格特征依据，达到举一反三的目的。

（4）Get to know the characters.（Task 1：Make the title for each section.）

教师引导学生讨论后给每个小章节拟定小标题。

Chapter 1：（1）Back to grandfather's home

Chapter 2：（2）At the mountain pastures

（3）Leave grandfather

Chapter 3：（4）Get to Mr. Sesemann's home in Frankfurt

（5）A demanding housekeeper

（6）A trouble from a ragged boy

（7）Unbelievable terror

（8）Homesickness

Chapter 4：（9）Reback to grandfather's home

（10）The guest of the mountain

（11）Peter with jealousy

Chapter 5：（12）Peter's plan

（13）Forgive and help

Chapter 6：（14）The distant friend

（15）A surprise

（16）The simple love

【设计意图】通过拟定小标题环节，再次将全书内容予以梳理，使整本书的阅读脉络清晰化。

（5）Test in reading.（Task 2：Quick Response：Is it true？）

读中检测：教师针对整本书细节信息设计9道判断题，学生在有限的时间内快速做出判断。

（T）① Heidi's grandfather didn't want her at the very beginning.

（F）② Everyday Heidi stayed with her grandfather.

（F）③ Peter showed Heidi the goat's secrets.

（F）④ Aunt Dete wanted to take Heidi away because she loved her.

（F）⑤ Mrs. Rotenmeyer liked Heidi very much.

（F）⑥ The house had been haunted.

（T）⑦ Heidi was so homesick that she had been sleepwalking.

（F）⑧ Peter pushed the chair down the mountain to help Heidi to walk.

（F）⑨ Clara could walk just because of Heidi's help.

【设计意图】通过9道判断题，学生进一步加深了对书中细节问题的理解，同时促进了对整篇文章的理解和人物特征的捕捉。

（6）Test in reading.（Task 3：Quick Response：Do you still remember？）

读中检测：教师对故事片段中极易混淆的信息点进行选择，在问答中还原人物特征。

① Heidi's grandfather lived _____.

A. at the top of a mountain

B. at the foot of a mountain

C. Beside a lake

② Clara lived in _____.

A. a town

B. a countryside

C. a city

③ Mrs. Rotenmeyer was puzzled to see _____.

A. a ragged boy

B. a pair of kittens

C. dirty things

④ Peter destroyed _____ with jealousy.

A. Heidi's goats

B. Clara's wheelchair

C. Grandma's house

⑤ A surprise for Mr. Sesemann is _____.

A. Clara could stand up and walk

B. Clara became healthy

C. Clara became happy

【设计意图】通过选择题的回答，学生在推理、判断中加深对书中核心问题的理解。此项练习考查学生对故事细节信息的把握，使学生对书中情节的起承转合有进一步的理解。

（四）阅读后活动（After-reading）

（1）Let's fill in the stat card.

结合书中经典片段第二章，完成人物资料卡（图6-8）。

The Figure's Stat Card

Name：_____

Age：_____

Family Background：_____

Appearance：_____

Character and Evidence：

_____

_____

_____

图6-8

【设计意图】用插图和设计人物资料卡的形式，引导学生进行书中关键信息的梳理和提取。

（2）What do you think of the characters in the book?

你怎样看待书中主要人物？教师引导学生各抒己见，说出自己对不同人物的看法。（图6-9）

I like / don't like _____ because_____. I feel sorry for _____ because / when _____. I was _____ because / when _____.	Heidi The grandfather Clara Peter

图6-9

（3）How would you act?

Work with your team，pick one chapter or scene of the book to act it out.

教师进行小组分组后给出任务：和你的小伙伴选择书中一个章节或片段进行表演，如图6-10所示。

Team Work

Work with your team, pick one chapter or scene of the book to act it out.

和你的小伙伴选择书中一个章节或片段进行表演。

图6-10

（五）家庭作业（Homework）

（1）Read one chapter of the book with music.

（2）Draw one character of the story and describe him/her.

（3）Share the story with your friends.

七、板书设计（图6-11）

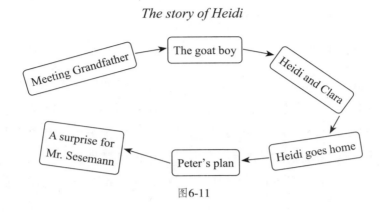

图6-11

八、学法总结

六年级学生在学习 *Usborne Young Reading*《我的第三个图书馆》系列之名著阅读 *The Story of Heidi*"整本书阅读"后，能基本读懂整本名著内容。对于名著的阅鉴于名著的篇幅，在读前活动中，教师会对阅读进行全面指导：首先是作者和名著梗概的介绍。接下来教师会对阅读任务的完成进行规划，如 *The Story of Heidi* 全书共六章，每两天阅读一章，两周内完成本书的阅读。学生每读完一章需完成简单的阅读练习，全书读完后教师会组织一个阅读成果分享会。完成全部章节阅读的学生以及在分享会中表现突出的学生可以得到奖励。

在阅读任务规划之前，教师将进行名著导学课，引导学生阅读封面，找到作者等信息，浏览扉页、目录，让学生感知目录的作用，了解编排体系和思路。教师引导学生运用浏览的方法进行阅读，能迅速使学生了解作者的写作意图和书的内容梗概，对学生阅读主体内容有帮助，起到提纲挈领的作用。在阅读中，教师指导学生完成阅读任务，除分章节发给学生课后或回家自行阅读材料（配有音频）的形式外，还采取全班持续默读、两人共读、由教师读给学生听（学生手上需持有阅读材料）等方式进行阅读。学生每读完一章都需完成简单的阅读练习，教师指导学生凭已完成的上一章的练习领取下一章的阅读材料，以此来提高学生内在的阅读兴趣和学习内驱力。在阅读后活动中教师举行阅读分享活动，适时安排人物资料卡的展示和交流，重在让学生欣赏同学的优秀做法，取长补短，相互学习；组织学生开展再赏读活动，促进学生生成阅读感悟。既让学生感悟与人分享交流的快乐，又在让学生分享和交流中促进对整本书的深层次理解。

九、拓展延伸

通过阅读 *Usborne Young Reading*《我的第三个图书馆》系列绘本、寓言故事等，六年级学生开始初步接触小学英语阶段的"整本书阅读"，在读前导读、读中理解、读后分享等活动中习得其中的阅读策略，并在教师的指导下尝试运用。这些阅读策略的运用激发了学生的发散性思维，同时为后续英语读物的"整本书阅读"提供了阅读策略和方法，也为今后的广泛阅读，在阅读中提升英语素养奠定了基础。在交流与分享活动中，学生畅所欲言，积极参与讨论、分享、展示，符合小学生阅读心理需求，也激发了学生的阅读热情。

基于此，学生在学习完这本书后，教师继续安排"整本书阅读" *Usborne Young Reading*《我的第三个图书馆》系列另外14本名著，如 *Hamlet*、*Romeo and Juliet*、*Alice in Wonderland Macbeth*、*The Wizard of OZ* 等。本学期在完成这个系列的"整本书阅读"后，教师根据学生的实际阅读情况和学习水平，进行反思和总结，调整本学期的"整本书阅读"计划，确定适合学生当前学习水平的读物目录，继续开展"整本书阅读"名著的相关课堂教学活动。

十、案例评析

本课故事 *The Story of Heidi* 选自 *Usborne Young Reading*《我的第三个图书馆》系列之名著系列，是世界知名的经典著作，以35种语言在50多个国家印刷发行了5000多万册，主要讲述8岁的小女孩海蒂与爷爷一起生活时发生的故事。本课的授课对象为小学六年级学生。本案例从文本解读、学情分析、目标解析、教学用具、课前准备、教学实施、板书设计、学法总结、拓展延伸九个方面展开设计，详细地记录了每个步骤，并阐述了设计意图，教学过程清晰可见，充分体现了教师先进的教学理念，特点鲜明。

本案例中教师对故事文本和学情做了详细的分析与解读，并在此基础上布置课前准备活动。由于名著篇幅长、生词量多，学生在阅读时存在一定的困难，但故事情节跌宕起伏，充满爱与温情，励志感人，能够吸引学生深入阅读。故事中生词偏多，但文中精美生动的插画能帮助学生进行生词解码及寻义，减少生词带来的阅读理解障碍。在文本解读和学情分析的基础上，为降低学生阅读的难度，保持学生的阅读兴趣，在正式阅读之前，教师设计了两项课前准备活动：一是观看有关海蒂的视频，让学生了解与海蒂息息相关的角色和地点；二是读前两周进行持续默读活动，提前让学生自主阅读文本，完成相应的阅读任务，初步了解故事梗概。

本案例一大显著特点是在课堂读前活动中教师对名著的文化背景做了重点介绍，不仅介绍了故事的起因，还介绍了本书的文学地位和作者的创作背景，凸显了教师的文化意识；通过引导学生了解作者和作品的地位，增强学生阅读经典名著的兴趣，有助于培养学生的文化品格，使学生了解西方文学文化常识。

本案例的最大特色体现在读中活动的设计上。教师根据文本六个章节内容，采用拼图阅读教学方式，学生六人一组，每人阅读一个章节，完成阅读任务。拼图阅读减少了学生的阅读量，使长章节的"整本书阅读"能在课内完成，而且保证故事情节阅读的完整性，并通过组内的分享与交流，有效培养了学生的表达能力和连续说话的能力。之后教师为帮助学生厘清故事脉络，了解故事人物的性格特点和心理变化，设计了词句配对、概括、选择、判断等阅读任务，教会学生运用猜测、归纳、扫读、精读等阅读策略，通过小组交流合作，对全文进行再次梳理，加深学生对故事整体的理解，培养学生高层次的思维能力，激发了学生参与阅读的热情，有利于学生建构知识，发展技能。

在读后活动中，教师牢牢抓住名著中的人物活动是整本书中心的特点，设计了高阶思维任务：先组织学生制作人物资料卡，让学生选择自己喜欢的人物完成，再对人物进行批判性评价，发表对人物角色的看法，深挖文本蕴含的情感和道理，培养了学生正确的情感态度及价值观，真正达到了通过阅读发展学生人文素养的目的。

本案例设计是一个完整的"整本书阅读"教学设计，从读前准备到读中理解，再到读后分享等活动中，教师注重引导学生习得阅读策略，让学生养成良好的阅读习惯。学生在阅读的过程中一步步走入名著，突破自我，发散思维，学会了阅读方法，享受到了阅读乐趣，为之后更好地进行"整本书阅读"奠定了基础。

（案例点评人：王 艳）

The Little Prince 导读版教学设计

设计教师：科峻小学 周瑞丹
授课年级：六年级
作　　者：安东尼·德·圣埃克苏佩里
导读编者：鲁子问 陈晓云
出版单位：北京教育出版社

一、文本解读

英语名著 The Little Prince 选自《英语名著导读 整本书阅读指南》系列丛书。该系列丛书由鲁子问和陈晓云两位教授领衔编写，省市教研员和重点中、小学教师共同参与，包含世界经典英文名著导读图书共计16册，主要以促进中国10～18岁少年儿童英语阅读能力发展为目标而编写，引导有一定英语基础的青少年从绘本阅读到篇章阅读的逐步转变。在发展英语听说读写等各项能力以外，教师注重引导和提升学生的阅读品位，培养学生英语阅读兴趣，也是增强学生英语篇章阅读信心的一种有效途径。学生从英语绘本阅读到英语篇章阅读的过渡是艰难的，需要教师有效指导和陪伴，如通过"阅读圈"学习小组和师生共读英语名著等方式，加强学生对英语文化的了解，提升学生的综合英语素养。

The Little Prince 是被誉为阅读量仅次于《圣经》的经典之作，出版至今畅销70多年，被译为160余种语言，影响深远。*The Little Prince* 是一个有趣的童话故事，故事中的角色特点各异，故事以富有想象力又夸张的笔触，向孩子们提供了有趣的故事情境，同时蕴含着深刻的哲理这个童话故事以一位飞行员的口吻，讲述了自己从小不被人理解，直到6年前因为飞机故障迫降在撒哈拉沙漠后遇到古怪奇特而又天真纯洁的小王子后才有所改变的故事。小王子来自一个非常小的星球。由于和他美丽的玫瑰花产生了矛盾，于是离开了他的星球独自旅行。他先后拜访了其他6个星球，对一切充满了困惑，并觉得大人们实在是太奇怪了。最后，他来到了地球，遇到了蛇、狐狸和飞行员，同他们建立了友谊，渐渐明白了什么是爱、责任和生命，得到了人生的真谛。于是，他决定回到自己的星球……书中用纯净的文字讲述了爱与责任，写出了引人深思的哲理，告诉人们即使面对再繁杂的生活，心中也要充满希望和温存。故事中有情境、有思考，也有温暖与爱、包容与理解。

本课以课外小组共读为基础，以小组课内分享名著导读的形式介绍了 *The Little Prince* 的故事梗概和人物主线，并截取了故事第一章的内容进行引导、解读和方法指导。教师对整本书和章节内容的解读有利于学生学习目标的设定，有利于教学策略的选择和教学过程的精准实施。以学生为中心进行文本解读、师生共读名著、小组阅读和讨论活动，更有利于促进学生理解和思考，进行故事内容的构建和创新。

二、学情分析

The Little Prince 适合我校六年级学生开展英语课外拓展学习。首先，学生在五年级时已经阅读过 *The Little Prince* 中文版本，而且六年级学生有较高的认知水平，能较好地理解这个童话故事的内容与深刻含义。其次，六年级学生经过6年的英语学习和积累，已经打下了较为坚实的基础：教育科学出版社义务教育教科书小学英语三至六年级教材的词汇量约1150个，加上近五年来在区教研室的引导下，学校系统开展了攀登英语绘本阅读活动。为了帮助学生养成良好的英语阅读习惯，学校购买了全套的攀登英语阅读系列基础和分级绘本，以及外研社大猫系列和牛津书虫系列等各类英语阅读绘本与书籍。我校作为"广州市智慧阅读"定点学校，充分利用智慧阅读平台英语阅读资源，在"向日葵""一起学"等APP上挖掘适合不同年级学生的英语阅读资源，丰富了我校

学生英语阅读资源库。与此同时,我校英语科组制订了学生英语绘本阅读打卡积累计划,按照每年精读10本和泛读30本的计划循序渐进地开展了英语绘本阅读活动,使学生积累了更多的词汇和阅读方法与技能,有利于他们从绘本阅读向篇章阅读过渡。

由于英文名著原版阅读对于小学生而言难度较大,需要解决词汇、语法、语用和认知与文化背景等相关问题,因此教师采用由鲁子问、陈晓云教授编写的英语名著 *The Little Prince* 导读版丛书辅助学生开展名著阅读。课前教师将第一章的文本分成了三个小段落,布置学生"阅读圈"的分工和任务,结合导读版的提示,组织学生开展自主阅读学习。"阅读圈"由5~6名学生组成,根据每个学生的特点进行分工,分别为阅读引领者、单词银行家、篇章图解员、文化传递员、名句鉴赏者和篇章总结者共六个角色,若人数有限,可以一人负责两个角色。根据第一章内容文本,教师引导学生在课前找出文章中的 new words and sentences,小组分工合作,通过词义解释、联系上下文理解、英语文化背景知识的补充、小组集体讨论、相关资料网络搜索等方式进行文本学习、分析与解读,并形成海报或PPT的成果,由"阅读圈"小组集体在课堂上展示、讲解、阐述文本的词汇、惯用表达等内容,帮助其他小组找出文本中的重难点词汇和句型,提出问题,或者表演文本相关内容,增强理解和呈现的生动性。

"阅读圈"能有效地分解名著阅读中的难点,突出重点,降低阅读难度,给予学生自主阅读的支撑,提高学生参与的积极性,有利于学生浸入式地投入名著学习,培养学生英语思维能力和提升学生英语表达能力。名著是语言精华,其语言学习优势更加显著,能让学生对语言的记忆和理解更深刻。而教师利用"阅读圈"合作学习的方式让学生开展阅读解析与探讨,可以帮助学生打开英语名著阅读的大门,寻找适合自身的英语名著阅读的方式和方法。

三、目标解析

(一)语言能力

(1)自主阅读,流利朗读第一章文本内容。

(2)读懂名著故事,理解故事表达的含义。

(3)通过名著导读,画出美文句段,引发思考。

（二）学习能力

（1）能够谈论这篇名著故事相关内容，开启英语篇章阅读和相关技能的培养。

（2）能够通过"阅读圈"的小组合作学习形式，提高自主默读和小组合作的能力。

（三）思维品质

感受名著蕴含的思想，结合自身的学习经历发展深度思维，启发自我思考。

（四）文化品格

能够从名著中发现两个不同的世界——儿童世界和成人世界的碰撞，并感悟对生命、生活、友情、爱与死亡等的意义的探索和追问，培养正确的人生观和价值观，以及既独立自主又包容有爱的优良品质。

四、教学重难点

（一）教学重点

（1）运用声音、图片和小视频等方式呈现情境，使学生理解文章表达的含义，并流利朗读文章。

（2）通过看图、联系上下文、旧词新义等方式学习名著原文的词汇。

（3）初步理解第一章节的故事内容，学习英语篇章阅读的基本方法。

（4）体会故事所传达的感情，并联系生活实际，谈论自己类似的经历或感受。

（二）教学难点

（1）大量生词的快速学习理解与朗读。

（2）篇章中的短语、句型和地道表达的理解与朗读。

（3）正确理解和表达名著中传达的感情。

五、教学用具

"阅读圈"小组展示图、自制单词卡、学习笔记、纸质故事书、电子版故事书、故事音频、worksheet、教学课件等。

六、教学实施

（一）导读活动（Pre-reading）

（1）Enjoy the story.（名著分享。）Enjoy the song and the story about *The Little Prince*.（欣赏歌曲，分享故事。）

① Let students enjoy the song.

② Brain storm. Let students enjoy the story about *The Little Prince* in Chinese.

（2）复习上节导读课中所学的故事三要素：角色（characters）、环境（setting）、情节（plot），初步了解本故事的情节和内容。

① 角色（characters）：the pilot，the prince，the king，egos，drunkards，the business man，the lamp lighters，the geographers，the snake，the fox...

② 环境（setting）：the earth，all kinds of planets（小行星B-12，小行星325号至330号等）。

③ 情节（plot）：在飞行员与小王子的谈话和经历中，故事呈现了一个个生动而令人难忘的情节。

【设计意图】播放 *The Little Prince* 主题歌曲唤醒学生的记忆，以头脑风暴的形式，让学生谈谈读中文版的感受，以轻松的状态进入名著学习。教师通过PPT对这个名著故事中的人物、环境和情节脉络进行支架呈现，激发学生的阅读兴趣，引导学生对故事的发展过程进行预测与思考。

（3）Guide reading.（名著导读。）

课前布置阅读 *The Little Prince* 导读版第一章节的内容。这是故事的开端，本书中的重要角色——飞行员也在此出场，他自述了小时候的一段回忆。在这段回忆中讲述了什么故事？表达了飞行员当时的什么想法？你能理解他的想法吗？让我们带着这些思考一起走进这个故事。

导读文本如图6-12所示。

Story Outline of *the Little Prince*

| Background | Outline | Questions |

图6-12

【设计意图】教师通过课件PPT分享这本书中的导读部分，介绍这个故事的创作背景，帮助学生更好地理解故事主旨大意。教师提出问题引发学生思考，让学生带着对问题的思考开始深入阅读。

（二）读中活动（While-reading）

（1）Listen to the audio about the first paragraph. Read it by yourself and underline the new words and phrases.

【设计意图】整体感知第一段文本的大致内容，通过听读和自主阅读，找出自己的疑问点，在生词下面画线标记，为后面补充学习笔记做好准备。由于每个学生的学习水平不一样，篇章里的生词应该是因人而异的。

（2）Reading Circles.（"阅读圈"小组学习展示，从 Chapter1 的第一段开始进行文本解读。）

① 阅读引领者 Reading Leader：负责组织小组展示活动与PPT指引。

② 单词银行家 Vocabulary Banker：通过图片和PPT情境讲解词汇和短语的含义，指导做笔记。

③ 篇章图解员 Passage Illustrator：主要是在阅读文章之后，将重要的信息（如人物、地点和主要情节）绘制成图片，先让小组成员猜所绘图片的意义，然后自己叙述。

④ 文化传递员 Culture Courier：将故事中的有关内容与自己或现实生活相联系，发表感想或进行体验。

⑤ 名句鉴赏者 Sentence Appreciator：负责找出一些特别有意义的句子或段落，然后和大家讨论分享，并说出它们的特殊性。

⑥ 篇章总结者 Passage Summarizer：负责总结本段的基本内容。

第一段阅读文本如下（图6-13）：

We are introduced to the narrator, a pilot, and his ideas about grown-ups.

Once when I was six years old, I saw a magnificent picture in a book, called *True Stories from Nature*, about the primeval forest. It was a picture of a boa constrictor in the act of swallowing an animal. Here is a copy of the drawing.

In the book it said: "Boa constrictors swallow their prey whole, without chewing it. After that they are not able to move, and they sleep through the six months that they need for digestion."

图6-13

第一段导读词汇释义如下（图6-14）：

1. magnificent/mæg′nɪfɪsnt/*adj.* extremely attractive and impressive壮丽的
2. primeval/praɪ′miːvl/*adj.* in an earliest stage原始的
3. boa constrictor/′bəʊə kənstrɪktə/*n.*蟒蛇
4. swallow/′swɒləʊ/*v.*吞下
5. prey/preɪ/*n.*animal hunted for food猎物
6. chew/tʃuː/*v.*to bite food into small pieces in the mouth咀嚼
7. digestion/daɪ′dʒestʃən/*n.* the process of digesting food 消化

图6-14

第一段小组补充解析笔记如下（图6-15）：

词汇短语补充笔记
◆ narrator *n.*讲述者，旁白
◆ grown-up *adj.* 成年的，适合成年人的
◆ a boa constrictor 一条蟒蛇
◆ swallow *v.* 吞下
◆ called *True Stories from Nature* 可以看作非限制性定语修饰a book（解释，补充说明）
◆ in the act of doing sth. 正在做某事时
◆ prey *n.* 猎物*v.* 捕食
◆ swallow sth whole 将某物囫囵吞下
◆ whole *adj.* 完整的
◆ chew *vt.* 咀嚼

图6-15

第一段篇章解读和总结如下（图6-16）：

The Little Prince

Chapter1

［第一章］

小组笔记

Once when I was six years old，I saw a magnificent picture in a book，called *True Stories from Nature*，about the primeval forest. It was a picture of a boa constrictor in the act of swallowing an animal. Here is a copy of the drawing.

我6岁那年，有一次，在一本书里看见一幅很棒的图画，那本书叫《亲身经历的故事》，是关于原始森林的。那幅图画上，一条大蟒蛇正在吞吃一头猛兽。我把它描了下来。

In the book it said："Boa constrictors swallow their prey whole，without chewing it. After that they are not able to move, and they sleep through the six months that they need for digestion."

书里写着："大蟒蛇把猎物整个吞下，嚼都不嚼。然后，它就动弹不了了，得睡上整整6个月，才能消化肚子里的东西。"

图6-16

（3）Try to read your paragraph for us.

【设计意图】课前小组合作完成教师布置的分工和任务，并在课堂上呈现小组合作学习的成果，对文本进行解读和探讨，如查找文段中单词和短语释义，运用看图猜词、旧词新义和以旧引新等方式开展生词学习，逐词逐句解析。教师通过配图或PPT以及音乐或表演等方式呈现相关情境，引导学生发现好词好句，培养学生深度思考能力。教师进行观察与辅助指导，有效调动全体学生的主观能动性和参与英语名著阅读活动的积极性，培养学生的自学与合作能力。

（4）Reading and learning this paragraph，and finish your task list.

① Circle the words you like.

② Underline the sentences you like and express.

③ Write down your questions or opinions，maybe in Chinese.

【设计意图】通过让学生朗读文段、圈出好词、画出好句、写出问题和思考等方式帮助学生巩固理解文段表达的内容，思考文段表达的深层含义。虽然受限于英语表达水平，但六年级学生的认知与理解水平可以使他们较好地分析理解文段的含义，所以教师仍然要鼓励学生用中文表达自己的感受和想法。

（5）Listen to the audio about the second paragraph. Then read it by yourself and underline the new words and phrases.

【设计意图】整体感知第二段的内容，通过听读和自己阅读找出疑问点，在生词下面画线标记，为后面补充学习笔记做好准备。

（6）Reading Circles.（"阅读圈"小组分享自主学习成果，继续对第二段文本进行解读。）

① 阅读引领者 Discussion Leader：在课堂开展本文段的导读和播放PPT活动。

② 单词银行家 Vocabulary Banker：用PPT讲解词汇和短语含义，引导学生做笔记。

③ 篇章图解员 Passage Illustrator：阅读本文段以后，将重要的信息（如故事的发展、人物内心的特点等）绘制成思维导图或鱼骨图，让小组成员根据文本填充导图内容，并尝试叙述。

④ 文化传递员 Culture Courier：将故事中的有关内容与自己的生活经历或现实生活联系起来思考，表达自己的感想和体会。

第二段阅读文本如下（图6-17）：

> I pondered deeply, then, over the adventures of the jungle. And after some work with a coloured pencil I succeeded in making my first drawing. My Drawing Number One. It looked like this:
>
> I showed my masterpiece to the grown-ups, and asked them whether the drawing frightened them.
> But they answered : "Frighten? Why should any one be frightened by a hat?"
> My drawing was not a picture of a hat. It was a picture of a boa constrictor digesting an elephant. But since the grown-ups were not able to understand it, I made another drawing: I drew the inside of the boa constrictor, so that the grown-ups could see it clearly. They always need to have things explained. My Drawing Number Two looked like this:

图6-17

第二段导读词汇释义如下（图6-18）：

> 1. ponder /'pɒndə / v. think deeply 沉思
> 2. adventure / əd'ventʃər / n. an unusual experience 冒险经历，奇遇
> 3. jungle /'dʒʌŋgl / n. （热带）丛林
> 4. masterpiece /' mɑːstəpiːs / n. the best work 杰作
> 5. frighten /' fraɪtn / v. cause fear in 使惊吓
> 6. digest / daɪ'dʒest / v. 消化

图6-18

第二段小组补充解析笔记如下（图6-19）：

> 词汇短语补充笔记
> ◆ ponder n. = think deeply 沉思
> ◆ succeed in doing sth 成功地做某事
> ◆ drawing n. 图画，画作
> ◆ Whether conj. 是否，无论
> ◆ digest v. 消化
> ◆ masterpiece n. 杰作
> ◆ frighten v. 使惊恐，吓唬
> ◆ show sth to sb 把某物给某人看
> ◆ ask sb sth 询问某人某事

图6-19

第二段篇章解读和总结如下（图6-20）：

I pondered deeply, then, over the adventures of the jungle. And after some work with a coloured pencil I succeeded in making my first drawing. My Drawing Number One. It looked like this:
对原始森林的探险，我当时想得很多。于是，我也用一支彩色铅笔，画出了我的第一张画。画作第1号。就像这样。

I showed my masterpiece to the grown-ups, and asked them whether the drawing frightened them. 我把我的杰作拿给大人们看，问他们："我的画是不是让你们很害怕？"

But they answered："Frighten? Why should any one be frightened by a hat?"
他们回答，"一顶帽子有什么好怕的？"

My drawing was not a picture of a hat. It was a picture of a boa constrictor digesting an elephant. But since the grown-ups were not able to understand it, I made another drawing: I drew the inside of the boa constrictor, so that the grown-ups could see it clearly. They always need to have things explained. My Drawing Number Two looked like this:
可我画的不是帽子呀。我画的是一条大蟒蛇，它正在消化一头大象。
于是我把大蟒蛇的肚子里面也画了出来，好让大人看个明白。
大人们老是要人解释。这是画作第2号。

图6-20

让学生完成 worksheet（图6-21），画一幅蟒蛇吞象，置身于故事情境中，谈一谈对人物之间对话的感受。worksheet 如下（图6-21）：

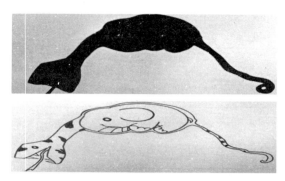

图6-21

⑤ 名句鉴赏者 Sentence Appreciator：找出有意义的重点句子或语段，与大家讨论分享，挖掘句子的深层含义。

⑥ 篇章总结者 Passage Summarizer：负责总结本段的基本内容。

【设计意图】"阅读圈"小组展示合作学习成果，还增加了绘画环节，有利于学生投入故事情境中，更好地体会作者的感受。

（7）Listen to the audio about the third paragraph. Read the new words and phrases.

【设计意图】整体感知第三段的内容，先听读，再自主阅读，找出疑问点，在生词下面画线标记，为后面补充学习笔记做好准备。

（8）Reading Circles.（小组展示自主学习成果，继续对第三段文本进行解读。）

① 阅读引领者 Discussion Leader：负责组织小组展示活动与PPT指引。

② 单词银行家 Vocabulary Banker：通过图片和PPT讲解词汇和短语的含义，形成词汇相关笔记。

③ 篇章图解员 Passage Illustrator：学生阅读文段，将信息进行提炼、加工和理解内化，可以绘制成表格、示意图等 worksheet，让小组成员根据文段表述内容进行复盘。

④ 名句鉴赏者 Sentence Appreciator：引导小组成员找出重点语句，小组讨论学习，并分享对句子含义的理解。

⑤ 篇章总结者 Passage summarizer：负责总结本段的基本内容。

第三段导读词汇释义如下（图6-22）：

1. response / rɪ'spɒns / n. 回答，反应
2. devote / dɪ'vəʊt / v. spend most of your time or energy on something 投入（时间、精力等）
3. geography / dʒɪ'ɒgrəfɪ / n. study of the earth's surface 地理学
4. arithmetic / ə'rɪθmətɪk / n. 算术
2. career / kə'rɪə / n. 职业
5. dishearten / dɪs'hɑ: tn / v. make somebody lose hope 使失去希望
6. tiresome / taɪəsəm / adj. 烦人的
7. profession / prə'feʃn / n. job职业
8. pilot / 'paɪlət / v. fly a plane 驾驶（飞机）
9. glance / glɑ: ns / n. a quick look 匆匆一看，一瞥
10. distinguish / dɪ'stɪŋgwɪʃ / v. see how two things are different 辨别，区分
11. Arizona /ˌærɪ'zəʊnə / n. 美国亚利桑那州
12. valuable / 'væljʊəbəl / adj. useful and helpful 有价值的

图6-22

第三段小组补充解析笔记如下（图6-23）：

词汇短语补充笔记
◆ lay aside 把……放一边，放弃（习惯）
◆ devote 投入（时间、精力等）
◆ instead to 代替
◆ arithmetic n. 算术
◆ magnificent adj. 伟大的，高尚的
◆ career n. 生涯 v. 全速前进
◆ disheartened adj. 灰心的，失望的
◆ tiresome adj. 无聊的
◆ profession n. 职业，专业，同行，宣称，信念
◆ flown：fly 的过去式
◆ glance vi. 一瞥，掠过
◆ distinguish v. 区分，辨别
◆ get lost 迷失

图6-23

第三段篇章解读和总结如下（图6-24）：

The grown-ups' response, this time, was to advise me to lay aside my drawings of boa constrictors, whether from the inside or the outside, and devote myself instead to geography, history, arithmetic and grammar. That is why, at the age of six, I gave up what might have been a magnificent career as a painter. I had been disheartened by the failure of my Drawing Number One and my Drawing Number Two. Grown-ups never understand anything by themselves, and it is tiresome for children to be always and forever explaining things to them.

大人们劝我不要再画大蟒蛇了，还是专心学地理、历史、算术和语法吧。就这样，我6岁时放弃了画家生涯。画作第1号和第2号的挫折让我泄了气。大人们自己什么也弄不懂，却要孩子们一遍一遍地解释，真够累人的。

So then I chose another profession, and I learned to pilot airplanes. I have flown a little over all parts of the world, and it is true that geography has been very useful to me. At a glance I can distinguish China from Arizona. If one gets lost in the night, such knowledge is valuable.

我只好另选职业。我学会了驾驶飞机。世界各地，我差不多都去过。的确，地理对我很有用。只要看一眼，我就能认出，哪里是中国，哪里是亚利桑那。如果夜里迷航了，这很管用。

图6-24

【设计意图】"阅读圈"小组展示合作学习成果，教师辅助解析文本，设计好词好句鉴赏让学生谈理解和看法，拓展英语名著阅读的深度和广度。

（9）Listen to the audio about the last paragraph in Chapter 1. Follow and imitate the reading. Try to understand the sentences.

【设计意图】整体感知最后一段的内容，跟读并尝试理解语句内容。找出生词和疑难点，以便后续有针对性地补充学习笔记。

（10）Reading Circles.（利用"阅读圈"小组开展自主学习。）

① 阅读引领者 Discussion Leader：引导文段的朗读、释义和设置引导性问题，并借助PPT展示。

② 单词银行家 Vocabulary Banker：通过图片和PPT讲解词汇和短语的含义，做好词汇相关笔记，为后面学习做好准备。

③ 篇章图解员 Passage Illustrator：根据阅读的文本，将相关信息进行流程图的绘制（如人物、地点等）。

④ 文化传递员 Culture Courier：引导同学们讨论，将故事中主人公的情感和自身的过往经历相联系，如自己是否也曾经有过不被理解和认可的经历。

⑤ 名句鉴赏者 Sentence Appreciator：查找文本中有代表性的句子或语段，与同学们讨论学习并分享。

⑥ 篇章总结者 Passage Summarizer：负责总结本段的基本内容。

第四段小组补充解析笔记如下（图6-25）：

词汇短语补充笔记
◆ course *n.* 课程，航线 *v.* 追逐，沿……前进
◆ encounter *v.* 不期而遇 *n.* 相遇，冲突
◆ consequence *n.* 结果，重要性
◆ intimately *adv.* 熟悉地，亲密地
◆ close at hand 就在眼前
◆ clear–sighted *adj.* 聪明的，精明的
◆ bring myself down to his level 把自己放到他的水平，理解为我们说一些他能懂的话语
◆ sensible *adj.* 明智的，通情达理的
◆ whether the drawing frightened them 这幅画是否吓坏了他们，宾语从句
◆be frightened by ... 被吓坏（吓一跳）
◆digesting an elephant 消化大象，现在分词短语做后置定语

图6-25

第四段篇章解读和总结如下（图6-26）：

In the course of this life I have had a great many encounters with a great many people who have been concerned with matters of consequence（重要的）. I have lived a great deal among grown-ups. I have seen them intimately, close at hand. And that hasn't much improved my opinion of them.

在我的生活中，我同很多严肃的人打过很多的交道。在大人们中间，我经历了很多。我就近观察他们。不过，我对他们的印象，没有多大改变。

Whenever I met one of them who seemed to me at all clear-sighted, I tried the experiment of showing him my Drawing Number One, which I have always kept. I would try to find out, so, if this was a person of true understanding. But, whoever it was, he or she, would always say："That is a hat."

碰到稍微聪明一点的大人，我会拿出一直保存着的画作第1号给他看。我想知道他能不能看懂。但大人总是这么回答我："这是一顶帽子。"

Then I would never talk to that person about boa constrictors, or primeval forests, or stars. I would bring myself down to his level. I would talk to him about bridge, and golf, and politics, and neckties. And the grown-ups would be greatly pleased to have met such a sensible man.

所以，我就懒得跟他说大蟒蛇、原始森林或者星星了。我只好说一些他能懂的事情。我跟他说桥、高尔夫、政治或者领带。大人就挺满意，觉得认识了一个正常人。

图6-26

【设计意图】教师课前安排阅读任务，如查找文段中的单词、短语并进行逐词、逐句的释义和分析，运用看图猜词、旧词新义和以旧引新等方式，通过PPT以及音乐或表演等方式呈现相关情境等。教师引导学生解析文本，让学生在小组学习讨论中谈感受，拓展学生阅读的深度和广度。

（11）Discussion.（小组讨论：谈谈本段文字中作者内心的感受，画出描写人物心理的语句。）

【设计意图】通过讨论，学生感受故事中所表达的情感，置身情境朗读，并进行表演朗读。

（三）读后活动（Post-reading）

（1）Try to read Chapter 1 independently.

（2）Finish the flow chart of Chapter 1.

第一章内容流程图如下（图6-27）：

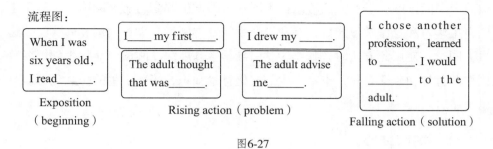

图6-27

【设计意图】尝试让学生自主阅读，并根据第一章的内容完成流程图的填写，了解第一章的内容脉络，促进学生思维的发展，为第二章与小王子相遇做好铺垫。

（3）Write down the new words and phrases in the story on your book.（在名著阅读收获卡中收集故事中的新单词和短语。）

【设计意图】在自主朗读和理解欣赏名著的基础上，教师引导学生收集好词、好句，学习名著中的经典表达，通过名著阅读收获卡培养学生欣赏、提炼与内化的学习品质。

（4）Discussion：与学生讨论这本书的第一章。

教师引导：第一段以飞行员的口吻自述发生在童年的一段记忆，在这段文字中，我们能感受到他的思想：大人们都不理解他画的蟒蛇吞象的含义，觉得它就是一项普通的帽子，他因为画作不被理解而郁郁寡欢。在第一段中呈现了两个世界——儿童世界和成人世界，以及这两个世界的对比和碰撞，而后面的很多情节也都是在这种碰撞中发生的。他只能让自己去迎合大人的思想与意志，后面他到底能否遇到一个看得懂"蟒蛇吞象"画作的人呢？

七、学法总结

英语名著"整本书阅读"对于小学生来说具有一定的挑战性，因此需要教师非常细致地对文本和学情进行分析和预判。本课中教师根据名著故事内容设置具体的读前任务、读中引导、读后活动，特别是采用了"阅读圈"学习方法，在小组内进行分工后开展小组成员间的合作性课外阅读和课内分享。学生根据不同的分工完成了各自的任务后，小组再进行集中式、分享式交流，从各个不同的角度来阐述对阅读材料的理解，由此达到较好的理解阅读材料的学习效果。"阅读圈"学习方法可以让不同水平的学生都参与名著阅读，培养学生的自主学习和合作学习能力，有利于学生从绘本阅读向篇章阅读和名著阅读递进。同时，使用此方法时教师要注意引导学生开展深度阅读，让学生理解名著创作的背景和象征意义，丰富学生的文化背景知识，培养学生的跨文化意识与思维品质。

八、拓展延伸

英语名著学习的目的是提升学生的英语综合素养，使学生形成跨文化意识，培养学生的英语思维。在引导学生阅读英语名著的过程中，教师要帮助学生解决阅读中遇到的实际困难，帮助学生建立名著阅读自信，开启英语篇章阅读和名著阅读的大门。学生阅读完名著之后，在"阅读圈"小组中开展读书分享活动，在分享—学习—交流—启发—思考的循环过程中实现知识的内化与阅读理解层次的提升，从而更好地掌握阅读技能。同时，教师要鼓励学生以"朗读名著打卡"和"角色朗读"的方式进行组内和组间的PK活动，鼓励学生课下持续默读，完成阅读收获卡和读书笔记。

九、案例评析

本课为经典名著 *The Little Prince* 的教学案例，选自由鲁子问和陈晓云教授编辑的《英语名著导读 整本书阅读指南》丛书，授课对象为小学六年级学生。六年级学生正处于由英语绘本故事阅读向经典名著阅读过渡的时期，具备一定的认知水平，对英语名著有着浓厚的兴趣，但他们词汇量和文化背景有限，在阅读名著时会有一定困难。教师在教学设计时充分考虑了学生的实际情况，为降低学生的阅读难度，激发学生的阅读兴趣，将文本进行了处理，截取故事第一章内容作为本课教学内容，运用"阅读圈"教学方式，引导学生进行文本解读，指导学生阅读方法和技巧，通过小组合作学习，帮助学生对名著进行"整本书阅读"，这是本案例设计的一大亮点。

"阅读圈"是阅读时临时组成的阅读小组，小组内一般包括六个角色：阅读引领者，负责组织学生讨论；单词银行家，负责解决阅读材料中的重难点及新单词和短语问题；篇章图解员，负责从阅读材料中探寻与实际生活或自身相关的现象；文化传递员，负责对比阅读材料中与中国文化的差异之处；名句鉴赏者，负责探寻或解释阅读材料中具有重要或特殊意义的句子或文段；篇章总结者，负责对阅读活动进行总结。在阅读时，学生根据自己的角色，经过独立思考、小组讨论、总结汇报的过程，完成阅读任务。在"阅读圈"中，学生是阅读的主体，他们自主阅读材料，在小组中分享，体现了自主学习与合作学习的理念；教师是指导者和协助者，不仅要了解每一个学生的学情，还要协调和启发学生在开放性的阅读活动中充分发散思维。在本案例中，教师将 The Little Prince 第一章文本分成四个小段落，从课前的导读到课内的阅读，再到课后的拓展延伸，组织学生开展"阅读圈"学习活动，降低了阅读难度，给予不同水平的学生不同的阅读任务，使全部学生都能够积极沉浸到名著的"整本书阅读"之中。

课前，教师根据导读版的提示，将学生六人一组分成不同的"阅读圈"，给予学生不同的分工和任务，组织学生开展自主阅读，为课堂阅读做好铺垫。在课内导读活动中，教师检查课前导读成果。师生从名著分享开始，唤醒学生对 The Little Prince 情节的记忆；然后复习故事三要素（人物、环境和情节），为下一步的阅读做好准备；最后通过问题引导，让学生进一步明确故事的背景，并引发学生思考，激发学生深入阅读的兴趣。

读中活动环节，教师根据文本，继续以"阅读圈"的学习方式，让学生阅读第一章四个小段落。首先，教师通过听读活动，让学生整体感知每个段落的内容，找出疑问点，圈出生词，为后续的学习做好准备；其次，教师根据故事内容，布置学生完成不同的角色任务：阅读引领者负责组织小组阅读活动，用PPT指引组员进行阅读；单词银行家负责用图片或PPT讲解词汇和短语，指导组员做好学习笔记；篇章图解员结合故事插图提出相关问题引发组员思考；文化传递员负责找出文本中中西方文化的不同之处；名句鉴赏者负责讲解段落中的重要句子；篇章总结者负责概括本段落的基本内容。每个成员各司其职，先进行自主阅读，然后在小组中分享阅读成果，小组再在全班分享汇报阅读收获，充分体现了学生的主体地位，拓展了学生阅读的深度和广度。

在课后拓展延伸活动中，教师继续组织学生以"阅读圈"的形式进行自主阅读，开展读书分享、角色朗读、朗读名著打卡等活动，让学生在分享——学习—交流—启发—思考的循环过程中不断启发思维，实现知识内化，提升阅读技能。

英语名著"整本书阅读"对于六年级的学生来说具有一定的难度和挑战性，但是由于教师在课前对文本和学情做了细致的分析和预判，将文本进行了分解，降低了学生的阅读难度。教师通过课前导读、课内共读、课后拓展等活动，充分运用"阅读圈"的学习方式，为学生设计不同的阅读角色和任务，让不同水平的学生都参与到阅读活动中，让学生的思维由低阶向高阶发展；引导学生开展深度阅读，培养了学生的自主学习能力，发挥了学生的主观能动性，为学生今后更好地阅读奠定了基础。

（案例点评人：王 艳）

Robinson Crusoe 节选—— *Making Canoes* 教学设计

设计教师： 长岭居小学 李晓燕

授课年级： 六年级

作 者： 丹尼尔·笛福

出版单位： 北京日报报业集团同心出版社

一、文本解读

（一）作者简介

丹尼尔·笛福，英国作家，新闻记者，英国启蒙时期现实主义小说的奠基人，被誉为欧洲的"小说之父"。其作品主要反映个人通过努力，靠自己的智慧和勇敢战胜各种困难的主题；情节曲折，采用自述方式，可读性强，表现了当时人们追求冒险，倡导个人奋斗的社会风气。其代表作有《鲁滨孙漂流记》《辛格顿船长》《杰克上校》《摩尔·弗兰德斯》等。鲁滨孙成为与困难抗争的模范典型，体现了自我奋斗的精神，他的创造性劳动及成果也体现了人类智慧的无穷魅力，因此作者被视为英国小说的开创者之一。

（二）创作背景

《鲁滨孙漂流记》是笛福受当时一个真实故事的启发而创作的。1704年9月一名叫亚历山大·塞尔柯克的苏格兰水手在海上与船长发生争吵，被扔到安·菲南德岛上长达4年4个月之久，后来他被伍兹·罗杰斯船长搭救。笛福以塞尔柯克的传奇故事为蓝本，把自己多年来海上经历的体验倾注在人物身上，并充分运用自己丰富的想象力进行文学加工，使鲁滨孙成了当时中小资产阶级心目中的英雄人物，是西方文学中第一个理想化的新兴资产者形象，表现了强烈的资产阶级进取精神和启蒙意识。塞尔柯克在荒岛上并没有做出什么值得颂扬的英雄事迹，他和鲁滨孙被认为都有捕山羊和以羊皮为衣的经历，都被猫骚扰过也都驯养过山羊和同猫做伴，还都抽时间向上帝祈祷过。作者1719年左右将近60岁时创作了这部妙趣横生、雅俗共赏、老少皆宜的传记体小说，为自己赢得了"英国小说和报纸之父"的美誉。

（三）节选解析

本节课内容节选自经典名著《鲁滨孙漂流记》P194~P196，主要讲述了鲁滨孙足足花了5个月的时间，砍倒一棵雪松树，通过不断地劈和削，把它做成了一只很像样的独木舟，用来逃离安·菲南德岛，可结果却因为太大怎么也没法使它下到海里，而不得不把它丢弃。最后他总结出凡事要量力而行，他的每一次失败都教给了他以前不知道的一些知识。在本节课的教学中，教师努力创设真实的语言情境，让学生在体验、实践、参与、合作和交流中完成学习目标。学生通过跟随鲁滨孙把独木舟造好而后又失败的过程，把他的优秀品格渗透和展现到学习中去。鲁滨孙以非同寻常的毅力和勇气，用时5个月砍倒树木，并做成独木舟，克服了常人难以想象的艰难困苦，但因独木舟太大难以到达海边，在挖运河失败后他依然不悲观、不绝望，也不对生活抱有任何不切实际的幻想。他让学生感受到努力之后不一定能成功，但每一次失败也是对成功的积累，在困难之中，只有发挥自己的创造才能，才有生存的可能。

二、学情分析

六年级的学生处于少年心理向青年心理的过渡期，有了一定的知识积累和对事物的体验，内心世界比较丰富，会更加关注对事物的主观体会。《鲁滨孙漂流记》主要讲述了鲁滨孙通过努力，靠自己的智慧和勇敢战胜困难的故事。该书以第一人称的形式讲述，容易让人感同身受。不怕困难和勇于战胜困难的优秀品质正是当代少年儿童需要的优秀品质。本书是六年级下册语文学科必读书目，有了中文作为中介工具，英文会更加易懂。"读整本书"的策略更加注重"篇章整体阅读"。本书描述人物的各种活动，整体性和逻辑性较强，能使学生的信息提取能力、思维能力和想象能力都得到有效训练。本节课作者主要描述主人公制作独木舟，想尽一切办法逃离海岛的过程，表现出他坚毅顽强、决不气馁的优秀品质，有利于帮助学生提升综合素养、开阔视野、形成良好的品格以及树立正确的人生观和价值观。

三、目标解析

（一）教学目标

1. 语言能力

（1）能够清楚地了解主人公的几个基本活动，学会文中生词。

（2）能够在图片的引导下读懂故事。

（3）能够在图片的指引下复述主人公的主要活动。

2. 学习能力

（1）能够抓住关键词来理解长句。

（2）能够梳理文章脉络，厘清文章层次，联系上下文理解词句的意思。

（3）学会小组合作阅读，发挥想象力，共同完成任务。

3. 思维品质

语言、思维与文化相结合的活动既丰富了学生的文化体验，又促进了学生思维的发展，有助于学生将文化知识内化为具有正确价值取向的认知、行为和品格，有利于学生对事物做出正确的价值判断，有效培养了学生思维的逻辑性，使学生真正实现深度学习。

4. 文化品格

小说节选以第一人称"我"的形式让学生体验了主人公的孤岛生存经历，让学生感受到鲁滨孙顽强、坚毅的品质和脚踏实地战胜困难的生活态度。

（二）教学重难点

1. 教学重点

课程以语篇中鲁滨孙制作独木舟的过程为主线，利用线性加工过程进行语言单位递增，解决生词障碍和句子的结构问题，采用多种教学方式和阅读技巧化繁为简，增强语篇的趣味性；让学生积极参与阅读活动，优化学习方式，让学生在做中学，以帮助学生逐步理解语篇内容，引导学生高效阅读。

2. 教学难点

（1）语篇中的生词障碍。

（2）语篇涉及的异域文化信息。

（3）句子结构复杂。

（三）学前知识储备

（1）阅读完中文版《鲁滨孙漂流记》，用英文简单介绍三个以上对主人公感兴趣的活动。

（2）找出"制作独木舟"语篇中的生词，并做好单词笔记。

（3）绘制思维导图，尝试把鲁滨孙制作独木舟的过程绘制出来，并标注简单英文。

四、教学材料和资源

小说、教学课件、练习纸等。

五、教学实施

（一）读前准备（Pre-reading）——背景介绍、预测

（1）Free talk.［通过师生问答（你喜欢怎样的生活，独处还是群居？）引入学习主题。］

（2）Jigsaw guessing.（拼图游戏，拼出鲁滨孙的人物画报，展示学生课前预习图画。）

（3）Watch a video.（观看《鲁滨孙漂流记》电影片段，讨论：鲁滨孙如何才能逃离海岛？）

【设计意图】以讨论的形式进入主题，可以活跃课堂气氛；通过拼图游戏，激发学生的阅读兴趣，同时引入这节课的主人公；观看video引导学生回忆鲁滨孙刚到孤岛上的生活，温故知新，激发旧识，创设情境，培养学生的发散思维，引入今天所学内容。

（二）读中活动（While-reading）——略读、跳读、问答、推理、事实观点

（1）Listening.（看问题思考，听录音一次，师生讨论以下两个问题。）

T：Where is Robinson Crusoe?

T：What do Robinson Crusoe want to do?

【设计意图】听和读是学生获取信息的关键途径，边听边默读可以培养学生快速阅读的能力。根据问题提示有目的地去读，可以让学生了解文章大意，有助于学生把握文中细节性的内容。

（2）Skimming.（浏览文章一次，小组成员之间互助，完成练习一，读单词并选出正确的意思，朗读新单词。）

【设计意图】教师让学生小组内讨论，用互帮互助的方法指导学生初步掌握单词的读音和意思，消除生词给阅读带来的障碍，提高学生合作和共同交流信息的能力。

（3）Match.［请看练习纸（图6-28），根据提示写出相应句子的编号。］

A. I resolved to dig into the surface of the earth，and so make a declivity.

B. Then I measured the distances of ground，and resolved to cut a dock or canal，to bring the water up to the canoe.

C. It cost me a month to shape it and dub it to a proportion，and to something like the bottom of a boat.

D. It cost me near three months more to clear the inside，and work it out so as to make an exact boat of it.

E. I felled a cedar tree.

（　　）砍树→（　　）船内挖空→（　　）刮出船底形状→（　　）铲坡→
（　　）挖运河

图6-28

【设计意图】教师先讲解略读的技巧，带领学生迅速通读全文；通过略读，让学生整体理解语篇。指导学生在一定的时间内了解语篇的大致内容，厘清段落内部层次，让学生清晰地了解语篇中鲁滨孙制作独木舟的五项主要活动；通过 Match 的练习检测略读效果，培养学生独立阅读的能力。

（4）Scanning.（跳读。通过跳读让学生掌握语篇细节。）

【设计意图】教师先讲跳读的策略，让学生观察下面的表格（表6-3），带着目标去读，寻找某一特定的信息或资料，如某个单词、短语、数字或文章片段、作者传达的主要信息或作者的基本观点。通过跳读，学生迅速掌握语篇中主人公活动的特定细节，通过填写表格，感受鲁滨孙在制作独木舟过程中所耗时间之长、遇到困难之多，以及主人公在遇到困难时坚毅顽强、决不气馁的优秀品格。

表6-3

A: I felled a cedar tree: （1）I was hacking and hewing at it at the bottom.   （2）I was getting more branches and limbs
B: It cost me a month to shape and dub it to a proportion，and to something like the bottom of a boat
C: It cost me nearly three months to clear the inside
D: I resolved to dig into the surface of the earth
E: Then I measured the distances of the ground，and resolved to a dock or canal，to bring the water up to the canoe

（三）读后活动（Post-reading）——交流信息、讨论共识、解决问题、描写与辩论

（1）Jigsaw Reading. 教师先把这篇文章分为五段，然后按照阅读内容把全班分成五大组，每个组阅读一个段落，每组的组员通过阅读完成相关的表格填空。完成自己负责的 topic 后，组员之间交流答案。接着，教师给各组每个组员一个号码（1~6），来自不同组的相同号码的学生组成新的小组，通过讨论交流各自了解到的语篇的各个段落的信息，把整篇文章涉及的鲁滨孙的活动填写到对应的表格中。学生通过互相交流了解到不同的信息后，回到原始的小组，通过再次讨论确定答案。教师抽查了解各组的完成情况。

【设计意图】在小组交流讨论的时候，学生需要知道鲁滨孙在制作独木舟的过程中的其他具体活动，这些信息差会使学生之间的交际显得简单而更有意义，因为要完成表格必须主动去咨询别人，让自己的学习更具有主动性，在得到他人信息的同时要分享自己的所知。这一环节锻炼了学生的交际能力和与人合作学习的能力。在小组合作学习中，Jigsaw Reading 这种教学方法相对高效。

（2）根据文章中主人公活动的顺序，让学生补充英文内容。（图6-29）

1. I_____ a cedar tree.
   I was _____ and _____ at it at the bottom.
   I was _____ more branches and limbs.

2. It cost me a month to _____ it and _____ it to a proportion，and to something like the bottom of a boat.

3. It cost me nearly three months to _____ the inside， and work it out so as to _____ an exact boat of it.

4. I _____ to _____ into the surface of the earth，and so _____ a declivity.

5. Then I _____ the distances of the ground, and resolved to _____ a dock or canal， to _____ the water up to the canoe.

图6-29

【设计意图】巧用语篇插图、关键词巩固语篇内容，为学生搭建语篇复述支架，为后面的复述做好铺垫。

（3）Repeat the main idea.（根据图6-29复述语篇主要内容。）

【设计意图】复述蕴含着丰富的内容，是读与说的整合。通过复述语篇内容，培养学生的语篇复述能力，为学生综合语言能力的培养奠定基础。

（4）总结故事结尾。If you were Robinson Crusoe，what would you do? Make a mind map.［讨论：如果你是主人公，要逃离海岛，你会如何制作独木舟呢？（造小船？带少些物品？把船推到海边？等）］

① The ending：The folly of beginning a work before we count the cost，and before we judge rightly of our own strength to go through with it.（做任何事都要量力而行。）

② 我的做法（图6-30）：

If I were Robinson Crusoe，I would find a small tree.
1._____ . 2._____ .
3._____ . 4._____ .

图6-30

③ Talk show.（说出自己的想法。）

【设计意图】通过讨论激发学生的发散性思维，让学生写出自己解决问题的办法，并大声说出来，培养学生综合运用语言的能力和敢于展示自我的自信心。

六、拓展延伸

（一）制订阅读计划

1. 阅读计划表（表6-4）

表6-4

阅读时间	阅读章节	页数	建议阅读时长（分钟）	实际阅读时长（分钟）	任务	印章
第1天	Chapter 1	8	20		学程任务一	
第2、3天	Chapter 2	13	26		学程任务一	
第4、5天	Chapter 3	10	20		学程任务一	
第6~8天	Chapter 4	21	42		学程任务一	
第9、10天	Chapter 5	10	20		学程任务一	
第11、12天	Chapter 6	12	24		学程任务一	
第13、14天	Chapter 7	16	32		学程任务二	

续 表

阅读时间	阅读章节	页数	建议阅读时长（分钟）	实际阅读时长（分钟）	任务	印章
第15、16天	Chapter 8	18	36		学程任务三	
第17～21天	Chapter 9	52	114		学程任务三	
第22天	Chapter 10	6	12		学程任务三	
第23天	Chapter 11	9	18		学程任务三	
第24、25天	Chapter 12	18	36		学程任务三	
第26、27天	Chapter 13	25	50		学程任务三	
第28、29天	Chapter 14	17	34		学程任务三	
第30、31天	Chapter 15	16	32		学程任务四	
第32、33天	Chapter 16	15	30		学程任务四	
第34、35天	Chapter 17	18	36		学程任务四	
第36、37天	Chapter 18	15	30		学程任务四	
第38、39天	Chapter 19	18	36		学程任务四	
第40、41天	Chapter 20	16	32		学程任务四	
第42、43天	Chapter 21	20	40		学程任务四	
第44、45天	Chapter 22	18	36		学程任务四	
第46天	Chapter 23	12	24		学程任务四	
第47、48天	Chapter 24	29	38		学程任务四	
第49、50天	Chapter 25	17	34		学程任务五	
第51、52天	Chapter 26	15	30		学程任务五	
第53、54天	Chapter 27	23	46		学程任务五	
第55天	Chapter 28	5	10		学程任务五	

2. 拟标题

目录

第一章　父亲的警告

第二章　遭遇暴风雨

第三章　遭遇海盗

第四章　出逃

第五章　巴西

第六章　海滩

第七章　唯一幸存者

第八章　最初几天

第九章　漂流日记

第十章　种植谷物

第十一章　逃不出海岛的旅行

第十二章　生存技能的改善

第十三章　制作独木舟

第十四章　我的发明设计

第十五章　沙滩上的脚印

第十六章　海边景观

第十七章　独守着帐篷

第十八章　失事的小船

第十九章　碰上野人

第二十章　拯救星期五

第二十一章　教导星期五

第二十二章　野人再次出现

第二十三章　计划航行

第二十四章　重新获得自由

第二十五章　收获大船

第二十六章　回到英国

第二十七章　继续旅行

第二十八章　重回小岛

（二）通读学程重难点

1. 通读学程重点

教师以语篇中鲁滨孙因意外流落到孤岛自我生存（种粮食、制作独木舟）的时间为主线，通过词、句、段落、语篇线性加工过程逐渐增大难度，致力于解决生词障碍和句子成分以及结构问题；采用多种阅读技巧化繁为简，降低难度，增强语篇的趣味性，让学生快乐地参与阅读活动，引导学生做一个高效的阅读者。

2. 通读学程难点

（1）解决语篇中的生词障碍。第一遍通读让学生边读边查生词，关注生词在句中的意思。

（2）掌握语篇中句子的成分与结构。第二遍通读让学生关注分句，通过划分句子成分和断句，抓住句子主干（主系表/主谓宾），以了解主人公的活动。

（3）感受语篇涉及的异域文化信息。

（4）尽量不让中文翻译代替学生的理解。

（三）通读前准备

（1）阅读中文版《鲁滨孙漂流记》，简单介绍三个以上对主人公感兴趣的活动。

（2）找出语篇中的生词，做好单词笔记。

（3）绘制思维导图，尝试把鲁滨孙孤岛生存的过程绘制出来，标注简单的英文。

（四）通读策略

（1）读前活动：预测、略读、跳读、背景介绍。

（2）读中活动：问答、指代、推理、猜词、事实与观点。

（3）读后活动：交流信息、讨论共识、解决问题、描写与辩论、续写故事。

（五）通读学程任务

1. 通读学程任务一（Task Card 1）

任务卡见表6-5。

表6-5

鲁滨孙流落到荒岛的原因及过程	Chapter（章节）	Content（内容）
Reason（原因）	The Warning From Father 父亲的警告	Warning（去海外闯荡有两种人）： 1. _____ 2. _____
Process（过程）	Meeting The Storm 遭遇暴风雨	Describe this terrible storm： （描述凶猛的暴风雨） A ship which rid about a mile ahead of us was _____

续 表

鲁滨孙流落到荒岛的原因及过程	Chapter（章节）	Content（内容）
Process（过程）	Meeting The Corsair 遭遇海盗	两次进攻： 1. _____ 2. _____ 结果：three people killed，eight people wounded
	Running Away 出逃	根据提示用单词简单叙述主人公出逃的过程： fi _____ —fail—shore—h _____ —w _____ —l _____ —savages—leopard—sh _____
	Brazil 巴西	The capital source of his plantation（种植园的资金来源）： 1. The leopard's skin & the lion's skin 2. Receive from _____ 3. Money in _____
	The Beach 海滩	（Copy the sentences.） 请抄写描写巨浪打在岩石上的语句

2. 通读学程任务二（Task Card 2）

读完第七章请思考主人公一共回到大船上几次，都有哪些收获。请完成以下内容（表6-6）：

表6-6

回到大船次数或时间	过程（抄写相关句子）	收获
第一次		biscuit，_____，_____，_____，_____，_____
第二次		grindstone，_____，_____，_____，_____
第五、六次		bread，rum，_____，_____
第二天		cable，iron
最后一次		razors，_____，_____，_____

（三）通读学程任务三（Task Card 3）

任务卡3见表6-7。

表6-7

人物姓名 Name	身兼何职 Job	难忘经历 Experience	所在页码 Page
Robinson Crusoe			

（四）通读学程任务四（Task Card 4）

Answer these questions：

（   ）1. Which is the setting of the story?

    A. Robinson Crusoe

    B. an island

    C. the ship's Captain

    D. a big city

（   ）2. How do Crusoe's actions at the beginning of the story affect the plot later in the story?

    A. His trips to the ship enable him to build shelter and think about the future.

    B. His survival of the shipwreck gives him hope that he is destined to survive.

    C. His despair on the beach prevents him from completing any useful jobs.

    D. His sailing on the raft leads him to discover an already built shelter.

（   ）3. Which adjectives best describe Crusoe?

    A. lazy and weak

    B. resourceful and brave

    C. angry and mean

    D. careful and joyful

七、学法总结

（一）读前准备（Pre-reading）——**背景介绍、预测**

教师通过讨论、玩拼图游戏、看电影片段等活动层层引入学习主题，激发学生的阅读兴趣，努力创设真实情境，引导学生大胆预测，培养学生的发散思维。

（二）读中活动（While-reading）——**略读、跳读、问答、推理、事实观点**

教师在本节课中使用略读、跳读等阅读策略。略读要先读标题，再读段落的开头和结尾部分，或者文章的第一段和最后一段，在这个过程中把握文章主旨，掌握大致结构，进而厘清段落内部层次，快速找到关键信息的对应位置，从而提炼出回答问题所需的信息。跳读可以寻找某一特定的信息或资料，通常用于查找某个单词、短语、数字或文章片段，了解大致内容，如文章的主旨大意、传达的主要信息或作者的基本观点。

（三）读后活动（Post-reading）——**交流信息、讨论共识、解决问题、描写与辩论**

Jigsaw Reading 小组合作交流信息差会使交际显得简单而更有意义，可以让学生通过咨询他人或分享所知完成表格，进行主动学习。另外，学生讨论鲁滨孙如何成功逃离海岛的过程也是辩证思维的过程，思考之后形成自己的观点并用第二语言表达出来，这一过程培养了学生综合运用语言的能力。

（四）借助课后拓展，开展"整本书阅读"活动，增加阅读量

本节课只是让学生一起阅读了经典名著《鲁滨孙漂流记》其中一个章节的部分内容。当课上时间有限而阅读内容有难度时，除了较好地预习和教师的引导之外，教师可以从环境熏陶、榜样示范、活动推进、评价促进等几方面入手，让阅读机制转化为阅读意志，让学生真正爱上阅读。

八、案例分析

本课是小学英语六年级的课外拓展阅读写作课，引用的阅读材料是北京日报报业集团同心出版社的 *Robinson Crusoe* 的节选 Making Canoes。该节选片段主要描述了主人公制作独木舟逃离海岛的过程。通过本节课中一系列阅读活动的完成，学生的信息提取能力、思维能力和想象能力都得到了有效训练。同时，在情感态度方面，学生也通过阅读活动学习了坚毅顽强、决不气馁的优秀

品质，提升了综合素养，开阔了视野，形成了良好的品格，树立了正确的人生观和价值观。

在读前活动中，教师设计了自由问答及拼图游戏，活跃了学习气氛；播放了故事视频，创设了阅读情境。学生在这个环节中温故而知新，激活了旧知，培养了发散思维能力。在读中活动中，教师设计的提问、听解、匹配、填空等任务充分运用了略读、跳读等阅读方法，形式丰富，有问答、有推理、有事实、有观点陈述。在读后活动中，教师设计了 Jigsaw Reading 的阅读模式，信息差在学生的交流讨论中得以补全，形成了完整的故事图谱。这一环节锻炼了学生的交际能力和与人合作学习的能力。在小组合作学习中，Jigsaw Reading 这种教学方法相对高效。在最后的复述任务中，教师巧用语篇插图、关键词让学生巩固语篇内容，为学生搭建了语篇复述支架，为后面的复述做好了铺垫。

本节阅读拓展课以语篇中鲁滨孙制作独木舟的过程为主线，利用线性加工过程进行语言单位递增，解决了生词障碍和句子的结构问题。多种多样的教学方式和阅读技巧的综合运用，使语篇信息化繁为简，提高了学生的阅读自信，从而让学生积极参与阅读活动，优化了学习方式，使学生逐步理解语篇内容，培养了学生高效的阅读能力。

本节阅读课还十分重视课后的拓展延伸。教师引导学生用55天的时间读完全书，并完成5个主体学程任务，制作了阅读计划表帮助学生执行为期55天的阅读计划。这份计划表中包括阅读时间、阅读章节、页数、建议阅读时长、实际阅读时长，完成后还有印章栏供教师给予奖励。这对于长篇章节书的阅读而言非常有意义，一方面有利于学生在阅读的过程中自我监控、记录阅读进度；另一方面，教师的激励极大地提升了学生的阅读兴趣，促进了学生持续阅读习惯的形成。此外，通读学程任务的设计也层层递进，与具体内容细节有关的阅读任务放在前面的学程任务中，而主旨类、概括类阅读任务则设置在后面的学程任务中，这一安排是适应学生阅读策略习得过程的，能科学有效地检测学生的阅读理解程度。

本节课极为注重学生阅读习惯的培养与阅读耐力的训练。从为期55天的阅读计划来看，教师希望从学生的阅读习惯培养着手，不断地激励学生的阅读行为，并用科学有效的阅读学程任务来检测学生的阅读理解程度和让学生自我审视阅读过程中的收获。

本节课的教学目标明确，教学活动层次清晰，通过思维导图梳理了文章信息，利用拼图阅读分解了整本书的阅读量，略读、跳读、查读、自主与合作阅读、分享交流完成不同阶段的学程任务等多种学习方式综合运用，音频、图片、视频等教学资源丰富新颖，教学目标达成度高，学生的阅读习惯得到了培养，阅读耐力得到了有效训练，是一个优秀的阅读教学案例。

（案例点评人：张 颖）

The Monkey King 教学设计

设计教师：东荟花园小学　黄　琼

授课年级：六年级

作　　者：（中）吴承恩

出版单位：Usborne

一、文本解读

（一）*Usborne My Reading* Programme 全系列简介

Usborne My Reading Programme 是一套涵盖八个级别350本绘本的阅读体系。其中，*Usborne First Reading*（初读儿童读物）分四个小级别：Level One，Level Two，Level Three，Level Four；*Usborne Young Reading*（青少年读物）也分四个小级别：Series One，Series Two，Series Three，Series Four。其中的绘本故事主题广泛，内容经典，大多是流传已久、家喻户晓的童话、寓言、民间传说、神话和经典名著。例如，*Usborne First Reading* 里的 *The Sun and the Wind*，*Stone Soup*，*The Hare and the Tortoise*，*Sleeping Beauty*，*The Princess and the Pea*；*Usborne Young Reading* 里的 *The Woodcn Horse*，*Ali Baba and the Forty*

Thieves，*Jane Eyre*，*Wuthering Heights* 等。

  Usborne My Reading Programme 是与著名的英语阅读教学专家、伦敦罗汉普顿大学的英语教育首席讲师 Alison Kelly 协商后确立的。她帮助建立了 *Usborne My Reading Programme* 的体系。这套丛书内容量大、语言地道、内页精美，将不同体裁的故事按语言难度及思想内容进行分级编排，让不同年龄段的儿童都能读有所得。华丽的插图和浅显易懂的故事情节让儿童可以自行阅读较大部分的内容，逐步建立阅读的自信心。

  （二）初章书内容分析

  《西游记》是我国古典四大名著之一，也是我国古代文化艺术的瑰宝和中华民族思想智慧的结晶。唐僧师徒四人一路跋山涉水，历经九九八十一难，终将从西天取得真经。《西游记》里角色众多，人物特色鲜明，故事情节神奇玄幻，有险象环生的劫难，有斩妖除魔的痛快，有路见不平的正义，是古典四大名著中最适合低龄阅读者进行经典名著阅读的入门读物。

  本节阅读课选用的 *The Monkey King* 是来自 *Usborne Young Reading*：*Series One* 的一本初章书，属于经典名著系列。本书截取了《西游记》中孙悟空入天宫当弼马温至被压在五行山下这一段故事内容，分为三章来重组编排：

  Chapter 1，Monkey goes to Heaven，这一章描述了玉皇大帝召孙悟空入天宫当弼马温及看守蟠桃园的内容，共419个词。

  Chapter 2，The Peach Banquet，这一章描述了孙悟空大闹蟠桃宴惹怒玉皇大帝和王母娘娘的内容，共296个词。

  Chapter 3，Buddha's challenge，这一章描述了孙悟空被如来佛祖收服并被镇于五行山之下的内容，共454个词。

二、学情分析

  本节阅读课的教学对象是小学六年级的学生，他们虽然在常规课堂上也有过语篇阅读的经验，但这些语篇也仅限于课本里的阅读课文，长度在200个词以内。除了上阅读拓展课，学生较少有在课堂上进行初章书阅读和学习的经历，部分学生可能会对长文阅读有一定的畏难情绪，而这也是教师本节课选用 *The Monkey King* 这本情节上学生都非常熟悉的初章书的原因。

  The Monkey King 截取了孙悟空被压在五行山下及之前的部分内容，重新

整合成三个章节，全书共1169个词；对于六年级的学生而言，生词量在90个左右，词汇量及生词量都较大。但由于绝大部分学生都有过《西游记》中文版的阅读经历，在拿到这本1000多个词的初章书时不会有那么大的心理压力。另外，学生已有的词汇基础加上精美生动的插画，能帮助他们进行生词解码及寻义，从而减少生词带来的阅读理解障碍。

英文阅读从启蒙的 songs，nursery rhymes，chants，到进阶的 picture books，early readers，再到 chapter books 经历了一系列的发展阶段。初章书阅读是儿童在阅读进阶过程中的一个小小的里程碑，让儿童开始安静地阅读，开始沉浸在故事情节中，开始享受阅读的乐趣。而本次阅读课选用的材料又是学生熟悉的故事，不变的情节用另一种语言呈现出来，学生对学习内容没有陌生感，还能从英语的角度来赏析这个故事。这是一种新鲜的体验，也能让学生在更国际化的视野下品读中国古代经典名著。

三、目标解析

（一）教学目标

1. 语言能力

（1）能够在熟悉的故事情节中猜测词义，读懂故事内容。

（2）能够掌握故事中部分人物的名字，为复述故事做准备。

（3）能够提炼出文中的直接引语并分清不同角色的台词，并有感情地进行表达。

2. 学习能力

（1）能够重排书中插图，整理出故事线索，勾勒内容脉络。

（2）能够理解不同角色台词的含义，结合角色心理演绎台词。

（3）能在合作阅读的氛围中听取、记录、整理不同小组阅读材料中的关键词及观点、看法。

3. 思维品质

（1）能思考孙悟空在每一个情节发展中行为的因与果，找出因果关系。

（2）能辩证地看待孙悟空人物活动及性格特点的关系。

4. 文化品格

能够在英语语境下领略中国古典名著的魅力，培养民族文化自信，树立传承中华民族传统文化的信心。

（二）教学重点

（1）在熟悉的情节中猜测词义并理解故事内容，进行简写与表达。

（2）整理故事线索，图文匹配寻义。

（三）教学难点

在读懂故事内容的基础上，厘清事件之间的因果关系。

四、教学用具

章节书 *The Monkey King* 影印本、教学课件、角色头套（The Monkey King，Emperor，Empress，footman，messenger，Heavenly Fairy，servant，Buddha）、小组阅读任务卡等。

五、课前准备

虽然本节阅读课的学习者是小学六年级的学生，但他中的绝大多数仍然缺乏一节课阅读+学习初章书的经验，加之全书篇幅较长，所以教师在正式进入阅读教学前，需要进行一定的铺垫并让学生自主阅读，以便在一节课内完成设计的教学任务。

（一）课前铺垫本书情节起点

利用每次常规课上课前的5分钟播放 Little fox 的视频学习资源 *Journey to the West*，Chapter 1 ~ 7，即美猴王出世到大闹天宫前的内容，让学生熟悉《西游记》中的常见人物及名词，如 Heaven，Jade Emperor，god，spirit，Land of Darkness.

（二）SSR模式下与文本初次接触

教师连续一周每天发放给学生"整本书阅读"的材料，利用午读时间与学生一起进行SSR阅读。其中有 *Usborne First Reading* 里的一些语言简单的童话及民间传说故事，如 *The Sun and the Wind*，*Stone Soup*，*The Hare and the Tortoise*，*Sleeping Beauty*。教师在课前一天发放本书的影印本，利用15分钟的时间与学生一起持续默读，读完回收影印本。

六、教学实施

（一）视听材料导入，章节内容分组，本书角色简介

1. Let's watch

正式上课前播放 little fox 的视频学习资源 *Journey to the West* 中的 Chapter 8 A Job in Heaven。学生观看这一视频，了解孙悟空入职天宫的起因。

【设计意图】课前播放与第一章相关联的视频，激发学生的阅读兴趣，使学生迅速进入阅读准备状态。

2. Work in groups

将学生分成6人一组，组内每两人共读一章，阅读时三个章节同步进行；介绍读中要完成的阅读任务单；读同一章的两名学生要合作阅读，同一组的6名学生要协调配合，关注全书情节的完整性。

T：Boys and girls，look，today we are going to read this book，*The Monkey King*，from *Usborne Young Reading*：*Series One*. I think most of you have read its Chinese version. Do you like The Monkey King？Do you want to read more about him in English？

T：Great！I'm going to have you work in groups of six. In each group，two of you read Chapter 1，Monkey goes to Heaven；two read Chapter 2，The Peach Banquet；and two read Chapter 3，Buddha's challenge. And you are supposed to work together to finish all the reading tasks in your worksheet. OK？So，let's start working！

【设计意图】拼图阅读的模式既减少了单位学生的阅读量，又让长篇幅章节书的阅读在合作阅读的方式下得以在课内完成，还促进了学生之间的交流共享。

3. Get to know the characters（Task 1. Who are they？）

请学生打开自己阅读的章节，在30秒内找到人物的名字，将人名便签贴到人物对应的头像旁，完成 worksheet 上的 Task 1. Who are they？

T：Now，boys and girls，took at Task 1 in your worksheet. Please scan the text and name the characters in 30 seconds. You don't have to write down their names，just stick the name labels to the characters. Are you ready？Go！

【设计意图】该书中涉及的人物角色一共有10个，为方便后面开展阅读，

在大量文字信息输入前，让学生快速查找对应的人物名字，既训练了学生 scanning 的阅读技巧，又锻炼了学生观察图片的能力。而且此任务是限时查读训练，非常考验学生的阅读专注力。贴姓名标签而非写名字或连线，一方面有利于节省时间，另一方面创设了一种小组合作、动手动脑的学习氛围。

（二）初读各章图文，排序检验，勾勒情节脉络

1. Read the pictures（Task 2. Number the pictures）

从每一章里精挑4幅最能代表故事情节发展的图片，让学生在5分钟的时间内快速阅读自己手里的阅读材料，在 worksheet 上完成 Task 2. Number the pictures。每一章的图片排序完成后，组内合作在小组阅读任务单上完成整本书的情节发展图。

T：Boys and girls. Please read the chapters you have in five minutes， and then you will number four pictures for each chapter in the right order.

【设计意图】教师通过该活动的引导，让学生重点关注情节发展，迅速了解故事内容，掌握情节脉络，以排序的方式构建简洁明了的情节发展线索。

2. I know the pictures

图片排序任务完成之后，教师引导学生从文中提取信息，让学生在文中找到与图片一致的一句话来概括图片内容，让阅读相应章节的学生发言，教师协助其进行表达。

T：Great，boys and girls. You number the pictures in the right order. That is the plot for each chapter. Can you find a sentence in the passages to describe each picture？ Let's try！

S1：For Picture 1 in Chapter 1， "In fact，Monkey caused so much trouble that people prayed to Heaven for help."

S2：For Picture 2 in Chapter 2， "Monkey was very proud to be call to Heaven to look after the heavenly horses."

其他章节图片文字说明如此模式。每出一行文字说明都在PPT上显示相应页面并高光标注文中的位置，引起学生注意，同步做出阅读记号。

【设计意图】在上一步关注情节发展主线之后，紧接着要求学生在文中提取与图片最相关的一句话来介绍图片，这一任务有利于降低阅读难度，并通过略读了解故事梗概。

（三）再读关注语言，角色台词匹配，感知人物性格

Characters and words（Task **3**. What did they say？）

分组分章细读，通过查找直接引语挑选出各章节中人物的台词，两两合作，完成 worksheet 上的 Task 3. What did they say? 给学生发放不同形状的对话框便签贴，鼓励他们在阅读的过程中有意识地寻找人物对话，并将其记录在对话框便签贴上，读完之后将便签贴贴到小组阅读任务单上。

T：Well，boys and girls，there are lots of characters with lots of lines in this book. What did they say? Do you remember? Now，you have five minutes to read again carefully and write down what they said on the stickers.

【设计意图】这是正式接触文本后的再读环节，学生要在教师的引导下重点关注人物对话、台词的内容，通过便签贴摘抄再粘贴匹配的方式更好地理解每一个人物的性格特点。

（四）三读思因寻果，探索角色动机，挖掘个性特点

Reasons and results（Task **4**. What were the reasons and results？）

孙悟空为什么会入天宫？又为什么会去看守蟠桃园？蟠桃园看守得如何？又为何会大闹蟠桃宴？如来佛祖为何而来？孙悟空又为何会被压在五行山下？

引导学生再次精读文本，思考一系列事件发生的先后顺序，事件之间的关联，以及一件事情的发生对另一件事情的发生有什么影响。

T：Great! Boys and girls，you can find what the characters said in the story. And do you know why The Monkey King went to Heaven? How could he become the Keeper of the Heavenly Peach Garden? Why did he ruin the Peach Banquet? And why did he stay under a huge mountain?

T：Actually，these events were the reasons and results. Because The Monkey King caused so much trouble，so the Emperor called him to work in Heaven. Things go like this. Now it's your turn to complete the chain of reasons and results. Complete Task 4 in your worksheet.

【设计意图】全书内容都是围绕一系列事件展开的，而这些事件的发生都存在前因后果的关联。厘清这些事件的因果关系，用简明的短语、句型说清楚因果链条上的事件是对学生高阶思维的培养。

（五）四读精简重点，角色代入体验，小组表演展示

Let's act out

经历了初读图文、再读语言、三读因果的三轮精、略搭配的阅读之后，学生对于该书的故事内容及对应的英文表达已进行了充分积累。这时，教师利用小组阅读任务单上已完成的阅读任务（里面有对话内容，也有情节发展节点）让学生进行小组表演展示。

教师先给予学生练习预演的时间，让学生自行决定要表演的角色；分发头饰给学生，让学生代入角色，酝酿感情，小组上台表演展示。演员可以利用任务三中的角色台词，教师也可鼓励学生进行即兴创编。每组设定一个旁白，可以利用任务四中的事件因果链条来串场。

【设计意图】全书篇幅虽长，可经过三次精、略搭配的阅读后，重点信息已跃然纸上。之前完成的小组活动任务单在这个环节得到充分利用，台词、旁白、角色心理在这个环节得以释放，学生对角色的理解领悟会更加丰满具体。

（六）回顾全书内容，预测情节走势，开放讨论表达

Open discussion

全书以孙悟空被压五行山结束，之后的情节发展学生根据已有的阅读经验已经知道了。这时教师再鼓励学生回顾书中人物的性格特点及谈论后面的情节走势，启发学生用所学的词汇、句型来进行开放式的讨论及表达。

T：OK. Children，that is the end of the story. The Monkey King was buried under a huge mountain by Buddha. So do you think Buddha did a right thing？What do you think of The Monkey king who caused so much trouble？Should he be buried under the mountain？

T：If you were Emperor，what would you say to The Monkey king？

T：If you were Buddha，what would you say to The Monkey king？

T：What will happen after he was buried under the mountain for hundreds of years？You can talk to your partners and tell us what your ideas are.

【设计意图】这是一个开放式讨论表达的环节。学生回顾全书，思考孙悟空的行为得当与否，站在其他角色的角度来对话孙悟空，既是对思辨能力的训练，也是对表达能力、沟通能力的锻炼。

七、学法总结

本节课是针对六年级向七年级过渡的一节初章书阅读课。进入中学阶段后，学生的阅读材料长度比起小学阶段翻倍增长，因此这时引入初章书的阅读教学是非常有必要的。

在学习方法上，教师先是对学生进行课前引导和铺垫，鉴于学生正式进入文本阅读前已有一定的背景知识积累，在正式阅读时，非常重视关键信息的提取。因为全书篇幅长且生词量大，教师要想让学生在一节课内完全消化所有生词，扫清所有阅读障碍不大可能，故利用拼图阅读的方式，小组合作学习，分解阅读任务，在初读图文、再读语言、三读因果、四读重点的四轮精、略搭配的阅读活动中引导学生提取关键信息。从一开始的提取角色人名，到图片排序，再到提取角色台词，直到最后整理因果链条，所有活动的指向都是教会学生避生就熟，利用一切已知的、可猜的、可理解的条件提取故事发展的关键信息，从而将在阅读这一语言输入活动中获取的知识进行内化。

从语言输入到知识内化的过程是抽象的，如果没有可视化的思维工具作为支撑，学生的思维过程无法记录，讨论无据可依，内化的结果就不会顺畅。因此，在这节课中，教师还引入了思维导图工具来记录学生阅读理解、思考及内化的过程，这也为之后的小组展示及讨论提供了语言支持。

八、拓展延伸

教师提供《西游记》更多经典章节给学生自主阅读，请他们按照章节中的人物、对话、事件因果关系进行整理，形成自己的看法、观点，绘制成思维导图，在课堂上分享给全班同学听，也鼓励学生录制音频上传到相关平台，将传统中国故事传播给更多的人。

【设计意图】通过布置开放性的阅读作业，让学生积累更多有关《西游记》的知识，从另一种语言传播的视角培养民族文化自信。鼓励学生运用思维导图工具继续提取和整理《西游记》中的人物、对话、事件因果关系等关键信息，内化并输出，主动分享与表达。

九、案例评析

本案例为小学英语初章书阅读教学案例，整节课结构完整，目标清晰，任务设计体现了对学生阅读技巧和思维品质由低阶向高阶发展的训练，是一节优秀而完整的教学案例。

案例故事节选自中国古典名著《西游记》，授课对象为小学六年级学生。对于《西游记》的故事情节和孙悟空这个角色，学生十分熟悉，而且六年级的学生经过系统的英语学习，已具备一定的学习基础，有一定的词汇储备量。但是学生刚开始接触初章书整本阅读，加上初章书生词多、篇幅长，阅读难度大，学生面临着巨大的挑战。

为了降低学生的阅读难度，教师对文本和学情进行了细致的分析与解读，从文本特点和学生的认知水平出发，对"整本书阅读"教学展开设计。在正式进入课堂阅读之前，教师做了大量的读前准备：一是让学生观看视频 *Journey to the West*，让学生提前熟悉故事情节及起因，熟悉《西游记》中常见人物和地点的英语名称；二是利用午读时间开展持续默读活动，发放名著故事读本，让学生进行自主阅读，熟悉"整本书阅读"活动，为学生正式阅读初章书做好铺垫。

在课堂阅读活动中，教师根据文本特点，运用拼图阅读教学方式，将学生分成6人一组，组内两名成员共读一章，三个章节的阅读同步进行。拼图阅读教学既减少了单位学生的阅读量，又让长篇幅故事的阅读在合作阅读的方式下得以在课内完成。在拼图阅读教学过程中，教师巧妙安排，精心设计初读、再读、三读、四读四个环节活动，针对章节内容和情节发展，安排不同的阅读任务，引导学生挖掘人物性格，理解故事大意，找到情节发展的节点，实现语言知识内化。初读环节设计图片排序活动，教会学生 scanning 的阅读技巧，引导学生快速了解故事内容，掌握故事脉络；再读环节引导学生细读文本，将语言与人物配对，教会学生 skimming 的阅读技巧，培养学生通过阅读提取关键信息的能力，帮助学生将语言知识内化；三读环节再次引导学生精读文本，关注学生思维品质的发展，培养学生逻辑思维能力，让学生对故事内容进行梳理，厘清事件发展的前后因果，补全因果链条图，让学生的思维由低阶向高阶发展；四读环节为读后拓展活动，教师设计小组表演任务，通过角色代入体验，加深学生对故事的理解。

　　阅读教学的最后，教师设计开放式讨论表达环节，引导学生思考孙悟空的行为是否恰当，并预测故事情节发展，让学生展开辩论，培养学生的思辨能力，帮助学生形成正确的价值观，体现了知识内化和输出的过程。

　　初章书阅读虽难，但从本案例来看，教师通过前期阅读活动的铺垫和课堂拼图阅读活动，分解阅读任务，有效降低了学生的阅读难度，保护了学生阅读整本书的积极性。同时，教师教会学生多种阅读技巧，如扫读、精读等，提升了学生的阅读技能，为学生更好地进行整本书自主阅读打下了基础。

　　　　　　　　　　　　　　　　　　　　（案例点评人：王　艳）

参 考 文 献

［1］中华人民共和国教育部.义务教育英语课程标准（2011年版）［M］.北京：北京师范大学出版社，2012.

［2］中华人民共和国教育部.义务教育语文课程标准（2011年版）［M］.北京：北京师范大学出版社，2012.

［3］王蔷，敖娜仁图雅，罗少茜，等.小学英语分级阅读教学：意义、内涵与途径［M］.北京：外语教学与研究出版社，2017.

［4］王蔷，陈则航.中国中小学生英语分级阅读标准（实验稿）［M］.北京：外语教学与研究出版社，2017.

［5］鲁子问.英文名著导读 整本书阅读指南《小王子》导读版［M］.北京：北京教育出版社，2019.

［6］叶圣陶.叶圣陶集［M］.南京：江苏教育出版社，2004.

［7］王文静.攀登英语学习实验的实践与探索［M］.北京：北京师范大学出版社，2008.

［8］赵健，吴刚.学习体的建构［M］.上海：上海教育出版社，2008.

［9］［美］莫提默·J.艾德勒，查尔斯·范多伦.如何阅读一本书［M］.郝明义，朱衣，译.北京：商务印书馆，2004.

［10］［美］斯蒂芬·克拉生.阅读的力量［M］.李玉梅，译.乌鲁木齐：新疆青少年出版社，2012.

［11］［美］吉姆·崔利斯.朗读手册［M］.陈冰，译.北京：新星出版社，2016.

［12］朱浦.小学英语教学关键问题指导［M］.北京：高等教育出版社，2016.

［13］李怀源.叶圣陶"读整本书"思想研究［D］.北京：首都师范大学，2009.

［14］李静.小学整本书阅读教学设计与应用［D］.银川：宁夏大学，2013.

［15］赵彩玲.整本书阅读教学研究［D］.上海：华东师范大学，2017.

［16］王沛.小学语文整本书阅读教学设计研究［D］.上海：上海师范大学，2018.

［17］张素.以"支架式"教学模式优化小学英语阅读课堂教学［J］.外语学法教法研究，2014（8）.

［18］曹国文.巧搭语言支架 促养语篇意识——小学英语教学中学生语言综合运用能力的提升［J］.学周刊，2014（12）.

［19］李卫东.混合式学习：整本书阅读的教学策略［J］.语文建设，2016（25）.

［20］徐鹏.整本书阅读：内涵、价值与挑战［J］.中学语文教学，2017（1）.

［21］余党绪.整本书阅读：文本的价值审定及切入策略——《水浒传》的思辨读写实践［J］.语文学习，2017（7）.

［22］黄静.整本书阅读的教学价值及实施策略［J］.现代中小学教育，2017（12）.

［23］魏瑞雯.小学英语阅读教学策略探析［J］.课程教育研究，2017（27）.

［24］朱瑞华.例谈整本书阅读教学策略的运用［J］.江西教育，2018（33）.

［25］左鹏，谭艳.小学英语阅读理解教学新策略探析——基于《中国英语能力等级量表》标准［J］.湖南第一师范学院学报，2019（3）.

［26］艾登·钱伯斯.打造儿童阅读环境［M］.许慧贞，蔡宜容，译.海口：南海出版公司，2007.

［27］陈聪，张小艳.基于整本书阅读的英语教学研究［J］.品味经典，2020（6）：141-142.

［28］石群.建构整本书阅读课程体系的思考［J］.小学教学参考，2019（3）：10-12.

［29］于群.小学整本书阅读教学研究［D］.济南：山东师范大学，2019.